예비부모교육

예비부모교육

PARENTS EDUCATION

연미희 김지은 김진숙 공저

동문사

머리말

PREFACE

이성친구가 있나요?
결혼은 하나요?
아이는 낳을 것인가요?
이런 질문을 하면 젊은이들은 어떻게 반응할까요?

결혼이 필수가 아닌 선택이 되고, 비혼과 만혼, 이혼이 증가하는 요즈음 아직도 미혼남녀의 상당수가 결혼은 해야 한다고 생각하는 것은 매우 희망적이다. 그리고 주변의 여건만 충족된다면 많은 젊은이들이 행복한 결혼생활과 부모역할에 대해 고민을 하게 될 것이다.

과거에는 누구나 결혼하면 부모가 되고 부모가 되는 것은 자연스러운 일이라 받아들였고, 부모가 되기 전에 미리 부모교육을 받거나 준비하지 않아도 누구나 부모역할을 할 수 있다고 생각하였다. 그러나 현재는 결혼도 선택, 자녀도 선택이 된 시점에 과연 그럴까?

젊은이들이 사랑하는 사람을 만나 결혼하고 아이를 낳아 기르는 것은 축복받은 일이지만, 부모역할을 미리 준비하지 않으면 이 축복이 힘들고 고통스런 일이 될 수도 있다.

부모역할을 행복하게 수행하기 위해서는 부모역할에 대한 철저한 준비가 필요하다. 예비부모교육은 결혼 전 예비부모들이 부모역할에 관한 지식과 기술을 배워 자녀양육에 자신감을 갖게 하며, 자녀양육에서 일어날 수 있는 문제를 사전에 예방할 수 있도록 도움을 준다. 교육기관에서 예비부모교육을 준비하는 것이 시기적으로 가장 적절하고 필요하므로, 미래에 부모가 될 대학생들을 대상으로 예비부모교육을 실시하는 것은 매우 효과적이며 바람직한 일이라고 할 수 있다.

그러므로 이 책은 향후 부모가 될 예비부모와 대학생들을 대상으로, 부모됨에 대한 기초적인 지식을 얻을 수 있도록 이성교제, 결혼, 부모됨, 부모역할, 부모교육 경험하기 등의 내용을 포함하였다.

이 책은 4부 총 12장으로 구성되었으며, 구체적인 책의 내용은 다음과 같다.

1부는 예비부모교육의 개념 및 필요성, 예비부모교육의 내용 및 현황, 사랑, 이성교제 및 배우자 선택, 결혼 및 부부관계, 결혼의 대안 등으로 구성하였다.

2부는 임신 및 출산, 부모됨의 의미, 양육태도, 바람직한 부모–자녀관계, 다양한 가족유형에 따른 부모역할 등으로 구성하였다.

3부는 영아기부터 아동기까지의 구체적인 부모역할에 관한 내용으로 영아발달과 부모역할, 유아발달과 부모역할, 아동발달과 부모역할로 구성하였다.

4부는 자녀와의 의사소통 및 바람직한 행동지도에 관한 체계적인 예비부모 경험하기로 자녀의 감정이해 및 부모의 감정표현, 칭찬과 격려 및 자율성 증진, 자녀의 행동수정으로 구성하였다.

이 책을 통해서 부모가 될 예비부모들이 부모역할 및 자녀양육에 관한 실제적인 도움을 받아서 행복한 부모–자녀관계를 형성하는데 작은 보탬이 되길 바라며, 이 책이 발간되기까지 애써주신 동문사 관계자 여러분의 노고에 감사의 마음을 전한다.

2020년 2월

저자 일동

차 례

CONTENTS

Part 04 (실제편) 예비부모 경험하기: 부모역할 배우고 싶어요!

Part 01

결혼: 우리 결혼할래요?

예비부모교육의 이해

Chapter 01

이 장에서는 예비부모교육에 대한 전반적인 이해를 돕기 위해 예비부모교육의 개념 및 필요성, 예비부모교육의 내용 및 현황, 우리나라 예비부모교육 관련 연구, 예비부모교육의 활성화 방안, 사회변화와 부모역할에 대하여 살펴보고자 한다.

1 예비부모교육의 개념 및 필요성

1) 예비부모교육의 개념

예비부모교육은 십대 미혼부모, 고등학생, 대학생, 미혼의 청년, 자녀출산 이전의 부부 등 자녀양육에 대한 일반적 또는 특수한 욕구를 가진 사람들을 대상으로 이들에게 부모됨에 대해 생각해 볼 기회를 주어 자신감을 갖고 양육에 임하게 하며, 자녀를 즐겁고 행복하게 기를 뿐 아니라 자녀의 잠재능력이 최대로 계발될 수 있도록 부모에게 필요한 지식·기술·태도를 가르치며, 자녀양육에 나타날 수 있는 잠재적 문제를 사전에 예방할 수 있도록 돕는 교육을 말한다(이원영 · 김정미, 2017).

가정은 사회의 구성원들이 결혼을 통해 형성하는 사회의 가장 기본적인 공동체로 다음 세대의 출산과 양육이 이루어지는 곳이다. 자녀가 어떤 부모를 만나고 어떤 양육방식을 경험하느냐에 따라 한 사람의 전인적 성장이 영향을 받게 된다. 자녀의 삶 전반에 미치는 부모의 영향력이 중요함에도 불구하고, 최근 현대사회에서는 급격한 사회적 변화로 부모로서의 역할을 적절히 수행하는 것이 더욱 어려워지고 있다. 전통사회에서는 결혼을 하고 부모가 되는 것이 필수적인 것으로 인식되었으나, 최근 현대사회의 복잡하고 다양한 사회적 양상은 부모가 되는 동기나 부모역할에 많은 변화가 초래되었다(전선옥, 2017).

최근 우리나라는 청년 실업의 증가로 3포(연애와 결혼, 출산), 5포(연애와 결혼, 출산, 인간관계, 내 집), 7포(연애와 결혼, 출산, 인간관계, 내 집, 꿈, 희망), N포(포기해야 할 특정 숫자가 정해지지 않고 여러 가지를 포기) 세대라는 표현이 등장하면서 젊은이들 사이에서 결혼의 시기를 미루는 만혼화 증가와 결혼을 포기하거나 결혼제도 자체를 거부하는 비혼족까지 생겨나고 있다. 이외에도 OECD 국가 중 최하위에 속하는 자녀출산율은 국가가 젊은 세대에게 부모가 되는 것의 중요성과 부모역할의 중요성을 교육하는 일이 매우 시급하고 중요하다는 것을 시사하고 있다(전선옥, 2017).

우리나라의 전통적 태교는 출산 이전부터 혹은 자녀를 갖기 이전부터 부모의 몸가짐을 중시하였던 것으로 일종의 예비부모교육 지침이라고 볼 수 있다(정옥분 · 정순화, 2009). 많은 학자들은 이미 부모가 된 사람들을 대상으로 하는 부모교육도 중요하지만 부모가 되기 이전의 사람들을 대상으로 한 예비부모교육도 중요하다고 강조하고 있다. 그러나 우리나라 대부분의 부모교육은 현재 부모인 사람들을 대상으로 이루어지고 있으며, 예비부모를 대상으로 한 부모교육 프로그램 및 형식적인 교육기관에서의 예비부모교육은 상당히 부족하다고 할 수 있다. 그리하여 친부모나 계부모에 의한 아동방임 및 학대가 사회문제화되면서 이에 대한 중요성과 필요성이 강조되고 있다.

2000년대 이후 청년들의 연애관 및 결혼관이 변화하고, 개방된 성문화와 보편화된 이성교제로 인해 혼전 성관계와 미혼모가 증가하였으며, 독신과 이혼율의 증가로 우리 사회의 존속을 위협할 정도의 저출산으로 인해 예비부모교육에 대한 관심이 급증하게 되었다. 특히 최근의 아동학대 사례는 현재 부모이거나 미래에 부모가 될 사람을 대상으로 부모교육을 반드시 실시

해야 한다는 사회적 공감대가 형성되고 있다(전선옥, 2017).

우리나라의 경우 여성가족부의 건강가정지원센터, 보건복지부의 육아종합지원센터, 교육부의 학부모지원센터에서 부모교육이 실시되고 있으나, 2016년 여성가족부가 생애주기 및 가족유형을 고려하여 보다 체계화된 부모교육을 실시하고 있다. 여성가족부는 학교의 정규 교육과정부터 대학, 군대, 결혼전까지 지속적으로 부모교육을 실시하며, 고등학교 졸업시기에 가족 가치 및 예비부모교육을 실시하고, 초중고 교과교육과정에 부모교육 관련 내용을 반영하고 체계화하며, 대학의 교양과목 편성 시 부모교육내용이 반영될 수 있도록 하고 있다(여성가족부, 2016b).

예비부모교육은 부모가 되기 이전의 신혼부부와 대학생, 청소년들을 대상으로 부모역할을 수행하는 데 필요한 지식이나 기술, 태도를 가르침으로써 올바른 가치관을 함양하고, 부모역할에 대한 효율적인 준비를 시키는 것을 목표로 하는 활동이라고 볼 수 있다(정옥분 · 정순화, 2009).

즉, 예비부모교육은 부모가 되기 이전의 사람에게 부모교육을 실시하여 부모로서의 역할을 잘 수행할 수 있도록 도움을 주기 위한 교육이다(전선옥, 2017). 부모가 되기 이전의 사람에는 청소년, 청년, 미혼의 성인, 자녀가 없는 기혼의 성인 또는 곧 태어날 태아를 임신한 예비부모까지 포함할 수 있다(김은설 외, 2010). 즉, 결혼전 미혼남녀, 신혼부부, 임신한 부부를 대상으로 부모역할에 대한 준비를 할 수 있도록 도와주어 부모역할 수행 역량을 향상시키는 것을 예비부모교육이라고 한다.

그리하여 예비부모교육은 대상자에게 부모됨에 대해 생각해 볼 기회를 주어 자신감을 갖고 양육에 임하게 하며, 자녀를 즐겁고 행복하게 기를 수 있도록 돕는다. 또한 자녀의 잠재능력 계발을 돕기 위해 부모에게 필요한 지식·기술·태도를 가르치고, 자녀양육에서 나타날 수 있는 잠재적 문제를 사전에 예방할 수 있도록 도울 수 있다(김정미, 2004).

따라서 예비부모교육은 한 인간으로서 부모 자신의 성장을 돕고, 나아가 부모자녀관계를 향상시킴으로써 우리 사회가 감당해야 할 여러 가지 문제를 사전에 차단할 수 있는 가장 효율적인 방법이라고 볼 수 있다(정옥분 · 정순화, 2009).

2) 예비부모교육의 필요성

(1) 예비부모·자녀·사회의 관점

이원영과 김정미(2007)는 예비부모의 관점, 자녀의 관점, 사회적 관점의 3가지로 구분하여 예비부모교육의 필요성을 설명하고 있다.

첫째, 예비부모의 관점에서 건강한 자아정체성의 형성, 자신감있는 양육태도의 형성, 변화하는 성역할 개념의 적응, 안정된 결혼생활의 준비, 대중매체에 의해 왜곡된 부모의 이미지 교정을 위해서 예비부모교육이 필요하다.

둘째, 자녀의 관점에서 가정환경은 유아가 출생후 접하게 되는 일차적 환경으로 대부분의 시간을 보내며 인간의 초기 경험을 이루는 생활환경이다. 유아의 성장과 발달에 있어서 부모는 자녀의 발달에 대해 관심을 갖고 정서적 안정, 사회성 발달, 지적 발달을 도울 수 있는 적절한 양육환경을 제공할 수 있어야 한다.

셋째, 사회적 관점에서는 개방적 성문화, 연애관과 결혼관, 미혼모, 독신과 이혼, 아동학대, 맞벌이와 조부모양육, 저출산과 조기교육, 장애아 가족 등의 현대사회의 특징에 관한 예비부모교육이 필요하다.

정옥분과 정순화(2009)도 예비부모교육의 필요성을 예비부모의 관점, 자녀의 관점, 사회의 관점으로 분류하여 구체적으로 설명하고 있다.

첫째, 예비부모의 관점에서는 예비부모교육을 통해 부모됨에 대한 잘못된 인식을 바로잡고 자녀양육에 대한 지식을 습득함으로써 부모역할을 준비하는 데 도움을 받을 수 있다. 또한 부모교육을 통해 자신에 대한 성찰과 보다 성숙한 인간으로 성장해 나가는 데 도움을 받을 수 있다.

최근 젊은 세대에서 결혼을 하지 않고 독신을 선택하는 비중이 점차 증가하고 있으며, 결혼은 하되 자녀는 두지 않겠다는 무자녀 가족을 선택하는 비율도 점차 증가하고 있다. 이런 경우 어린 시절 부모와의 상호작용이나 부모의 결혼생활에 많은 영향을 받은 것이 원인이 될 수 있다. 그러므로 예비부모교육을 통해 자신의 성장과정을 살펴보고, 이를 근거로 자신에 대한 생각이나 부모와의 상호작용에 대한 인식을 변화시킴으로써 부모기에 대한 인식을 변화시킬 수 있으며, 보다 준비된 부모역할을 수행하는 데 도움을 받을 수 있다.

부모역할은 자녀가 태어나기 이전에 부모 자신의 경험과도 관련이 있으며, 이에 영향을 받는다. 그러므로 예비부모교육을 통해 부모역할을 수행하기 이전에 자신의 원가족의 부모와의 상호작용방식을 정리해 보고 보다 성숙한 인간으로 성장해 나가는 데 도움을 받을 수 있다.

둘째, 자녀의 관점에서는 현대사회에서 자녀양육의 상당 부분이 사회로 이전되고 있으나, 아직까지 부모는 자녀의 발달에 가장 큰 영향을 미치는 중요한 인물이다. 특히 초기 자녀의 발달에서 부모의 영향을 고려하면 부모교육은 자녀의 성장 발달에 긍정적인 영향을 미칠 수 있는 가장 효율적인 방법이라고 할 수 있다.

그러므로 결혼 전이나 출산 전에 예비부모교육을 받음으로써 필요한 지식과 부모역할을 수행하는 데 필요한 준비를 하는 것은 자녀의 발달에 긍정적인 영향을 미치게 될 것이다.

셋째, 사회의 관점에서 부모역할에 대한 인식의 부족은 심각한 사회문제를 양산하는 악순환을 초래하게 된다. 최근 사회적 문제로 대두되고 있는 저출산 문제는 부모역할에 대한 사회의 인식부족이나 준비의 부족과도 관련이 있다. 또한 사회문제의 예방차원에서도 예비부모교육이 효과적이다. 장애아 출산의 증가 및 반응성 애착장애의 증가는 사전에 이를 예방할 수 있는 예비부모교육의 중요성을 절감하게 한다. 따라서 자녀가 출생하기 이전의 예비부모교육이 보다 효율적이라고 할 수 있다.

현재 유치원이나 초등학교에서 이루어지고 있는 자녀를 둔 부모대상의 교육은 문제가 생긴 이후에 이루어지는 경우가 많기 때문에 예방적인 차원에서 예비부모교육의 필요성이 강조되고 있다.

(2) 철학적·사회적·국가적·심리적 측면

전선옥(2017)은 예비부모교육의 필요성을 철학적 측면, 사회적 측면, 국가적 측면, 심리적 측면의 4가지로 구분하여 살펴보고 있다.

첫째, 철학적 측면에서 예비부모교육은 자기중심적 사고와 가족이기주의가 만연하고 물질만능주의가 지배하는 사회적 상황에서 생명존중과 인간 존엄성의 가치관을 회복하기 위해 필요하다. 즉, 예비부모교육을 통해 낙태 문제, 성교육, 영유아의 발달에 적합한 양육과 관련된 내용을 다루는 것은 생명과 인간의 존엄성을 인정하고자 하는 우리 사회의 변화에 부합하므로 필요하다.

또한 예비부모교육은 민주적 가족관계 형성의 중요성을 깨닫고 민주적 가정을 만드는 데도 필요하다. 예비부모교육을 통해서 부모와 자녀 간에 서로를 존중하고 자율성, 책임감, 정의와 평화를 가치있게 여기는 마음을 가지도록 자녀를 양육할 수 있는 역량을 길러주는 것은 궁극적으로 우리 사회를 민주사회로 만드는 데도 중요한 영향을 미칠 것이다.

둘째, 사회적 측면에서 예비부모교육을 통해 사회에 가정 및 가정교육의 중요성을 인식시킬 필요가 있다. 예를 들어, 예비부모를 대상으로 가정의 중요성, 가족과 함께 하는 시간의 의미, 건강한 가족의 조건, 좋은 부모의 역할, 민주적인 부모의 양육태도 등에 관한 교육을 실시하는 것은 건강한 가족의 회복을 위해 필요하다.

또한 예비부모교육은 인권에 대한 감수성을 향상시킴으로써 최근 급증하는 아동을 대상으로 하는 폭력 및 학대를 예방하기 위해서 필요하다. 우리 사회의 모든 아동이 안전한 환경에서 행복하게 성장할 수 있도록 하기 위해서 아동인권을 보장하고, 폭력 및 학대를 예방하는 예비부모교육이 반드시 필요하다.

셋째, 국가적 측면에서 예비부모교육은 미래의 국가 인적자원의 역량을 강화하기 위해서도 필요하다. 국가적 차원에서 예비부모교육을 실시하는 것은 미래의 국가 인적자원인 다음 세대를 건전하고 역량 있게 키우는 데 필요한 교육적 지식과 정보를 제공하기 위해서이다.

또한 예비부모교육은 부모로서의 삶의 의미와 가치를 가르침으로써 자녀를 낳고 기르는 것이 얼마나 소중한 것인지를 알려주어 우리나라의 출산율을 향상시키는 데 도움이 된다. 저출산은 국가의 경쟁력 하락과 나아가 사회존속까지 위협받을 수 있기 때문에 자녀를 낳고 기르는 부모역할이 얼마나 소중한 것인지를 알려주는 예비부모교육이 국가적 차원에서도 필요하다.

넷째, 심리적 측면에서 예비부모교육의 필요성은 다음과 같다.

발달과업이론(Havinghurst, 1953)에 의한 예비부모교육의 대상은 청년기와 성인 초기라고 볼 수 있다. 청년기의 발달과업은 남녀 간의 성역할 차이를 이해하고 동성이나 이성의 친구와 새로운 관계를 형성하며, 부모 또는 다른 성인으로부터 정서적·경제적으로 독립하는 것 등이다. 성인 초기의 발달과업으로는 배우자를 선택하고 배우자와 함께 생활하는 방법을 학습하는 것, 가정을 꾸미고 자녀를 양육하는 것, 가정을 관리하고 직업생활을 시작하며 시민의 역할을 완수하는 것 그리고 마음에 맞는 사람과 사회적 집단을 형성하는 것 등이다. 이러한 청년기 및 성인 초기의 발달과업을 완수하기 위해서는 결혼과 가정생활을 준비시키는 예비부모교육을 하는 것이 필요하다.

또한 에릭슨(Erikson, 1968)의 심리사회적 발달이론에 의하면 청년기는 정체감 대 역할혼미의 시기로, 이 시기에 예비부모교육을 통해 청년들이 자아정체감을 형성하도록 도움을 제공하는 것은 성인 초기에 원만한 결혼생활을 하는 데 필요한 관계형성에 도움이 된다.

2 예비부모교육의 내용 및 현황

여성가족부에서는 대학 부모교육 사례집을 분석하여 대학생을 대상으로 실시할 수 있는 예비부모교육의 표준강의안을 제시하고 있다. 구체적인 내용을 살펴보면 다음과 같다(여성가족부, 2016a).

1) 예비부모교육의 개요

첫째, 예비부모교육에서는 대학생을 대상으로 부모됨의 개인적 가치와 사회적 가치를 인식하도록 도와주고, 부모역할을 올바로 수행할 수 있도록 돕고자 한다.

둘째, 예비부모교육은 부모됨에서 부모가 자녀에게 미치는 영향뿐만 아니라 자녀도 부모에게 영향을 미친다는 상호작용적 관점과 개인, 가족, 사회, 국가 등 다양한 환경이 부모됨에 영향을 미칠 수 있다는 점을 기본 전제로 한다.

셋째, 자신에 대한 이해를 바탕으로 인간발달 단계에 따른 부모역할의 변화, 바람직한 부모양육태도에 관한 지식을 함양하고 의사소통기법 등 실제적 기술을 함양할 수 있도록 한다.

마지막으로 현대사회의 다양한 부모됨에 영향을 미치는 환경을 분석하고 대안과 활용자원을 모색한다.

2) 예비부모교육의 목표

첫째, 부모됨의 다양한 가치를 안다.

둘째, 나의 성장과정과 인성에 대한 이해를 통해 예비부모로서의 나를 이해한다.

셋째, 자녀의 발달 단계별 양육에 필요한 지식과 태도, 기술을 습득한다.

넷째, 현대사회의 부모됨의 장애물과 대안을 모색한다.

3) 예비부모교육의 내용

(1) 예비부모교육의 개념

예비부모교육의 개념 및 필요성 이해

(2) 사회변화와 부모역할

부모됨의 동기, 부모역할의 가치 및 영향 요인에 대한 이해, 사회변화에 따른 부모역할의 변화 이해

(3) 나에 대한 이해: 성장기

자신의 성장기 고찰을 통한 자신에 대한 이해, 자신의 인성구조에 대한 이해 및 인성검사

(4) 나에 대한 이해: 예비부모로서의 나

다양한 양육방식에 대한 이해, 부모의 양육방식과 자신의 현재 부모-자녀관계에 대한 이해, 자신의 인성과 부모의 양육방식에 대한 이해

(5) 부모양육태도

현대사회에 적합한 자녀관 및 양육태도에 대한 이해와 태도, 부부공동 양육의 의미와 중요성, 지역사회 공동체와 부모됨

(6) 다양한 가족에서의 부모역할

부모됨의 다양한 맥락에 대한 이해, 결혼관계(한부모가족, 재혼가족), 경제활동(맞벌이가족, 일-가정 양립), 가족형태별 부모됨의 이해

(7) 민주적 의사소통방법

문제의 소유자에 따른 나-전달법, 반영적 경청, 무승부법

(8) 자녀의 발달에 따른 가족생활의 변화

자녀의 발달 단계에 따른 가족생활주기별 부모-자녀관계의 특징 이해

(9) 태내기 부모역할

태내발달 단계 및 태내발달에 영향을 미치는 요인 이해, 태내기 부모역할 및 태교, 출산에 대한 이해, 태내기 부모역할을 위한 개인·가족·지역사회의 지원

▶ 임산부와 남편

(10) 영아기 부모역할

가족생활주기별 부모–자녀관계의 특징 이해, 애착형성의 중요성 및 영향에 대한 이해, 영아기 부모역할에 대한 이해, 영아기 부모역할을 위한 개인·가족·지역사회의 지원

▶ 영아기 부모역할

(11) 유아기 부모역할

유아기 부모역할에 대한 이해, 유아기 사회정서발달을 돕는 부모역할에 대한 이해, 유아기 부모역할을 위한 개인·가족·지역사회의 지원

▶ 유아기 부모역할

(12) 아동 청소년기 부모역할

아동 청소년기 부모역할에 대한 이해, 아동 청소년기 부모–자녀의 의사소통 및 자아정체감, 가치관 형성을 돕는 부모역할에 대한 이해

(13) 역기능적 부모역할

아동학대, 방임 등 역기능적 부모역할이 개인의 발달 및 사회에 미치는 영향과 예방책에 대한 이해

(14) 다양한 부모교육 프로그램

한국의 부모교육기관의 현황, 부모교육의 참여

4) 예비부모교육의 현황

우리나라의 예비부모교육은 학교중심의 예비부모교육, 정부주도의 예비부모교육, 비정부 사회단체 및 종교단체의 예비부모교육 프로그램으로 구분된다(김은설 외, 2010).

(1) 학교중심의 예비부모교육

첫째, 고등학교에서는 현재 예비부모교육을 '기술·가정' 교과목의 한 장으로 포함하여 학생들에게 가르치고 있다. 전국 모든 고등학교에서 '기술·가정' 교과목은 필수로 정해져 있고, 예비부모교육 관련내용은 1장의 마지막 부분인 3절 '결혼과 육아'이며, 총 4회 정도의 수업시간이 할애된다.

둘째, 대학교에서는 예비부모교육을 교양과정으로 개설하는 경우가 많다. 우리나라의 4년제 대학교에서는 과반수 정도가 부모교육이나 결혼, 가족 등의 용어가 포함된 관련 과목을 교양과목으로 개설해 두고 있으며, 전문대학은 대학교보다 개설 비율이 낮은 편이다(김정미, 2004). 대학교에서의 예비부모교육은 일반적인 부모교육에 비해 교육대상이 아직 미혼인 경우가 많음을 고려하여 자녀출산과 양육에 관한 내용 못지않게 이성교제와 배우자 선택, 결혼과 가정, 가족관계에 대한 이해 등을 보다 심층적으로 다룰 필요가 있다.

(2) 정부주도의 예비부모교육

정부주도의 예비부모교육은 정부 산하기관인 건강가정지원센터의 예비부모교육 프로그램이 있으며, 저출산 대책 사업으로 정부가 주관하거나 후원하여 시행하는 예비부모교육 등이 있다(전선옥, 2017).

첫째, 건강가정지원센터에서는 2006년부터 결혼준비교육 프로그램을 센터 공통사업으로 구성하여 매뉴얼을 제작하고 각 지역 센터에 보급하고 있으며, 연차별로 시대의 변화와 요구에 따라 내용을 보완하고 있다.

둘째, 저출산 극복을 위한 사회운동 및 정부활동으로 저출산극복 캠페인, 세살마을운동, 사단법인 한국수양부모협회-가정위탁지원센터 각 지부에서 전국적으로 실시하는 예비위탁부모 대상 부모교육과 미혼모자녀양육환경 조성사업이 있다.

(3) 비정부 사회단체 및 종교단체의 예비부모교육

첫째, 사회단체인 굿네이버스는 고등학교 3학년 학생을 대상으로 학교방문을 통한 특강 형식으로 제공하며, 교사들도 함께 참여한다. 건강한 이성교제와 성, 부모됨의 준비, 사랑의 기술을 주요 내용으로 한다. 한국가정법률상담소와 YMCA는 여성의 권익 향상과 양성 평등을 위한 다양한 프로그램과 좋은 부모 함께 준비하기와 같은 예비부모교육 활동을 제공한다.

둘째, 사설기관의 혼인준비교실, 언론사 및 문화센터의 강좌, 아동·청소년 및 가족상담소가 제공하는 예비부부 및 예비부모를 위한 교육 프로그램 등은 특강, 강의, 집단상담 등 단기간 프로그램으로 다양하게 제공되고 있다.

셋째, 종교기관 중 천주교, 불교, 기독교에서도 미혼남녀를 대상으로 결혼준비에 관련된 교육이나 출산과 양육, 건강한 가족문화 조성을 위한 교육을 실시하고 있다.

3 우리나라 예비부모교육 관련 연구

우리나라 예비부모교육의 역사적 변화과정을 살펴보기 위해 관련된 연구들을 살펴보면 다음과 같다(이원영 · 김정미, 2007).

표 1-1 예비부모교육 관련 연구

연구제목	대상	연구자	연구내용
미혼남녀의 자녀관 및 유아기 자녀 교육관에 관한 일 연구	일반 미혼남녀	정채옥 (1980)	– 유아기의 중요성은 인정 – 유아교육은 가정에서 담당
근로 청소년의 자녀관 및 유아기 자녀교육관에 관한 일 연구	근로 청소년	심성경· 이현순 (1986)	– 자녀교육의 책임은 부모, 어머니 취업 시 자녀양육에 지장 – 유아교육으로 예능학원 선호
고등학생이 지각한 부모관 및 자녀관에 관한 연구	고등학생	이순희 (1986)	– 부모관 및 자녀관의 남녀에 따른 차이 및 왜곡된 견해 – 남녀 모두 예비부모교육 실시 주장
남녀 대학생의 부모됨의 동기에 관한 연구	대학생	이재연· 김경희 (1988)	– 자녀가 가정을 이루고 부부 간의 애정을 확인시키는 매개가 되는 것이 부모됨의 동기
고등학생을 위한 부모역할 교육의 교과과정 개발 연구	고등학생	제경숙 (1990)	– 고등학생, 학부모, 교사를 대상으로 요구와 교과를 분석하여 고등학생을 위한 부모역할 교육교과과정 개발
결혼 전 여성의 양육태도에 관한 연구	일반 미혼여성	이병래 (1991)	– 결혼 전 여성의 양육태도는 대부분이 애정–통제 유형
고등학생의 부모기에 대한 이해와 유아기 자녀교육에 관한 태도 연구	고등학생	나은경 (1992)	– 고등학생들을 위한 예비부모교육 프로그램의 정규교육과정 필요 – 교육내용으로 부모기, 바람직한 자녀교육관, 유치원교육에 대한 인식

연구제목	대상	연구자	연구내용
대학생의 부모됨의 동기와 부모역할 개념에 관한 연구	대학생	유안진·신양재 (1993)	– 부모됨의 동기에서 개인심리적 동기를 중요시 – 부모역할에 있어서 남녀 간의 차이
결혼적령기 직업여성의 유아양육 태도에 관한 조사연구	결혼 적령기 직업 여성	황완규 (1994)	– 직업유형, 학력, 연령 등에 따라 다양한 인식 차이 – 교육대상자에 따른 예비부모교육 프로그램 개발 및 적용
대학생들의 예비부모교육에 관한 인식 및 요구	대학생	정미라·이희선·배소연 (1995)	– 부모됨의 동기로 양육 자체의 만족을 얻기 위한 개인심리적 동기 중요시 – 교육내용으로 아동의 이해 및 양육방법, 부모역할 수행방법, 양육방법의 실제, 아동행동지도방법
예비부모교육 프로그램 개발에 관한 연구	대학생	신혜영 (1996)	– 청소년의 자아인식, 성교육, 임신과 출산, 가족관계, 영유아발달을 주제로 예비부모교육 프로그램을 개발하여 적용한 결과 긍정적 효과
예비부모교육 프로그램 개발을 위한 기초 연구	결혼 후 자녀를 원하거나 첫자녀를 임신한 부부	김지신·정승원·최미경 (1997)	– 부모됨의 동기, 부부의 역할개념, 부모기에 대한 기대와 걱정, 예비부모교육 프로그램 내용에 대한 요구사항
대학생을 위한 예비부모교육 프로그램 개발을 위한 연구	대학생	윤기영 외 5명 (1998)	– 예비부모교육 프로그램 모형 개발
부모기 전이기의 예비부모교육 프로그램 모형 개발: 부모되는 길라잡이	첫자녀를 임신중인 부부	고선주·조은숙·옥선화 (1998)	– 예비부모들의 부모기에 대한 적응력 증진을 위해 기초과정, 부부관계 강화과정, 부모자녀과정으로 프로그램 구성

연구제목	대상	연구자	연구내용
예비부모교육에 대한 대학생의 인식도에 관한 연구	대학생	김지은 (1999)	– 부모됨의 동기로 양육 자체의 만족을 얻기 위해서라는 개인심리적 동기 중요시 – 교육내용으로 부모역할 및 책임에 대한 이해, 아동의 이해 및 양육방법, 현대 가족의 이해 요구
예비부모들의 부모참여교육에 대한 인식조사 연구	결혼 전의 청년	이병만 (1999)	– 연령이 높고 직업이 공무원일 경우 자율적 양육태도 지향 – 대졸인 경우 개방적 양육태도 지향
예비부모교육의 수강여부가 아버지의 자녀양육태도와 역할지각에 미치는 영향	남자대학생	김현정 (2001)	– 예비부모교육을 수강한 남자대학생들이 그렇지 않은 남자대학생에 비해 긍정적 양육태도
대학생들을 위한 예비부모교육 프로그램 개발 연구	대학생	전선영 (2001)	– 아동관, 발달이론, 부모역할, 의사소통, 맞벌이 가정을 주제로 프로그램 개발 – 프로그램에 참여한 대학생들은 예비부모교육의 필요성 인식 및 높은 만족도, 심화 프로그램 참여의사
예비부모교육에 대한 기독청년들의 요구도 조사	기독교청년	강희은 (2002)	– 성경적 부모관, 부모역할에 대한 이해, 예비부모교육에 대한 인식 조사 – 예비부모교육의 대상으로 대학생이 적절하며, 교육내용으로 대화방법 및 자녀와의 의사소통 방식 요구
예비부모교육에 대한 학생들의 인식도 조사	고등학생, 대학생	허희순 (2003)	– 고등학생보다 대학생이 예비부모교육의 필요성 높게 인식 – 예비부모교육 정보획득의 기회 부족 – 장애예방 및 대처에 대한 남학생들의 인식 매우 부족

연구제목	대상	연구자	연구내용
대학생을 위한 예비부모교육 프로그램 개발 및 적용 효과	대학생	이병래 (2003)	– 자녀양육태도와 아동교육관에 대한 효과 검증 – 실험집단의 남학생들보다 여학생들이 애정적, 자율적 양육태도로 변화
예비부모교육에 대한 대학생들의 만족도 및 요구도 조사연구	대학생	김정미 (2003)	– 사전 실험용 예비부모교육 프로그램 시행 및 만족도와 요구도 분석
대학생을 위한 예비부모교육 프로그램 개발	대학생	김정미 (2005)	– 대학생의 발달심리적 요구, 예비부모교육에 대한 사회적 요구, 대학생들의 요구조사 결과를 토대로 예비부모교육 프로그램 개발
예비부모교육 프로그램 적용효과	대학생	김정미 (2005)	– 대학생의 교양수업으로 예비부모교육 프로그램 적용 – 예비부모에게 요구되는 지식 증진, 자아존중감 및 양육관과 양육태도가 긍정적 방향으로 변화
치료놀이를 적용한 대학생 예비부모교육 프로그램이 대인관계 및 자기의식에 미치는 효과	대학생	이상희 (2009)	– 치료놀이를 적용한 예비부모교육 프로그램이 대인관계 및 자기의식에 미치는 효과 검증
예비부모교육 실태와 내실화 방안 연구	고등학생, 대학생, 미혼 성인, 고등학교 교사	김은설 외 (2010)	– 예비부모교육의 현황, 내용, 참여 등 실태를 조사하여 문제점과 개선점을 파악하여 예비부모교육을 내실화·활성화할 수 있는 방안 제시
고등학생의 결혼 및 출산에 대한 인식이 예비부모역할에 미치는 영향	고등학생	여성남 (2014)	예비부모로서 고등학생을 대상으로 부모기에 대한 준비를 돕고 예비부모교육 프로그램 개발을 위한 기초자료 획득
예비부모교육에 대한 요구와 교육내용에 대한 인식	부모	오영희 (2014)	– 예비부모교육에 대한 요구와 교육내용에 대한 인식 차이를 부모유형별로 조사

연구제목	대상	연구자	연구내용
학교 교육과정 적용을 위한 청소년 예비부모교육 프로그램의 효과성 검증	중학생	최층명 (2014)	– 중학생을 대상으로 교육과정 적용을 위한 예비부모교육 프로그램을 개발 및 적용하여 효과 검증
부모놀이치료를 활용한 청소년 예비부모교육 프로그램이 청소년의 자아존중감, 의사소통능력 및 공감·수용 반응에 미치는 효과	고등학생	손초롱 (2016)	– 부모놀이치료를 활용한 청소년 예비부모교육 프로그램이 청소년의 자아존중감, 의사소통능력 및 공감·수용 반응에 미치는 효과 검증
고등학생을 위한 가정 교과 기반 예비부모교육 프로그램 개발 및 평가	고등학생	노희연 (2017)	– 고등학교 교육과정에서 활용할 수 있는 가정 교과 기반의 예비부모교육 프로그램 개발 및 평가
고등학생의 예비부모교육 실태 및 요구도 분석	고등학생	김수경 (2018)	– 고등학생을 대상으로 예비부모교육 실태 및 요구도 분석

출처: 이원영·김정미(2007).

4 예비부모교육의 활성화 방안

1) 부모역할에 대한 방향정립

올바른 자녀양육관을 확립하기 위해서는 먼저 부모교육의 목표에 충실한 방향정립이 우선되어야 한다(김재은, 1993). 부모교육의 목표가 부모로서의 교육기능 활성화와 자녀와의 관계향상을 위한 세부적인 지침에 치중하고, 부모 개개인의 양육방식이나 자녀양육에 대한 가치관의 확립문제는 경시되고 있다(정옥분 · 정순화, 2009).

자기 자신에 대한 통찰을 기초로 부모로서 자녀에게 하고 있는 교육은 어떤 교육이며, 그것이 어떤 결과를 초래하며, 자녀 자신의 삶이나 가족 나아가 사회에 어떤 의미가 있는지를 생각하게 해야 한다. 자녀의 타고난 자질과 능력을 개발시켜 행복을 누리고 가정과 사회를 따뜻한 삶의 터전으로 가꾸어 나가는 올바른 부모가 되기 위한 지침을 제시하면 다음과 같다(김진숙, 1998).

– 새로운 것을 스스로 찾아 배우며 힘차게 생활하는 부모가 된다.
– 올바른 생각과 행동으로 성실하고 꿋꿋하게 살아가는 부모가 된다.
– 올바른 교육환경을 만들어 주기 위하여 용기있고 소신있게 행동하는 부모가 된다.
– 자녀가 잘할 때나 잘못할 때나 변함없는 사랑을 보여주는 부모가 된다.
– 옳고 그름을 분명하게 구분하고 확실하게 가르치는 부모가 된다.
– 열 마디 말로 타이르기보다 한 마디 말에 귀를 기울이는 부모가 된다.
– 작은 일이라도 미리 계획하고 실천하는 생활습관을 길러주는 부모가 된다.
– 원하는 것을 스스로 찾아가는 기회를 충분하게 주고 길러주는 부모가 된디.
– 어떠한 어려움이 있더라도 끝까지 노력하여 목표를 성취하도록 북돋아 주는 부모가 된다.
– 내 자녀와 남의 자녀를 차별하지 않고 돌보고 지도하여 아이들이 바르게 자라는 지역사회를 만들어가는 부모가 된다.

2) 부모교육의 대상

부모교육의 효과를 감안해 볼 때 중요한 것은 예비부모를 대상으로 하는 부모교육을 확대하여 실시하는 것이다.

지금까지 부모교육의 주된 대상은 자녀교육에 관심이 많고 경제적·시간적으로 여유가 있는 중산층 이상의 전업주부인 어머니였다. 오히려 부모자녀관계에서 많은 문제점을 가지고 있는 저소득층의 경우 생계를 위한 맞벌이가족은 어머니를 대상으로 하는 부모교육에 참여하지 못하므로 악순환이 되풀이되는 결과를 초래하게 된다.

또한 자녀의 성장 및 발달에 미치는 아버지의 영향력을 감안해볼 때, 부모교육에 아버지의 참여를 극대화시키는 방법이 모색되어야 한다. 따라서 학교를 졸업하고 결혼한 이후에는 직장생활 등으로 부모교육을 받기가 곤란하므로, 대학에서 교양과목을 통해 부모교육을 실시하거나 결혼 전 예비부모교육을 받는 것이 효율적인 방법이 될 것이다.

중고등학생이나 대학생과 같은 예비부모를 대상으로 한 부모교육은 훗날 자신이 부모가 되었을 때를 대비하여 부모로서의 역할에 대한 이해를 도와줄 수 있는 예방적인 효과뿐만 아니라 현재 자신의 부모와의 관계개선이나 의사소통 증진에도 도움이 될 수 있다.

그러나 우리나라의 경우 치열한 입시경쟁으로 인해 중고등학생을 대상으로 예비부모교육을 실시하는 것은 어려운 상황이므로 가장 적절한 예비부모교육의 대상은 대학생이다.

또한 자녀의 성장 및 발달에 미치는 아버지의 영향을 고려할 때 아버지는 어머니만큼 자녀에게 중요한 인물이다. 또한 핵가족에서 부부 간의 협조는 중요하고, 가족관계에서 어머니의 긴장과 스트레스를 감소시키고 부모역할을 수행하는데 아버지의 지원과 참여가 필수적이다. 그러므로 여학생뿐만 아니라 남학생을 대상으로 한 예비부모교육의 필요성이 높다고 할 수 있다(정옥분 · 정순화, 2009).

3) 부모교육의 내용

첫째, 실제 일상생활에서 직면하는 부모자녀관계에 적용하기 위한 구체적인 지침이나 활용방법이 필요하다. 즉, 아동의 문제행동이나 청소년 흡연, 가출, 음주, 음란물 시청 등 여러 가지 행동에 대한 구체적인 지침이 필요하다.

둘째, 서구에서 개발된 프로그램을 우리 문화에 맞게 변형하고 접목시키는 방법이 시도되어야 한다. 서구의 부모교육 프로그램은 부모자녀관계에서 수평적인 평등이념을 전제로 하고 있어서 권위주의적인 태도가 익숙한 한국부모들에게 혼란스러운 문제이다. 따라서 부모의 권리를 주장할 수 있는 주장 훈련도 병행하는 것이 필요하다.

셋째, 부모들은 아동발달에 대한 기본적인 지식을 통해서 많은 것을 배울 수 있다. 임신 및 태내발달에 대한 정보를 제공함으로써 장애아 출산을 사전에 예방할 수 있을 것이다.

넷째, 내용면에서 보다 포괄적인 부모의 배경이나 요구에 맞는 부모교육 프로그램의 개발이 필요하다. 부모가 만족스럽게 생각하고 자신들에게 성공적으로 생각되는 프로그램을 선택할 수 있도록 광범위한 기초 자료를 제공해주어야 한다.

다섯째, 자녀의 발달 단계에 따른 세분화된 프로그램의 개발도 필요하다. 예비부모교육의 경우, 부모교육의 대상이 자신의 발달 단계가 청년기라는 점을 고려해 청년기의 부모자녀관계에 대한 내용을 첨가하여 자신의 부모세대의 어려움을 생각하고 부모와 유대감을 향상시킬 수 있는 기회를 제공하는 것이 필요하다. 그리하여 자신과 부모와의 관계에 대처할 수 있는 예비부모교육 프로그램이 개발되어야 할 것이다.

여섯째, 예비부모교육 프로그램의 필요성이 강조되는 이유인 미혼모나 십대 부모들과 같은 다양한 부모교육 대상들의 기대나 요구를 정확하게 파악하고, 이를 교육 프로그램에 반영함으로써 보다 효율적인 교육이 이루어질 수 있을 것이다.

일곱째, 예비부모교육의 효과를 극대화하기 위해서는 부모자녀관계 및 발달 단계별 부모역할에 초점을 맞추는 것이 필요하다. 즉, 부모역할에 대한 전반적인 이해와 자녀의 발달 단계별 특성 및 부모역할에 중점을 두고, 영유아의 발달 및 양육태도와 부모자녀관계에 대한 체계적인 지식을 다루어야 한다(정옥분 · 정순화, 2009).

4) 부모교육의 목표

부모교육의 목표는 다음의 4가지로 볼 수 있다(연미희 · 김진숙, 2015).

(1) 정보제공

부모교육의 일차적 목표는 자녀의 성장과정이나 양육방법과 관련된 폭넓고 전문적인 지식이나 정보를 제공해주고, 이를 상호간에 교환할 수 있도록 도와주는 것이다. 강연회, 토론회, 독서모임 등을 통해서 부모교육 전문가로부터 자녀양육에 관련된 정보를 획득하거나 이러한 정보를 부모 상호 간에 교환할 수 있다.

(2) 가치관 변화

부모교육의 목표는 부모가 자신의 가치관에 대해 명확하게 인식하고 문제가 있을 경우에 이를 변화시키도록 도와주는 것이다. 자신이 어떤 유형의 부모이며, 이러한 자신의 신념이나 가치관이 자녀의 성장에 어떤 영향을 미치는가에 대한 인식이 선행됨으로써 부모의 태도변화가 가능하다. 즉, 권위주의적 양육태도를 가지고 있다면 이를 명확하게 인식함으로써 이런 양육태도가 자녀의 발달에 어떤 영향을 미치는지를 인식하고, 바람직한 양육태도로 변화시키는 것이 가능하다.

(3) 기술습득

부모교육은 부모가 효율적인 부모역할을 수행할 수 있도록 특정한 기술의 습득을 도와주는 것이다. 부모자녀 간의 원만한 상호작용을 위한 의사소통기술과 관련된 것이 가장 보편적인 것이다. '반영적 경청'이나 '나-전달법' 등과 같은 의사소통기술이 널리 사용되는 방법이다.

(4) 문제해결능력의 증진

부모교육은 일상생활에서 자녀와의 상호작용 과정에서 직면하게 되는 여러 가지 문제들에 대한 해결능력을 증진시키는 것이다. 자녀의 잘못된 행동을 고쳐주고 이를 바람직한 행동으로 수정해 나가고자 하는 것은 모든 부모의 공통된 관심사이다.

5 사회변화와 부모역할

사회변화의 여러 측면 중 여성취업률의 증가와 핵가족화, 이혼율의 급증과 같은 사회변화는 부모역할에 많은 변화를 초래했다(정옥분 · 정순화, 2009).

1) 여성취업률의 증가

전통사회에서는 아버지가 가족을 부양하기 위한 도구적인 역할을 수행하였다면, 어머니는 자녀양육을 담당하는 표현적인 역할을 수행하였다.

그러나 최근 여성들은 자녀양육보다는 직업적 성취에 더 많은 비중을 두게 되면서 자녀양육은 부모의 직업적 성취에 종속되는 경향을 보이고 있다. 결혼 이후에도 자신의 직업적 성취를 고려하여 자녀출산을 연기하거나 아예 출산을 하지 않음으로 인해 우리나라 저출산의 문제는 매우 심각한 수준이다.

또한 자녀를 한 명만 둔 맞벌이부부들은 자녀양육에서 지나치게 익애적이거나 허용적인 태도를 보이며, 자녀를 위한 투자를 아끼지 않을 뿐만 아니라 자녀의 인지발달에 치중한 투자로 인해 자녀가 부모의 기대수준에 미치지 못한 경우 자녀와의 갈등도 심각한 수준이다.

2) 핵가족화

산업화와 도시화로 인해 가족은 핵가족화·소가족화되고 있다. 이러한 가족형태의 변화로 인해 현대의 부모들은 과거 대가족 형태에서처럼 자연스럽게 자녀양육에 대해 배울 수 있는 기회를 갖지 못하여 결과적으로 자녀양육에 대한 지식이 부족하다. 이러한 지식의 부족은 자신감의 부족으로 이어지고, 다시 부모역할에 대한 만족도를 저하시키는 요인으로 작용한다. 또한 여성취업률의 증가와 더불어 핵가족화는 자녀양육자 부재현상을 촉진시키는 요인이 되고 있다. 보육시설이 충분하게 구비되지 않은 상황에서 전통적으로 자녀양육을 담당하던 여성들은 자녀양육의 책임을 전적으로 담당하려 하지 않으며, 남성이 자녀양육의 역할을 보완하지 않은 실정이기 때문에 자녀양육에 문제의 소지가 있다.

3) 이혼율의 증가

가족의 가치보다 개인적인 성취에 더 많은 가치를 두게 되면서 현대사회에서 결혼을 통해 형성된 가족은 더 이상 안정적인 단위가 아니다. 이혼율은 급속도로 증가하고 있으며, 이에 따른 한부모가족이나 계부모 가족의 비율도 점차 증가하고 있다.

높은 이혼율은 아동의 성장과 발달뿐만 아니라 부모역할에도 큰 영향을 미치게 된다. 이혼으로 인해 한부모가족이나 계부모 가족이 높은 비중을 차지하게 될 것이며, 이로 인해 유발되는 가족 내 갈등도 문제로 지적된다.

이처럼 사회변화에 따라 부모역할에도 많은 변화가 나타났으며, 이런 변화에 순조롭게 적응해나가기 위해서는 부모교육이 필요하다.

연습문제

1. 예비부모교육의 목표를 설명하시오.

2. 예비부모교육의 현황을 학교중심 및 정부주도로 분류하여 그 내용을 제시하시오.

3. 예비부모교육의 개념에 대해 설명하시오.

토의 〈생각해보기〉

1. 예비부모교육 프로그램의 내용에 포함되어야 하는 주제에 대하여 생각해 보자.

2. 예비부모교육의 필요성에 대하여 토론해 보자.

3. 예비부모교육의 활성화 방안에 대하여 모색해 보자.

Chapter 02 사랑, 이성교제 및 배우자 선택

성숙한 두 남녀가 사랑을 하게 되면, 결혼이라는 의식을 통해 부부가 되고자 한다. 결혼에 대한 두 사람 간의 합의가 이루어지고 나면, 이들은 결혼을 통해 부부가 되었음을 사회적으로 인정받게 된다. 이러한 과정을 통해 이들은 연인관계에서 부부관계로 발전하게 되며, 대내외적으로 자녀를 출산하고 양육하는 것이 기대된다. 이러한 일련의 과정을 통해 자신만의 가족을 형성하게 되는데, 이렇게 형성된 가족은 한 개인에게 생명을 다하는 순간까지 가장 긴밀한 관계를 맺게 되는 인간관계의 기본적인 장이 된다.

배우자 선택은 결혼을 이루기 위한 직전의 단계로서 일생에 걸쳐 매우 중요한 의사결정 과정의 하나이므로, 이에 대한 충분한 지식과 시간적 여유 등이 필요하다. 이것은 개인의 행복뿐만 아니라 그들을 둘러싼 인간관계에도 광범위하게 영향을 미치므로, 가족의 성공적인 발달여부를 결정해 주는 중요한 변수가 된다. 또한 자녀들의 사회화를 위한 일차적인 대행자 역할이 부모의 책임 하에 있으므로, 부모가 아이들의 성장·발달에 미치는 영향은 장기간에 걸쳐 지속적으로 나타나게 된다. 그러므로 좋은 배우자를 선택하여 행복한 부부생활을 하는 것은 그들 자녀들에게 바람직한 부모환경을 제공한다는 의미에서 매우 중요한 의의를 갖는다.

이 장에서는 사랑의 유형 및 요소, 배우자 선택에 관한 내용을 살펴보고자 한다.

1 사랑

사랑은 사람 사이, 즉 인간관계에서 경험할 수 있는 가장 행복하고 오묘한 감정이다. 사랑은 가장 황홀하면서도 때로는 가장 고통스런 체험이기도 하다. 사랑은 한 인간과 한 인간이 서로를 강렬하게 원하며 서로를 융합시키는 신비스런 마력을 지니고 있다. 사랑은 누구나 동경하는 체험이며 동서고금을 막론하고 예술과 문학의 변함없는 주제였다. 한 개인의 삶에 있어서 사랑은 기쁨과 슬픔, 환희와 고통, 행복과 불행을 좌우하는 가장 중요한 요인임을 아무도 부정하지 못할 것이다. 인간의 삶에서 이토록 중요한 사랑은 사람에 따라 사랑의 정의가 다르고, 시간이 지남에 따라 달라지기도 한다.

심리학자들은 사람들이 '사랑'이라는 단어로 기술하는 다양한 행위와 그 특성을 분석하였고, 많은 사람들을 대상으로 설문지와 면접을 통해 사랑에 대한 태도와 행동들을 연구했다. 그 결과 일반적으로 사랑은 다음과 같은 5가지 유형으로 분류한다(권석만, 1997).

1) 사랑의 유형

(1) 이타적 사랑(altruistic love)

이타적 사랑은 무조건적·헌신적으로 타인을 위하고 보살피는 사랑이다. 사랑의 대상이 사랑받을 자격을 가지고 있는지의 여부나, 그로부터 돌아오는 보상적인 대가(代價)에 상관없이 변함없이 주어지는 헌신적인 사랑이다. 이런 종류의 사랑에서는 자기희생이 중요한 요소가 된다. 이타적 사랑은 고전적인 종교적 상으로서 성경의 '고린도전서 13장'에 묘사되어 있듯이, 언제나 온유하고 오래 참으며 시기하지 않고 보답을 기대하지 않는 숭고한 사랑을 말한다. 신의 사랑, 부모의 사랑이 이러한 이타적 사랑의 대표적인 예이다.

▶ 이타적 사랑

(2) 동료적 사랑(companionate love)

동료적 사랑은 친한 친구에게서 느끼는 우정 같은 사랑이다. 동료적 사랑은 상대방에 대한 뜨거운 열정이나 일방적인 헌신이 개입되지는 않으나, 깊은 신뢰와 친근감에 바탕을 둔 사랑이다. 사랑(loving)과 좋아함(liking)은 흔히 상대방에 대해 갖는 애정의 강도에 의해서 구분되는데, 동료적 사랑에서 느끼는 감정은 좋아함에 가깝다고 할 수 있다. 동료적 사랑은 삶 속에서 오랜기간 밀접한 관계를 가져온 사람에 대해 느끼는 애정과 의리를 의미한다. 평생동안 인생의 풍파를 함께 헤쳐 온 노부부 간의 사랑이 이러한 사랑의 대표적인 예라고 할 수 있다.

▶ 동료적 사랑

(3) 낭만적 사랑(romantic love)

낭만적 사랑은 뜨거운 열정이 중요한 요소가 되는 강렬한 사랑이다. 이러한 사랑은 사랑하는 사람과 하나가 되고 싶은 욕망, 사랑하는 사람에 대한 과대평가나 우상화, 강렬한 감정을 수반하는 집착 등의 특징을 지닌다. 사랑이 영원할 것이라는 신념, 사랑하는 사람에 대한 계속적인 생각, 사랑을 위해선 무엇이든지 하려는 충동과 더불어 강렬한 성적인 요소가 개입된다. 이러한 사랑을 하는 사람은 낭만적 사랑이 세상에서 가장 중요하다고 믿는다. 로미오와 줄리엣의 사랑이 대표적인 예라고 할 수 있다. 낭만적 사랑은 대부분의 사람들이 선망하는 사랑의 유형이기도 하다. 그러나 낭만적 사랑은 흔히 불안정하며 지속적이지 못하고 많은 심리적 고통을 수반하는 경우가 많아서 '눈먼 사랑'으로 기술되기도 한다.

(4) 실용적 사랑(pragmatic love)

실용적 사랑은 이성에 근거한 현실주의적이고 합리적인 사랑이다. 사랑의 대상을 선택할 때에도 관계가 안정적이고 지속적일 수 있는 서로의 조건을 고려한다. 상대방의 성격, 가정환경, 교육수준, 종교, 취미 등을 고려하여 자신과 맞는 사람을 선택한다. 이러한 조건을 고려한 선택이 이루어지게 되면, 강렬한 애정감정과 열정이 뒤따르기도 한다. 우리나라에서 이루어지는 '선'이나 '중매'를 통해 상대를 만나고 사랑하게 되는 경우가 이러한 사랑의 예라 할 수 있다.

(5) 유희적 사랑(playful love)

유희적 사랑은 놀이와 같이 재미와 쾌락을 중요시하는 사랑이다. 이러한 사랑에서는 상대방에 대한 강력한 집착이나 관계의 지속을 위한 장기적인 계획이 없다. 유희적 사랑을 하는 사람들은 흔히 여러 명의 연인을 동시에 사귀며 고정된 이상적인 연인상을 가지고 있지도 않다. 이들은 한 사람과의 관계에 자신의 평생을 바치려 하지 않으며, 상대방과의 관계에서 쾌락과 즐거움이 줄어들면 다른 대상을 찾게 된다. 돈환이나 플레이보이들이 나타내는 사랑이 대표적인 예라고 할 수 있다.

성숙한 사랑은 사랑의 세 가지 요소, 즉 친밀감, 열정, 헌신의 세 요소가 모두 존재할 때 생긴다. 우리 모두가, 특히 낭만적 관계에 있는 사람들이 도달하려고 노력하는 그런 종류의 사랑이다. 성숙한 사랑을 얻기는 어렵지만 그것을 지키기는 더욱 어렵다. 우리는 모든 사랑관계 혹은 대부분의 관계에서 성숙한 사랑을 발견하리라는 기대를 하지 않는다. 오히려 그런 사랑은 가능하면 가까이 도달하고 싶은 어떤 것이라고 생각하려 한다(권석만, 1997).

2) 사랑의 세 가지 요소

스턴버그(Sternberg, 1986)는 하나의 삼각형이 세 꼭짓점으로 구성되는 것처럼 사랑도 세 가지 구성 요소를 가진다고 하였다. 이러한 세 가지 구성 요소는 사랑의 정서적 측면인 친밀감(intimacy), 자극적 측면인 열정(passion), 인지적 측면인 헌신(committment)이다.

친밀감은 밀접함, 나눔, 의사소통, 지지 등을 포함하는 의미로서, 사랑하는 관계에서 나타나는 가깝고, 연결되어 있고, 결합되어 있다는 느낌을 일컫는다. 친밀감의 정도는 초기에는 지속적으로 상승하다가 점차 둔화되어 안정된 상태로 접어들게 된다. 대부분의 사람들은 초기관계가 불안정할 때 상대방을 파악하기 위하여 노력함으로써 친밀감을 높이게 되며, 상대에 대한 파악이 어느 정도 이루어지면 관계가 안정되고 친밀감을 명백히 하려는 시도 역시 감소한다.

열정은 사랑하는 사람과 하나가 되려는 강렬한 욕구와 신체적 자극을 이끌어내는 것으로, 친밀감과 달리 빠른 속도로 증가한다. 초기에는 뜨겁고 격렬한 열정을 느끼지만 점차 습관화되면서 이후에 이러한 강도를 상실한다. 또한 열정은 탐닉과 같아서 두 가지 상반된 측면을 내포하는데, 하나는 매혹에 쉽게 빠지지 않고 저항하는 부정적인 힘으로 느리게 발달하고 느리게 소멸한다. 긍정적인 힘은 초기에, 부정적인 힘은 습관화된 후기에 발달하고 느리게 소멸한다. 마치 커피나 알코올 중독처럼 처음에는 급히 빠져들지만 습관화된 다음에는 처음과 같은 강력한 자극을 느끼지 못한다.

헌신은 짧은 순간 어떤 사람을 사랑하기로 결심하고, 그 후 오랜기간 그 사랑을 지속하기 위해 개입하는 것이다. 이러한 발달과정은 직선적이어서 친밀감이나 열정보다 이해되기 쉬운데, 처음 어떤 사람을 만나는 순간, 무의식 상태에서 출발하여 서로를 잘 알게 되면서 헌신 정도가 증가하게 된다. 만약 관계가 오래 지속된다면 헌신의 수준은 자연히 증가하고 안정적인 수준으로 정착된다. 그러나 때때로 이러한 헌신의 수준이 절제되지 못하여 갈등과 혼란을 초래하기도 한다.

이러한 사랑의 3요소를 가지고 가능한 결합을 시도해 보면 여덟 가지의 사랑이 나타나게 된다. 친밀감 요소만 있는 '좋아함'(liking), 열정요소만 있는 '도취된 사랑'(infatuation), 헌신요소만 있는 '공허한 사랑'(empty love), 친밀감과 열정요소의 결합인 '낭만적 사랑'(romantic love), 열정과 헌신요소의 결합인 '얼빠진 사랑'(fatuous love), 친밀감과 헌신요소의 결합인 '동료적 사랑'(companionate love), 친밀감과 열정과 헌신요소의 결합인 '성숙한 사랑'(consummate love) 그리고 모든 요소들이 부재한 '사랑이 아닌 것'(non-love) 등이다.

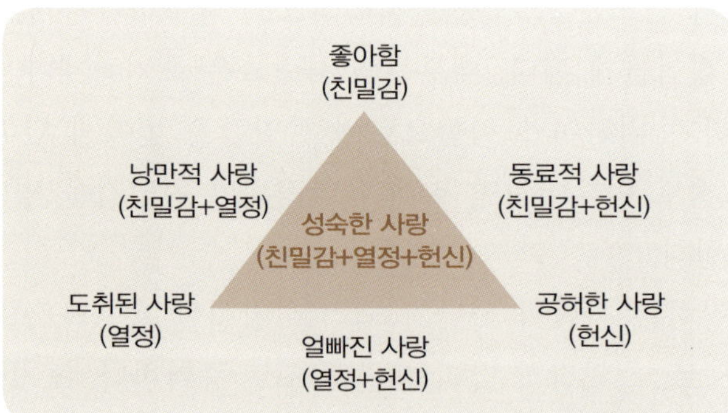

▶ 그림 2-1 사랑의 3요소를 조합한 사랑 유형

표 2-1 사랑의 삼각형검사

아래의 문장들은 현재 당신이 사귀고 있는 이성친구에 대한 당신의 심리상태를 기술한 것입니다. ○○는 이성친구의 이름을 뜻합니다. 각 문장에 ○○에 대한 당신의 상태를 잘 나타내는 정도를 아래와 같이 적절한 숫자에 동그라미로 표시해 주십시오.

전혀 아니다				어느 정도 그렇다				매우 그렇다
1	2	3	4	5	6	7	8	9

1. 나는 ○○의 행복을 위해서 적극적으로 지원한다.	1	2	3	4	5	6	7	8	9
2. 나는 ○○와 따뜻한 관계를 맺고 있다.	1	2	3	4	5	6	7	8	9
3. 나는 힘들 때 ○○에게 의지할 수 있다.	1	2	3	4	5	6	7	8	9
4. ○○는 힘들 때 나에게 의지할 수 있다.	1	2	3	4	5	6	7	8	9
5. 나는 ○○와 나의 모든 것을 공유할 의향이 있다.	1	2	3	4	5	6	7	8	9
6. 나는 ○○로부터 상당한 정서적 지지를 받고 있다.	1	2	3	4	5	6	7	8	9
7. 나는 ○○에게 상당한 정서적 지지를 주고 있다.	1	2	3	4	5	6	7	8	9
8. 나는 ○○와 말이 잘 통한다.	1	2	3	4	5	6	7	8	9
9. 나는 내 인생에서 ○○를 매우 중요시한다.	1	2	3	4	5	6	7	8	9
10. 나는 ○○와 친밀감을 느낀다.	1	2	3	4	5	6	7	8	9
11. 나는 ○○와 편안한 관계를 느끼고 있다.	1	2	3	4	5	6	7	8	9
12. 나는 ○○를 정말 신뢰한다고 느낀다.	1	2	3	4	5	6	7	8	9
13. 나는 ○○가 나를 정말 이해하고 있다고 느낀다.	1	2	3	4	5	6	7	8	9
14. 나는 내가 ○○를 정말 신뢰한다고 느낀다.	1	2	3	4	5	6	7	8	9
15. 나에 관한 매우 개인적인 정보를 ○○와 공유하고 있다.	1	2	3	4	5	6	7	8	9
16. 나는 ○○를 보기만 해도 흥분된다.	1	2	3	4	5	6	7	8	9
17. 나는 낮에도 ○○에 대해서 생각하는 나 자신을 자주 발견한다.	1	2	3	4	5	6	7	8	9
18. ○○와 나의 관계는 정말 낭만적이다.	1	2	3	4	5	6	7	8	9
19. 나는 ○○가 매우 매력적이라고 느낀다.	1	2	3	4	5	6	7	8	9
20. 나는 ○○를 이상화하고 있다.	1	2	3	4	5	6	7	8	9
21. 나는 ○○처럼 나를 행복하게 만드는 사람을 상상할 수 없다.	1	2	3	4	5	6	7	8	9
22. 나는 다른 어떤 사람보다도 ○○와 함께 있고 싶다.	1	2	3	4	5	6	7	8	9
23. ○○와의 관계보다 더 중요한 것은 이 세상에 없다.	1	2	3	4	5	6	7	8	9
24. 나는 ○○와 신체적으로 접촉하는 것을 특히 좋아한다.	1	2	3	4	5	6	7	8	9

전혀 아니다			어느 정도 그렇다					매우 그렇다
1	2	3	4	5	6	7	8	9

25. ㅇㅇ와의 관계에는 마술적인 점이 있다.	1	2	3	4	5	6	7	8	9
26. 나는 ㅇㅇ를 찬미한다.	1	2	3	4	5	6	7	8	9
27. 나는 ㅇㅇ없는 인생을 생각할 수 없다.	1	2	3	4	5	6	7	8	9
28. ㅇㅇ와 나의 관계는 열정적이다.	1	2	3	4	5	6	7	8	9
29. 낭만적인 영화나 책을 볼 때면 ㅇㅇ를 생각하게 된다.	1	2	3	4	5	6	7	8	9
30. 나는 ㅇㅇ에 대해서 공상을 하곤 한다.	1	2	3	4	5	6	7	8	9
31. 내가 ㅇㅇ에 대해서 염려하고 있다는 것을 알고 있다.	1	2	3	4	5	6	7	8	9
32. 나는 ㅇㅇ와의 관계를 지속시키기 위해 최선을 다하고 있다.	1	2	3	4	5	6	7	8	9
33. 다른 사람이 우리 사이에 끼어들지 않도록 나는 ㅇㅇ에 대해 헌신할 것이다.	1	2	3	4	5	6	7	8	9
34. 나는 ㅇㅇ와의 관계가 흔들리지 않을 것이라는 점에 대해 자신감을 가지고 있다.	1	2	3	4	5	6	7	8	9
35. 나는 어떤 난관에도 불구하고 ㅇㅇ에게 헌신할 것이다.	1	2	3	4	5	6	7	8	9
36. ㅇㅇ에 대한 나의 사랑은 남은 인생동안 계속되리라고 예상한다.	1	2	3	4	5	6	7	8	9
37. 나는 ㅇㅇ를 위해서 항상 강한 책임감을 느낄 것이다.	1	2	3	4	5	6	7	8	9
38. ㅇㅇ에 대한 나의 사랑은 확고한 것이다.	1	2	3	4	5	6	7	8	9
39. 나는 ㅇㅇ와의 관계가 끝나는 것을 상상할 수 없다.	1	2	3	4	5	6	7	8	9
40. 나는 ㅇㅇ에 대한 나의 사랑을 확신한다.	1	2	3	4	5	6	7	8	9
41. 나는 ㅇㅇ와의 관계가 영원히 지속될 것이라고 생각한다.	1	2	3	4	5	6	7	8	9
42. 나는 ㅇㅇ와 사귀는 것을 잘한 결정이라고 생각한다.	1	2	3	4	5	6	7	8	9
43. 나는 ㅇㅇ에 대한 책임의식을 느낀다.	1	2	3	4	5	6	7	8	9
44. 나는 ㅇㅇ와의 관계를 계속 유지할 작정이다.	1	2	3	4	5	6	7	8	9
45. 설혹 ㅇㅇ와 갈등이 생긴다 해도, 나는 여전히 우리 관계를 유지할 것이다.	1	2	3	4	5	6	7	8	9

* 채점 : 친밀감 점수: 1번, ……… 15번까지 점수의 합
열정 점수: 16번, ……… 30번까지 점수의 합
헌신 점수: 31번 ……… 45번까지 점수의 합

* 세 구성요소의 점수를 각각 세 변의 길이로 하여 삼각형을 구성해 보자. 당신의 사랑 삼각형은 어떤 모양을 하고 있는가? 어떤 구성요소가 가장 크고 어떤 구성요소가 가장 작은가? 이것은 당신의 사랑에 대해 무엇을 의미하는가? 당신 이성친구도 이 척도에 응답을 했다면 이성친구의 사랑 삼각형은 어떤 모양인가? 당신의 사랑 삼각형과 비교해 볼 때, 어떤 차이가 있는가? 이러한 차이는 어떻게 해소되어 서로 일치하는 사랑의 삼각형을 만들 수 있을 것인가?

출처: Sternberg & Barners(1988).

2 이성교제 및 배우자 선택

최근 뉴스(서울=연합뉴스, 2019.2.6)에 의하면 2018년도 한국보건사회연구원의 '보건복지포럼'에 실린 '미혼인구의 결혼관련 태도조사'에서 20~44세 미혼남녀(남성 1,140명, 여성 1,324명)가 배우자 선택조건을 다음과 같이 나타냈다.

미혼남성은 성격(95.9%), 건강(95.1%), 가사 및 육아에 대한 태도(91.9%), 일에 대한 이해 및 협조(90.8%), 공통의 취미 유무(76.9%) 순으로 나타났다. 이에 반해 미혼여성은 성격(98.3%), 가사 및 육아에 대한 태도(97.9%), 건강(97.7%), 일에 대한 이해 및 협조(95.6%), 소득 재산 등 경제력(92.7%) 순으로 나타났다. 그런데 경제력이 중요하다고 생각하는 비율이 남성(53.0%)보다 여성(92.7%)이 훨씬 높게 나타났다. 그 외에도 배우자 조건으로 남녀성별 격차가 크게 나타난 것은 직종 및 직위(남성 49.9%, 여성 87.1%), 학력(남성 31.0%, 여성 55.0%), 가정환경(남성 75.1%, 여성 89.8%) 등이었다.

또한 같은 연구에서 결혼에 대한 필요성의 경우 미혼남성은 '반드시 해야 한다'는 14.1%, '하는 편이 좋다'는 36.4%, '해도 좋고 안해도 좋다'는 39.2%, '하지 않는게 낫다'는 6.6% 순으로 나타났다. 미혼여성은 '반드시 해야 한다'는 6.0%, '하는 편이 좋다'는 22.8%, '해도 좋고 안해도 좋다'는 54.9%, '하지 않는게 낫다'는 14.3% 순으로 나타났다.

연구결과 미혼남성들(39.2%)과 여성들(54.9%)은 동일하게 결혼은 '해도 좋고 안해도 좋다'는 비율이 가장 높았다. 그러나 결혼에 대한 긍정적 태도의 응답률은 미혼남성이 50.5%로 절반을 넘었지만, 미혼여성은 28.8% 수준에 머물렀다.

젊은이들이 이성교제를 하는 것은 사회인으로서 기대되는 성인남녀의 역할을 수행하는 준비 단계의 행동이다. 성격이 다른 여러 이성친구와 접촉하며 교제를 하는 동안 동성친구에게서는 얻을 수 없는 다양한 역할을 실제로 상호작용을 통해서 배우게 되며, 이처럼 성인으로서의 경험을 쌓아감으로써 사회생활의 훈련을 하게 된다.

이성교제의 중요한 기능은 배우자 선택에 있다. 직접적으로는 오락적 기능이나 인격성장을 목적으로 이성교제를 한다고 할지라도 잠재적이고 궁극적인 목적은 배우자 선택에 있다. 결혼의 행복은 자기가 선택한 사람에 의해 크게 영향을 받으므로, 많은 이성교제를 통해서 인격적으로 서로 어울리며 사랑할 수 있는 배우자를 선택하는 것은 매우 중요하다. 따라서 결혼을 약속한 사이라고 하더라도 최종 결정을 내리기 전에 두 사람이 공동생활을 해나갈 만큼 성숙한 상태인지 다음과 같은 점을 고려하여 스스로 점검해 보도록 한다(권석만, 1997).

첫째, 교제기간을 충분히 가졌는가? 교제기간을 오래 지속할수록 결혼의 행복을 보장한다고는 할 수 없으나, 교제기간이 너무 짧은 경우 상대방과 그의 집안에 대하여 충분히 알지 못하여 결혼 후 갈등이 생기는 수가 많다. 한 연구(Landis & Landis, 1977)에 의하면 행복한 집단과 이혼한 집단 간에는 결혼 전 기간 동안의 상호작용이 상이했음을 발견하였다. 즉, 행복한 결혼생활을 영위하고 있는 집단은 그렇지 않은 집단보다 결혼 전에 서로를 인식하는 기간이 길었으며, 서로 다른 점에 대해서도 충분히 상호작용하여 합의한 것으로 나타났다. 그러므로 상대방에 대하여 정확한 인식을 한 후 서로에 대해 적응할 수 있을 때까지 교제기간이 어느 정도 필요하므로, 성급한 결정을 내리지 않도록 한다.

둘째, 상대방을 있는 그대로 수용할 수 있는가? 인간의 기본 성격은 일생 동안 거의 변하지 않는다고 한다. 그럼에도 우리는 결혼을 하면 배우자가 나에게 맞추어 변화하리라고 믿기 쉽다. 그리하여 상대방의 행동을 변화시키려고 끊임없이 노력하게 되고, 그 과정에서 성격의 불일치를 발견하게 되면 갈등을 겪고 서로 상대방을 비난하게 된다. 그러므로 상대방의 있는 그대로의 모습을 사랑할 수 있는지, 상대방을 변화시키기보다 내가 변할 수 있는 점은 무엇인지를 스스로에게 질문해 볼 필요가 있다. 지금까지 사귀어 온 사람이 앞으로도 서로 존중하고 성장을 격려해 줄 사람인가, 자신이 어려움에 처해 있을 때 가장 마지막까지 남을 수 있는 사람인가 신중하게 생각하도록 한다.

셋째, 이상적인 배우자를 고집할 것인가? 누구나 좋은 면만을 지닌 사람이란 없으며, 인간인 이상 부족한 면이 함께 있기 마련이다. 그러므로 완벽한 사람만을 찾으려고 하다가 결혼 시기가 지연되는 것은 비현실적이라고 하겠다. 상대방에게 기대하는 가장 중요한 점이 무엇인지 순위를 정하고, 다른 나머지 면에 대해서는 양보하는 의사결정이 보다 합리적인 자세일 것이다. 그리고 이상적인 배우자를 찾으려 하기보다 이상적인 배우자가 되도록 서로 지원하는 마음가짐이 필요하다.

유영주·이창숙(2001)은 배우자 선택의 지혜로 다음의 사항을 제시하였다.

첫째, 배우자가 될 사람의 속을 보아야 한다. 그 사람은 무엇을 가치있게 여기는가? 겉치장을 가치있게 여기는가, 일 또는 친구 속에 파묻혀 있는 것을 가치있게 여기는가 그리고 무엇을 추구하는 사람인가를 보아야 한다. 돈을 추구하는 사람인가, 명예를 추구하는 사람인가, 사회적 성공을 추구하는 사람인가, 가정의 행복을 추구하는 사람인가, 또한 이러한 것을 얼마나 조화롭게 만들어 나갈 사람인가를 눈여겨보아야 한다. 또한 자신을 희생하고 헌신할 줄 아는 사람인가, 상대방을 얼마나 배려할 줄 아는 사람인가 등 그 사람의 속을 보아야 한다.

둘째, 자신이 정말 사랑하고 좋아하는지를 돌아봐야 한다. 결혼생활은 인생의 반 이상을 차지하는 긴 여정이다. 힘든 시기를 잘 지탱해 나가기 위해서는 배우자에 대한 사랑이 밑바탕에 깔려 있어야 한다. 의무와 책임만으로 결혼생활을 지탱해나간다면 어려운 상황에서 쉽게 무기력해지고 좌절하기 쉽다. 그러므로 예비배우자에 대한 사랑이 자신에게 얼마나 큰지 생각해봐야 한다. 사랑의 설레임으로 잠을 못 이루고 있는가? 빨리 또 만나고 싶은가?

셋째, 배우자를 선택할 때에는 주변 사람들의 조언과 충고를 진지하게 받아들일 줄 알아야 한다. 그들은 두 사람의 사랑을 객관적으로 보고, 사랑에 가려져 있는 당신의 눈을 뜨게 해줄 고마운 사람들이다.

넷째, 배우자의 가족을 잘 살펴보아야 한다. 결혼은 가족과 가족의 만남이다. 너무 이질적인 가족이 만나면 부조화로 갈등이 생길수도 있고, 무엇보다 배우자와 조화하는데 몇 배의 어려움이 따른다. 양 가족의 종교가 유사한가? 양 가족의 사회경제적 지위가 비슷한가? 가족구성원들의 배움이 서로 비슷한가 등이다.

마지막으로 서로의 직장생활, 사회생활에 대한 견해를 확인해 볼 필요가 있다. 여성에 대해 어느 정도의 사회생활을 허용하고 있는가? 여성의 사회적 능력을 어느 정도 인정하고 있는가? 사회생활과 가정생활의 조화를 어떻게 이룰 사람인가 등을 알아보아야 한다. 그 외에도 배우자의 건강, 종교, 직업적 안정 등도 중요한 고려사항이다.

연습문제

1. 사랑의 유형에 대하여 설명하시오.

2. 바람직한 배우자 선택기준을 제시하시오.

3. 사랑의 3가지 요소에 대해 설명하시오.

토의 〈생각해보기〉

1. 다음의 기사에 제시된 스몰웨딩의 의미에 대하여 생각해 보자.

> "주례 없애고 결혼식 건너뛰고.." 밀레니얼 세대의 新 결혼풍속도
> 2019.04.06. 이현진/이수빈 기자 apple@hankyung.com
>
> 지난달 초 부부가 된 최하나(32)·박정수(38) 씨는 결혼식은 생략한 채 혼인신고만 했다. 결혼기념일은 혼인신고를 한 날로 정했다. 늦은 겨울휴가로 신혼여행을 대체하고, 스튜디오 촬영은 여행지에서 스냅촬영으로 갈음했다. 두 사람은 "우리만 행복하게 살면 되는데 남들을 불러놓고 과시하는 결혼식을 하고 싶지 않았다"며 "결혼식을 준비하며 받는 스트레스도 피하고 싶었다"고 입을 모았다.

2. 데이트 폭력의 원인과 그 대처방안에 대하여 토론해 보자.

3. 배우자 선택을 위한 바람직한 이성교제의 방법과 기간에 대하여 의견을 나누어 보자.

결혼 및 부부관계, 결혼의 대안 Chapter 03

결혼과 가족생활에 관한 선택은 당신이 인생에서 내리게 될 가장 중요한 결정이고, 당신의 기쁨과 슬픔에 큰 영향을 줄 것이다. 인생의 어떤 다른 분야도 결혼과 가족의 선택만큼 중요하지 않을 것이다. 우리는 일생을 통하여 일련의 대인관계적인 선택을 하게 된다.

–결혼? 독신? 동거?
–혼전 성관계? 배우자의 부정?
–시간제 근무? 종일제 근무? 맞벌이 여부?
–피임 여부? 피임방법?
–자녀출산여부? 자녀의 수?
–이혼? 재혼?

이 장에서는 결혼의 의미와 동기, 성공적인 결혼의 조건, 건강한 가정을 형성하기 위한 지침, 결혼의 대안 등에 관해 살펴보고자 한다.

1 결혼

가족이 형성되기 위해서는 결혼이라는 일정한 형식을 거치게 되는데, 이것은 남녀 두 사람의 결합이라는 단순한 의미에서부터 가족과 사회가 유지되는 수단이라는 복합적 의미로까지 해석될 수 있다.

▶ 결혼식

1) 결혼의 의의

결혼은 제 2의 탄생이라고도 한다. 사실상 인간은 결혼과 더불어 새로운 인생을 시작하기 때문이다. 이제까지 성장하고 생활해 왔던 자신의 근원가족을 떠나 배우자와 더불어 새로운 자신들만의 생식가족을 형성하며, 이와 더불어 사회적 역할과 지위를 획득하고 나아가 가족 내외적 인간관계를 확대하는 계기가 바로 결혼에 의한 것이다. 그러므로 결혼이란 행복만이 보장되는 낙원이 아니라, 책임과 의무가 수반되는 냉혹한 현실생활인 것이다. 이러한 여러 가지 현실문제에 부딪칠 때, 배우자와 힘을 합쳐 서로 협조와 노력을 통해 극복해 나간다면, 그때 비로소 결혼의 참다운 의의가 되살아나는 것이다. 따라서 결혼이란 인간이 책임과 의무의 균형 속에서 책임감있는 역할을 수행하도록 하며, 이를 통해 하나의 성숙된 인격체로 완성됨을 그 최대의 의의로 삼고 있다(유영주 외, 2000).

2) 결혼의 동기

결혼이란 자연적으로 발생하는 현상도 아니고, 더욱이 인간이 타고나는 본성과 같은 것도 아니다. 그것은 하나의 제도이고 관례이다. 또한 성적 본능의 발로이기도 하나, 그것만이 목적은 아니다. 결혼은 여러 가지 복합적 동기에 의해서 이루어진다.

결혼은 두 남녀의 신체적·정신적·사회적 결합을 의미한다. 그러므로 인간은 결혼을 통하여 개인의 성적 만족과 정서적·애정적 안정을 취할 수 있으며, 하나의 가족을 형성시키는 사회적 의의를 갖는다. 인간은 결혼을 통하여 개인적 욕구 충족과 아울러 사회적으로 인정을 받음과 동시에 책임을 지게 되는 것이다. 그렇다면 이렇듯 중요한 결혼이 실패로 돌아가는 이유는 무엇일까? 우선 결혼을 하는 동기가 올바르지 못하기 때문이며, 결혼에 대해 잘못된 인식을 갖고 있기 때문이다(유영주 외, 2009).

표 3-1 결혼과 가족에 대한 잘못된 신념

① 결혼생활과 가족들은 완전히 행복해야 한다. 각 가족의 구성원은 자기 가족에게서 만족을 찾을 수 있어야 한다.
② 가족끼리 가까이 있고 공동활동을 하는 단란한 가족이어야 만족한 가정생활을 할 수 있고, 또 개인에게도 만족을 준다.
③ 배우자는 항상 상대방에게 정직해야 한다.
④ 행복한 결혼에서는 불일치가 있을 수 없다. 가족들이 싸운다는 것은 서로 증오한다는 것을 의미한다.
⑤ 부부는 모든 문제에 의견을 같이 해야 하며, 동일한 관점에서 임해야 한다.
⑥ 부부가 이기적이어서는 안 되고, 자기 개인의 욕구를 생각하지 말아야 한다.
⑦ 집안에 어떤 일이 잘못되어가면 누구 잘못인지 밝혀야 한다.
⑧ 현재의 일을 잘못할 때 과거를 들추어 보는 것도 도움이 된다.
⑨ 부부가 논쟁을 벌일 때 누가 점수를 더 많이 따느냐에 따라 누가 옳고 그른지 판가름난다.
⑩ 성적 관계가 좋아야 결혼생활을 잘할 수 있다.
⑪ 만족한 결혼생활에서는 성적인 문제가 저절로 해결된다.
⑫ 부부는 서로 상대방의 비언어적 커뮤니케이션을 이해할 수 있다. 따라서 서로 일일이 말로

확인할 필요가 있다.
⑬ 결혼생활에서 부정적인 피드백(feedback)과 마찬가지로 긍정적인 피드백도 줄 필요가 없다.
⑭ 훌륭한 결혼생활은 저절로 이루어지기 때문에 노력이 필요없다.
⑮ 어떤 배우자든 상대방이 원하는 대로 변화될 수 있다.
⑯ 안정된 결혼생활에서는 변화가 없어 문제가 발생하지 않는다.
⑰ 남편은 어떠해야 하고, 아내는 어떠해야 하는지 누구나 다 안다.
⑱ 결혼생활이 아무리 불행해도 자녀를 위해 참아야 한다.
⑲ 결혼생활이 원만하지 못해도 자녀가 생기면 나아진다.
⑳ 결혼생활이 원만하지 못할 때, 혼외정사, 이혼, 다른 배우자와의 결혼으로 상황을 개선시킬 수 있다.

출처: Goldenberg & Goldenberg(1983).

대부분의 사람들이 결혼하고자 하는 동기를 살펴보면 다음과 같다.

첫째, 현대인의 결혼욕구 중 가장 강한 동기는 사랑하는 사람과 함께 살고 싶기 때문이다. 사랑의 실현을 위해서는 결혼이라는 관문을 통과해야 하며, 실제 결혼생활을 통해 성숙한 사랑을 이룩해 나간다.

둘째, 사회가 합법적으로 부부로 인정하고 성관계를 허용하는 제도가 결혼이므로, 사회적·법적으로 인정된 성욕구 충족을 통하여 안정감을 갖는다.

셋째, 결혼을 하게 됨으로써 경제적 협력이 가능하다. 과거와는 달리 오늘날에는 배우자 선정 시 직업을 가진 여성, 안정된 직장을 가진 남성을 좋은 조건으로 보는 것은 결혼의 동기 중 경제적 안정이 중요한 동기로 작용하기 때문이다.

넷째, 전통사회는 자녀출산과 가계계승의 수단으로 결혼의 가장 큰 동기를 갖고 있었다. 적절한 시기에 자녀를 갖고 싶은 욕구도 결혼을 결정하는 요인이 된다.

다섯째, 결혼을 함으로써 인생의 동반자로서 서로를 이해해 주고, 감정적 뒷받침을 받고자 하는 욕구를 충족시킬 수 있다.

여섯째, 결혼을 한다는 것은 부모로부터 독립하고 성인이 되는 신분을 획득하는 것이다. 특히 우리 사회는 결혼을 해야 성인취급을 하는 의식이 강하다.

마지막으로, 성인이 되면 결혼을 해야 한다고 기대하므로 적절한 시기에 결혼을 하지 않으면 주위 사람이나 환경으로부터 압력을 받는다. 따라서 결혼은 그런 압력으로부터 해방됨을 의미한다.

그러나 순간적인 열정, 자아도피, 혼전 임신, 지위상승의 수단, 외로움을 피하기 위한 것 등은 결혼의 순수한 동기라고 볼 수 없으며, 이혼을 증가시킬 위험이 있다. 그러므로 결혼을 도피처나 수단으로 삼지 않고 자신의 목표를 추구해 나가면서 자신을 가장 잘 이해하는 사람과 같이 지내는 것 그 자체가 인생의 소중한 경험으로 인식될 때 결혼을 결정하는 것이 바람직하다.

3) 성공적인 결혼의 조건

인간은 자신의 결혼이 성공적이고 행복하기를 원한다. 그리하여 최선을 다하여 생활하지만, 뜻하지 않은 불행이 오기도 하고, 전쟁·혼란과 같은 사회적 위기나 사망과 같은 불안에도 부딪친다. 이와 같이 눈에 보이는 외적 영향 이외에도 개인의 불충분한 지식, 불안정한 정서, 미성숙한 인성이나 결혼에 대한 지나친 기대 등은 불안을 초래하는 일이 많다.

성공적인 결혼이란 개인의 만족에까지 도달할 수 있도록 두 사람 상호 간에 역동적이고 발전적인 관계가 이룩되고 있는 결혼을 말한다. 성공적인 결혼의 필수적인 요소는 상대방의 인성, 인격을 이해하고 흡수하며 소화하고,

▶ 성공적인 결혼의 모습

서로 동화하려고 노력하는 자세에 있다. 즉, 상대방의 능력, 자유, 자존심을 존중하고, 그의 목표에 도달할 수 있도록 용기를 주며, 격려하고 허용해 주어야 한다. 상대방의 모든 행동을 무시, 방해, 거부하는 태도는 두 사람의 관계를 저해하는 요소이다.

또한 성공적인 결혼은 법률적 요구를 충족시켜야 한다. 즉, 사회적 기대나 그 사회의 문화, 도덕, 윤리의 규범 안에서 허용되는 결혼이어야 한다. 다른 문화, 다른 종교를 가진 결과로 때때로 실패하는 예를 종종 볼 수 있다. 성공적인 결혼이란 건전한 정서적 발달을 해야 하며, 그로 인해 좋은 분위기를 형성해야 하는 것인데, 결혼이란 두 사람만의 관계뿐만 아니라 수없이 많은 가족, 친척 등의 인간관계를 포함하는 것이므로, 그 사회가 기대하고 요구하는 수준을 지니고 있어야 그들의 결혼을 성공적으로 이끌 수 있다.

성공적인 결혼은 반드시 행복하고 이성적이며, 만족스럽고 완전한 것은 아니다. 다만 이것이 외적인 측면뿐만 아니라 내적인 개인의 요구를 만족시켜 줄 수 있을 때, 비로소 완벽한 것이 될 수 있다. 내적 요인이란 두 사람의 인성특성, 적응능력을 말하며, 외적 요인은 사회적·경제적·가족적 여건을 들 수 있다.

결혼 전의 환상과 결혼 후의 실제를 비교한 실례(Olson & DeFrain, 1994)는 다음과 같다.

그녀는 그가 매우 단호하고 남자다워서 결혼하였다.
그녀는 그가 너무 독선적이고 지배적이어서 헤어졌다.

그는 그녀가 매우 작고 아담하고 부드러워서 결혼하였다.
그는 그녀가 너무 보잘 것 없고 약해서 헤어졌다.

그녀는 그가 매우 돈을 잘 벌어서 결혼하였다.
그녀는 그가 너무 일만 하는 일 중독자라 헤어졌다.

그는 그녀가 항상 매력적이어서 결혼하였다.
그는 그녀가 거울 앞에서 너무 많은 시간을 허비하는 것이 싫어 헤어졌다.

그녀는 그가 매우 낭만적이고 사교적이어서 결혼하였다.
그녀는 그가 노는 것과 재미만을 좋아하는 플레이보이라서 헤어졌다.

그는 그녀가 매우 조용하고 순종적이어서 결혼하였다.
그는 그녀가 지루하고 너무 그에게 집착하는 것이 싫어 헤어졌다.

그녀는 그가 훌륭한 운동가이어서 결혼하였다.
그녀는 그가 놀거나 그렇지 않으면 스포츠 관람만을 하는 것이 싫어 헤어졌다.

4) 결혼만족도

결혼만족은 결혼적응, 행복, 성공, 안정, 결혼의 질 등의 개념과 혼용되면서 사용되어 왔는데(Burr, 1973), 현재는 대체로 객관적인 성공이나 보상 정도에 의한 것보다는 주관적인 행·불행상태를 결혼만족의 개념으로 보아 태도변수로 인식하고 있다(Burr, 1979).

그러므로 결혼만족(marital satisfaction)이란 결혼생활 전반에 대한 부부의 행복과 만족에 대한 주관적 감정이며 일종의 태도이다. 이러한 개념에서 볼 때 결혼만족도는 결혼생활 전반에 대한 부부의 행복과 만족에 대한 주관적 감정이나 태도를 평가한 개념으로써, 이는 극히 주관적이고 개인적인 현상이므로 이를 측정하는 데는 많은 문제점이 있다(유영주, 1979).

가족주기 단계별 결혼만족도에 관한 횡단적 연구결과들은 대부분 U자형 관계를 보고한다. 즉, 신혼기에 높았던 결혼만족도는 자녀출산 단계에서부터 낮아지며, 자녀가 십대인 단계에서 더욱 낮아지다가 자녀독립 이후에 만족도가 증가한다는 것이다. 이러한 현상에 대해 대부분의 연구자들은 자녀의 출생과 성장, 독립과 관련시켜 해석하여 부모됨과 부모역할은 생활만족의 근원이 되고 개인적으로 부모 각자에게 보상이 되어 주는 측면이 있지만, 부부관계에는 보상요인보다는 비용요인으로 작용하기 때문으로 해석한다. 즉, 자녀양육에 필요한 시간, 돈, 에너지, 관심 등은 부부 사이의 친밀감과 애정유지를 위한 상호작용이나 의사소통, 동반적 활동을 제한시킨다는 것과 자녀출생 후에 가사분담을 둘러싼 부부 간의 갈등이 증가한다는 것이다(Spanier & Lewis, 1980).

결혼기간에 따른 결혼만족도는 대부분 부적 상관을 보여서 결혼기간이 증가함에 따라 만족도가 감소되는 경향을 보인다고 한다(Gless, 1991; 최규련, 1990).

표 3-2 결혼만족도(Kansas Marital Satisfaction Scale)

이 척도는 주로 아내용으로 이용되나, 남편 및 아내 모두에게 사용할 수 있다. 당신의 느낌을 잘 표현한 곳에 동그라미 표시를 하시오.

극히 불만족 1	매우 불만족 2	어느 정도 불만족 3	보통 4	어느 정도 만족 5	매우 만족 6	극히 만족 7

1. 당신과 당신의 결혼에 대하여 어느 정도 만족하십니까?	1	2	3	4	5	6	7
2. 당신과 당신의 배우자로서의 남편(또는 아내)에 대하여 어느 정도 만족하십니까?	1	2	3	4	5	6	7
3. 당신과 당신의 남편(또는 아내)과의 관계에 대하여 어느 정도 만족하십니까?	1	2	3	4	5	6	7

* 당신이 동그라미한 숫자를 합하십시오. 이 척도를 완성시킨 450명 이상 부인들의 점수에서 주부의 평균 점수는 14.7~18.3으로 나타냈고, 최근에 남편과 이혼한 부인들의 집단에서는 평균합계가 7.8~10.1로 나타났다(Schumm et al., 1985).

2 부부관계

젊은 두 남녀는 이성관계를 통해 서로 사랑을 하고 이러한 사랑의 결실로서 결혼에 이르게 된다. 연인관계는 결혼을 통해 부부관계로 바뀐다. '검은 머리가 파뿌리가 되고 죽음이 서로를 갈라놓을 때까지 사랑하겠다'는 결혼 서약을 하고 두 남녀는 부부가 된다. 부부는 인생에 있어서 가장 중요한 동반자이다. 행복한 부부관계는 화목한 가족관계의 기틀이며 한 개인의 행복을 결정하는 가장 중요한 인간관계이다. 이러한 부부관계를 이해하기 위해 부부관계의 의미 및 적응, 성공적인 부부관계의 요건 등에 대해 살펴보기로 한다(유영주, 1979).

1) 부부관계의 의미 및 적응

부부관계는 두 성인 남녀가 생리적·심리적·사회적 욕구를 충족시키기 위해 상호 적응하는 관계이다. 서로 다른 가정에서 자란 두 개인의 인격이 표출되어 부딪치면서 만족스런 관계를 창출하기 위해서는 계속적인 노력이 필요하다. 이 과정은 부부 간의 적응과정이기도 하고, 삶의 과정이기도 하다. 따라서 행복한 결혼생활은 서로 이해의 폭과 영역을 넓히고, 서로의 장점과 결점을 보완하면서 적응하려는 의지가 필요하다.

결혼은 사랑하는 사람과 부부가 되는 기쁘고 즐거운 변화인 동시에 새롭게 적응해야 하는 인생의 커다란 변화이다. 결혼을 하면 생활에 많은 변화가 생긴다. 남편 또는 아내로서 수행해야 할 여러 가지 새로운 역할이 부여된다. 이러한 변화에 적응하고 새로운 역할을 수행하는 것은 쉽지 않다. 그래서 많은 신혼부부들이 행복해야 할 결혼 초기에 많은 어려움과 갈등을 경험한다.

부부관계에 적응하는 일은 여러 가지 측면의 노력을 의미한다(Wells, 1984). 첫째, 결혼생활에서 드러나는 부부 간의 차이점에 대해서 서로 조화시켜 나가는 과정이다. 결혼하여 함께 부부생활을 하다 보면 서로의 차이점과 결점을 수없이 발견하게 된다. 이러한 부부 간 차이는 성격, 행동습관, 감정표현, 가치관, 흥미 등 여러 측면에서 발견되며, 흔히 부부갈등의 주요한 원인이 된다. 이러한 차이를 서로 수용하고 서로의 단점을 보완하며 조화로운 관계로 발전시켜 나가는 것은 부부관계 적응의 주요한 과제이다.

부부관계 적응의 두 번째 측면은 결혼 전 연인관계에서 결혼 후 부부관계로의 변화를 인식하고 서로의 관계를 변화시켜 나가는 일이다. 연애와 결혼은 현격하게 다르듯이 연애할 때의 상호관계와 결혼생활에서의 상호관계는 다르다. 상대방에 대한 호칭, 애정표현 방식, 부부의 역할과 권력, 친인척과의 관계 등 두 사람 사이의 관계에 많은 변화가 생긴다. 결혼 초에 특히 이러한 변화된 관계를 잘 인식하고 그에 적응해 가는 일이 중요하다. 즉, 결혼 전의 연애상대가 아니라 결혼한 부부로서 서로를 대하고 행동하는 변화와 전환이 필요하다.

셋째, 부부관계의 적응은 결혼생활에서 요구되는 일상적 과업을 배우며 익히는 과정이다. 즉, 결혼을 통해 새로이 부과된 역할을 잘 수행하는 일이다. 남편으로서 또는 아내로서 새로운 과업들을 수행해 나가는 것이 적응의 중요한 측면이다. 예를 들어, 아내나 남편은 배우자의 행복을 위한 노력을 하고 상대편 배우자의 부모(장인장모, 시부모)에 대하여 배려하며, 가사일 및 자녀양육에 대한 역할을 배우고 수행해 가는 과정을 통해 부부관계에 적응해 가게 된다.

이렇게 부부관계에서 적응해야 하는 일들은 다양하다. 결혼생활에서 적응해야 하는 구체적 영역 중에는 성관계, 성격차이, 생활비, 역할분담, 자녀양육, 종교, 여가와 관련된 영역이 있다. 아울러 시댁식구와의 관계, 처가식구와의 관계, 친구관계와 같은 사회적 관계도 중요한 적응영역이다. 이러한 적응영역은 별개의 문제라기보다 서로 밀접하게 연결되어 있는 경우가 많다. 또한 결혼생활이 지속되면서 여러 가지 필연적인 또는 우연적인 적응과제가 발생하게 된다.

2) 성공적인 부부의 특징

부부는 가족의 중심이다. 행복한 부부관계는 화목한 가족관계를 위한 기본조건이다. 레슬리(Leslie, 1982)는 성공적인 부부관계에 대한 7가지 기준을 제시하고 있다. 첫째 기준은 결혼생활의 지속성이다. 즉, 흔들리지 않고 오래도록 지속되는 부부관계를 성공적이라고 보는 것이다. 둘째, 결혼생활에서 갈등, 다툼, 불안, 문제가 적은 부부이다. 셋째, 성공적인 부부는 부부 간의 일체감과 응집성이 높다. 넷째, 개인의 성장과 발달을 촉진하고 지원하는 부부관계이다. 다섯째, 결혼생활의 주요 문제에 대한 의견의 일치도가 높은 부부이다. 여섯째, 결혼생활에 대한 주관적인 만족도와 행복감이 높은 부부이다. 마지막으로, 사회적 요구나 기대에 부합된 결혼생활을 하는 부부이다. 이러한 특성을 지닌 부부는 성공적인 부부관계를 맺고 있다고 볼 수 있다.

브라운과 스파니어(Brown & Spanier, 1978)도 성공적인 부부의 특징을 조사한 바 있다. 그들의 연구에 따르면 성공적인 부부는 다음과 같은 8가지의 심리적 특징을 지닌다고 한다. 첫째, 주관적 행복감을 느낀다. 둘째, 부부 사이에서 서로의 기본적인 욕구가 잘 충족되고 있다. 셋째, 배우자의 삶이 풍요로워지도록 서로 돕는다. 넷째, 결혼생활을 통해 인격적인 성숙과 잠재능력의 발휘가 이루어진다. 다섯째, 부부는 서로 정서적으로 지지한다. 여섯째, 배우자를 깊이 이해하고 수용한다. 일곱째, 배우자의 행복에 대해 관심을 지닌다. 마지막으로, 가족과 배우자에 대해서 자발적인 책임감을 느낀다.

즉, 성공적인 부부관계는 부부 모두의 노력에 의해서 만들어 가는 것이다. 메이스와 메이스(Mace & Mace, 1980)도 계속적인 노력과 헌신, 효율적인 대화, 생산적이고 창의적인 갈등관리의 세 가지 요소를 제시하였고, 고든(Gordon, 1975)은 사랑, 유머, 대화, 의무수행, 동료감, 성실성, 참을성, 융통성, 원만한 성관계, 함께 나눔 등 10가지 요소를 들고 있다.

하이네(Hine, 1980)는 결혼에 실패한 부부와 비교하여 성공적인 부부의 특징을 다음과 같이 제시하고 있다. 첫째, 가족의 위기를 성공적으로 해결한다. 둘째, 지속적인 애정교환을 한다. 셋째, 배우자에게 헌신하며 성실한 태도를 갖는다. 넷째, 칭찬, 감사 등의 강화와 지지를 보낸다. 나섯째, 개방적이고 솔직한 대화를 나눈다. 여섯째, 인생관, 가치관, 역할기대를 일치시킨다. 일곱째, 유연하고 융통성있는 성숙한 태도를 보인다. 여덟째, 배우자에 대해서 관용과 인내를 보인다. 아홉째, 배우자와 함께 나누는 동반적 활동을 많이 한다. 마지막으로, 원만한 부부관계를 위한 의지를 가지고 노력한다.

성공적인 부부관계를 중심으로 한 화목한 가정은 흔히 건강가족(healthy family), 기능적 가족(functional family), 성공가족(successful family), 강한 가족(strong family)이라고 불린다. 이런 가족은 부부의 결혼만족도 뿐만 아니라 부모–자녀 간의 만족도가 높으며, 가족구성원 상호 간의 욕구를 서로 잘 충족시켜 주는 가족이다(Stinnett, 1985). 이런 성공적이고 건강한 가족은 일반적으로 다음과 같은 여섯 가지의 공통된 특징을 지닌다.

첫째, 가족구성원은 가족의 행복과 복지에 깊은 관심을 가지며 이를 무엇보다도 중요시한다. 많은 일을 처리해야 하는 바쁜 사회생활 속에서 가족의 행복을 우선시하여 이를 중심으로 자신의 생활을 조정한다. 아울러 가족구성원은 서로의 행복과 복지를 위해 깊이 관여한다.

둘째, 가족구성원은 서로에 대한 정서적 지지를 아끼지 않는다. 가족구성원 상호 간에 긍정적인 감정을 지니며 심리적으로 격려하고 지원한다. 상대방의 장점을 부각시키고 존중하는 노력을 기울인다.

셋째, 가족구성원 간에 효과적인 의사소통이 이루어진다. 가족구성원이 함께 대화를 나누는 시간이 많으며, 상대방의 견해에 관심을 보이고 적극적으로 경청하며 존중한다. 또한 갈등에 대해서는 개방적이고 솔직하게 논의함으로써 갈등을 효과적으로 처리한다.

넷째, 가족구성원끼리 함께 많은 활동을 공유한다. 가정의 안팎에서 함께 지내는 시간이 많으며 가족과 함께 있는 것을 즐긴다. 가족구성원들은 많은 생활영역에서 가족이 함께 지낼 수 있도록 자신의 생활을 조정한다. 가족구성원이 운동, 산책, 여행, 종교활동 등에 함께 참여하면서 가족 간의 유대감을 공고히 한다.

다섯째, 효율적인 문제해결능력을 지니고 있어 가족이 당면하는 여러 가지 문제나 위기를 잘 해결해 나간다. 이런 문제나 위기에 대처할 때, 가족 간에 갈등을 유발하기보다는 가족이 결속하여 서로 협동적으로 대처해 나간다.

마지막으로, 가족구성원은 자신의 역할을 잘 수행한다. 가족구성원 각자가 담당해야 할 역할이 분담되어 있으며, 이러한 역할을 효율적으로 수행한다. 아울러 가족구성원들이 지켜야 할 행동규범이 명료하게 정해져 있고, 이의 준수를 통해 가족 내에 불필요한 갈등을 최소화한다.

대다수의 사람들은 결혼하면 배우자를 도와주면서 사랑의 관계를 맺어가는 이상을 가지고 새로운 생활을 시작한다. 이 같은 꿈을 실현하기 위해서는 자아존중감을 높이고 사랑과 관심, 고마움을 표현해야 한다. 따라서 자기 자신의 결혼생활을 주의 깊게 살펴보고, 아울러 부모님의 결혼생활도 관찰하는 것이 필요하다. 아내와 남편이 상대방의 삶이 좀더 풍요로워지도록 어떻게 도와주는지 그 방법을 살펴보면 다음과 같다(유영주 외, 2009).

(1) 아내가 할 수 있는 일

구체적으로 일상생활에서 아내가 할 수 있는 일은 다음과 같다.

① 자기 자신과 남편의 자존심을 존중하는 행동을 한다.
② 가정의 분위기를 편안하게 유지하도록 노력한다.
③ 항상 자신과 가정을 청결하고 아름답게 꾸미도록 한다. 여성적인 모습은 여성의 권리이다.
④ 집안일을 항상 남편과 의논하며, 부인이 취업 시는 역할을 공유하도록 한다.
⑤ 가정경제의 관리에서 절약하는 지혜와 방법을 터득한다.
⑥ 남편의 좋은 점을 발견하고 칭찬해 준다.
⑦ 남편의 인생에 대한 동반자 의식을 갖고 도움을 주도록 노력한다.
⑧ 가족이 모두 즐길 수 있는 식탁의 메뉴를 꾸밀 줄 아는 지식을 갖는다.
⑨ 가족 내의 갈등이 생길 때는 감정보다는 이성적으로, 문제 중심적으로 대화하는 자세를 갖는다.
⑩ 친족관계를 잘 유지할 수 있도록 기념일, 제사 등을 챙기고 그에 대한 문제를 남편과 의논한다.
⑪ 항상 자기계발을 하는 모습을 보이고, 전업주부인 경우에도 독서, 사회봉사활동, 정치 및 경제변화 등에 관심을 갖는다.
⑫ 남편에게 변치 않는 관심과 사랑을 표현한다.
⑬ 가족관계가 원만할 수 있도록 분위기를 이끌어가고 남편이 가족 안에서 소외되지 않도록 노력한다.

(2) 남편이 할 수 있는 일

일상생활에서 남편이 할 수 있는 구체적인 일은 다음과 같다.

① 결혼 전과 신혼기에 아내에게 보였던 사랑과 관심을 계속 변치 않도록 노력한다.
② 사랑과 관심을 행동으로 표현한다. 즉, 가끔 꽃과 선물 등을 사다 주기

도 하고 언어로도 나타낸다.

③ 결혼기념일과 아내의 생일을 잊지 않는다.

④ 아내의 자존심, 취미, 개성을 존중해 주고 성장시켜 준다.

⑤ 모든 일을 아내와 의논하고 결정하는 습관을 갖는다.

⑥ 집안일이나 자녀양육, 소비생활 등에서 상황에 따라 적극적으로 참여한다. 역할의 융통성은 현대부부에게 매우 필요하다.

⑦ 의식적으로 대화를 하도록 노력한다. 서로의 감정과 사고를 교류할 수 있는 주제, 시간, 장소를 만든다.

⑧ 부부 간에 갈등이 있을 때는 경쟁하기보다는 타협과 양보의 자세를 갖는다. 경청하는 습관을 갖는 것이 좋다.

⑨ 아내의 단점보다 장점을 보려고 노력하며 장점은 칭찬해 준다.

⑩ 아내가 만든 음식에 대해 불평을 하지 않는다. 다만 식생활과 다음 식단에 대해 먼저 논의하고 요청하는 기술을 터득한다.

⑪ 직업 등 사회생활에 대해서도 조언을 구한다. 이때 아내는 남편을 생각하는 입장에서 의논상대가 되어준다.

⑫ 서로가 좋아하는 음반, 책을 사가지고 올 줄 아는 센스를 갖는다.

3) 건강한 가족형성을 위한 지침

스티네트와 드프레인(Stinett & DeFrain, 1985)은 "건강한 가족이란 태어나는 것이 아니라 만들어가는 것"이라고 하였다. 즉, 건강한 가족은 가족의 형성으로 자연스럽게 이루어지는 것이 아니라 가족구성원들의 의식적인 노력과정을 통해 이루어진다.

유영주(2000)는 다음의 열 가지 지침을 가족구성원들이 실행함으로써 건강한 가족을 이루어 나갈 수 있다고 밝히고 있다.

① 항상 감사하는 마음을 갖도록 하자.

타인을 존중하고 상대방으로부터 존중을 받는다고 느껴질 때 인간은 건강하게 성장할 수 있다.

② 서로 사랑하고 존중하며 지지해 주자.

항상 애정을 표시하며, 서로가 하는 일에 대해 긍정적인 감정을 표출하고, 지지해 줌으로써 서로의 자긍심을 높여줄 수 있다.

③ 가정에 대하여 관심과 책임을 갖자.

책임감은 곧 사랑이다.

④ 가족 간에 대화의 시간을 갖도록 하자.

올바른 대화는 대인관계의 근본으로, 상대방을 존중하고 나를 양보하는 기초적인 과정이다.

⑤ 가족원 개개인의 개별성을 존중하자.

가족원의 개성 및 사생활을 존중함으로써 개인의 성장을 도울 수 있다.

⑥ 가족원이 함께 있는 시간을 갖도록 하자.

함께 있다는 것 자체가 인간의 기본 욕구인 소속감을 확인하는 것이다.

⑦ 인생의 목표를 세우고 도덕적 가치관을 세우자.

서로 존경하며 열심히 살되, 올바른 가치관을 가지고 사람답게 살아야 한다.

⑧ 가족의 일을 결정할 때는 모든 가족원의 합의 하에 결정하자.

자녀의 의견이 존중되는 가족이야말로 건강하게 기능하는 가족이라고 할 수 있다.

⑨ 가정에 문제가 발생했다거나 위기에 처했을 때 긍정적인 사고로 협동하며 대처하도록 하자.

어려운 일을 당했을 때 그것을 해결함으로써 가족원은 더욱 성장하고 용기를 가질 수 있다.

⑩ 주변 사회와 긴밀한 유대를 갖도록 하자.

인간의 주변 환경인 이웃, 학교, 직장과의 관계를 원활히 함으로써 사회와의 관계를 건강하게 유지할 수 있으며, 사회를 구성하는 기본 단위로서의 가족도 제대로 기능할 수 있을 것이다.

3 결혼의 대안

1) 동거부부

사람들은 상대방의 외모, 부모님의 설득, 경제적 안정, 자신의 이상과 일치 등 여러 가지 이유로 결혼을 한다. 이러한 기대와 호기심으로 결혼생활을 시작하지만 어느 시점에 이르면 이구동성으로 결혼생활이 힘들다고 말한다. 그리하여 어떤 사람들은 미리 몇 년 살아보고 결혼을 결정할 것 등 후회를 하기도 한다(유영주·이창숙, 2001).

공식적인 결혼식이나 혼인신고를 하지 않고 사는 부부를 동거부부라 한다. 우리나라는 아직까지는 동거부부를 사회적으로 인정하지 않고, 법적으로 보호를 받을 수 있는 근거 또한 미비하다(송진숙 외, 2006).

그러나 프랑스의 경우 2018년 출산율이 1.9명까지 증가했다. 프랑스는 1999년 결혼이 아니더라도 자유롭게 동거하고 아이를 낳아 기르며 차별받지 않는 팍스(PACs. 시민연대계약)를 도입하여 커플들도 서류 한 장 제출하면 쉽게 갈라설 수 있다. 팍스는 프랑스가 동성커플에게도 법적인 지위를 인정하기 위해 도입한 제도로 세액공제 등 결혼부부와 동일한 수준의 혜택을 보장받는다. 팍스는 계약을 맺고 해지할 때 법적으로 기록이 남지 않는다(조선닷컴, 2019년 6월 18일).

동거의 이유를 묻는 질문에 공동 기거 및 공동 취사, 성욕 충족 및 경제적 협력의 기능을 수행하기 때문이라고 응답하는 경우가 대부분으로, 결혼하기 전에 두 사람 간의 적응을 시도해 보는 것으로 실험 결혼의 성격을 갖는다.

사례1. 팍스로 아이 양육하는 커플

"11년 전 이 사람을 만나서 한눈에 반해 사랑에 빠졌죠. 동거를 하며 아들을 낳았고, 이후 딸을 낳은 후 팍스를 맺었지요. 팍스를 하면 세금혜택이 있기 때문에 그냥 동거하는 것보다는 유리하거든요. 두 사람의 관계가 확고하다면 굳이 결혼해야 할 필요가 있다고 생각하지는 않아요."

사례2. 결혼하지 않고 동거하는 커플

"8년 전 만난 남자친구와 지난해 방 하나 딸린 아파트에 같이 살고 있어요. 7년을 알고 지냈는데 내가 알고 있던 남자가 아니더군요. 하하. 양말을 어떻게 벗어던지는지, 잠버릇은 고약하지 않은지 관찰하고 있죠. 평생을 함께 살 사람이잖아요. 그래도 결혼할 생각은 없습니다."

사례3. 동거하다 결혼한 커플

"8년 전 처음 만나 연애를 하고, 동거한지 4년 후 결혼했어요. 카톨릭 집안에서 자라서 성당에서 경건한 결혼식을 했습니다. 친구와 가족들 앞에서 사랑을 서약하기 때문에 팍스보다 단단한 관계라고 믿어요."

동거 시에 두 남녀가 동등한 입장에서 시작하며, 대체로 역할 분배 및 역할 공유 현상을 보이는 것이 특징이다. 동거의 형태가 증가하는 원인을 살펴보면 일반적으로 결혼에 대한 태도의 변화에 기인한다고 볼 수 있다. 과거에는 결혼은 꼭 해야 하는 필수불가결한 것으로 여기고 결혼을 하지 않으면 마치 신체적, 사회적인 결함이 있는 것으로 여기던 사회적 문화가 있었으나 이제 결혼은 하나의 선택사항일 뿐 필수가 아니라는 의식의 변화가 있다.

우리나라 미혼남녀의 경우 결혼은 반드시 해야 한다는 생각은 2002년 25.6%에서 2018년에는 10.05%로 나타나 결혼은 반드시 해야 한다는 생각은 매우 감소했다. 또한 2018년 한국보건사회연구원의 20~44세 미혼남녀(남성 1,140명, 여성 1,324명)를 대상으로 한 결혼태도에 관한 조사에서 결혼 필요성에 대한 긍정적 응답이 미혼남성의 경우 50.5%인데 비해, 미혼여성은 28.8%로 낮게 나타났다.

또한 결혼에 대한 태도를 구체적으로 살펴보면 **표 3-3**과 같이 미혼남성은 '결혼은 반드시 해야 한다'고 응답한 것이 14.1%인데 반해 미혼여성은

'결혼은 반드시 해야 한다'고 응답한 것이 6.0%로 나타났다. 따라서 요즈음의 미혼남녀는 '결혼을 반드시 해야 한다'고 생각하는 비율이 10명에 1명 정도이며, 특히 미혼남성(14.6%)이 미혼여성(6.0%)보다 결혼에 대한 필요성을 높게 나타나고 있다.

표 3-3 2018년 결혼에 대한 미혼남성과 여성의 태도

결혼에 대한 태도	반드시 해야 한다	하는 편이 좋다	해도 좋고 안 해도 좋다	하지 않는 게 낫다
미혼남성 (1,140명)	14.1%	36.4%	39.2%	6.6%
미혼여성 (1,324명)	6.0%	22.8%	54.9%	14.3%

출처: 연합뉴스(2019. 2. 6).

2) 독신

(1) 독신의 허설

많은 사람들이 결혼에 대해 관심의 정도를 넘어 집착하며 시간을 소모하는 이유는 어쩌면 우리 사회가 독신에 대해 갖고 있는 고정관념 때문일 수도 있다. 혼자 사는 생활을 사랑하려면 일단 독신에 대해 정확하게 알 필요가 있다(젊은가족학자10인, 2001).

독신에 대한 다음 진술 중 맞다고 생각하는 내용을 모두 골라보자.

① 독신자들은 자기중심적이고 이기적이다.
② 독신자들은 행복하지 못하다.
③ 독신자들은 성생활이 문란하다.
④ 독신자들은 사회에 잘 적응하지 못한다.

이상의 항목은 모두 허설이다. 독신자는 기혼자에 비해 뭔가 이상하고 정

상인이 아닌 것 같다는 의미를 내포한다. 그리하여 모든 사람들이 결혼에 집착하게 만든다.

첫째, 실제로 독신자들은 결혼한 사람보다 친구를 더 중요시하며 지역사회를 위한 자원봉사활동도 많이 한다.

둘째, 결혼한 사람들도 외롭다고 말한다. 오히려 혼자 있을 때보다 결혼해서 느끼는 외로움은 더 절절하다고 대답한다. 외로움은 독신 여부와는 상관없이 인간이면 누구나 느끼는 인생의 피할 수 없는 요소라 할 수 있다.

셋째, 독신자는 기혼자와 비교해볼 때 여러 파트너와 섹스를 할 수 있음은 사실이나, 우리가 생각하는 만큼 그렇게 빈번하게 또는 문란할 정도로 여러 사람을 상대하지 않는다.

마지막으로 독신자들은 정신적·신체적으로 문제가 일어날 빈도가 높고, 결혼한 사람보다 덜 행복하다고 평가하는 것은 사실이지만 기혼자와 별 차이가 없다고 한다.

인간은 누구나 혼자이고, 외롭지 않은 사람은 없다. 혼자 사는 사람은 자기 자신에게 충실할 수 있는 시간과 경제적 자원을 많이 확보하고 있다고 할 수 있다. 계획을 세워 시간을 현명하게 사용함으로써 삶의 질을 높여주는 여러 가지 활동들을 경험한다면 행복한 삶을 살 수 있을 것이다.

(2) 독신의 장점

배선희는 독신의 장점을 다음의 3가지로 요약하고 있다(젊은가족학자10인, 2001).

① 자신이 원하는 일만을 쉽게 할 수 있다.

재미는 없지만 안정된 직장에 다니는 사람의 경우, 지금 하고 있는 일을 과감히 접고 예전부터 원하던 분야로 전환하기란 누구에게나 가능한 일은 아니다. 특히 가정이 있는 사람들에게는 지금 하는 일이 적성에 맞지 않는다고 해서 그만두기란 쉬운 일이 아니다. '가족에 대한 책임감' 때문이다. 그러나 혼자 사는 사람들은 망해도 자기 혼자만 망하기 때문에 위험 부담이 훨씬 적다. 물론 혼자 산다고 해서 누구나 그럴 수 있는 것은 아니다. 다른 사람의 곱지 않은 시선이나 위험 부담 때문에 과감히 자기가 하고 싶은 것을 하지 못할 수도 있다. 행복과 불행의 근원은 자기 자신에게 있다. 혼자 사는 삶의 가장 큰 특권은 하고 싶은 일을 하면서 사는 데 있다.

② 일상을 자기 마음대로 할 수 있다.

혼자 산다는 것은 갑자기 여행을 떠날 수도 있고, 늦게 일어나고 싶으면 늦게 일어나고, 먹고 싶지 않으면 먹지 않아도 되는 것, 배우자를 위해 예의를 지킬 필요도 없으며, 자식을 위해 희생하지 않아도 되고 오직 자기 하고 싶은대로 하고 살면 되는 것, 바로 그것이다.

③ 가족에 대한 책임이 없어서 자유롭다. 그러나 방종은 금물이다.

독신은 책임과 의무는 적은 반면 자유는 많기 때문에 하고 싶은 일을 언제든지 그리고 누구든지 원하는 사람과 함께 하는 사치를 누릴 수 있다. 다른 사람이 원하는 모습이 아닌 진정한 자신의 모습을 추구할 수 있다. 무엇이든 선택할 수 있고 인생의 목표와 꿈을 실현하기 위해 살 수 있는 기회를 누릴 수 있다.

그러나 방종은 금물이다. 자기관리를 제대로 하지 못하면 '화려한 백수'나 '낭비성 룸펜'으로 전락할 가능성이 높다는 것을 명심해야 한다.

(3) 독신의 준비사항

독신은 선택할 수 있는 하나의 삶의 방식일뿐 운명적으로 결정되는 것은 아니다. '자유롭고 멋진 독신', '우아한 솔로', '화려한 독신'이라는 말은 결혼하지 않고 혼자 살고 있다는 사실만으로 이루어지는 것은 아니다. 배선희는 독신의 준비사항으로 자신이 좋아하는 일, 경제력, 친구, 취미 등의 준비가 필요하며, 그에 앞서 확실한 자신이 좋아하는 일, 경제력, 친구, 취미 등의 준비가 필요하며, 그에 앞서 확실한 독신관이 있어야 한다고 말한다(젊은 가족학자10인, 2001).

① 확실한 독신관

확고한 독신관이 없이 당장 편하다고 혼자 살려고 하는 것은 사랑없이 결혼하는 사람과 똑같다고 볼 수 있다. 어떤 일이든 그 사람이 가지고 있는 확고한 신념이 가장 중요하다. 확고한 독신관을 가지고 있다면 주변 사람들의 부정적인 시선이나 자신의 나이를 별로 의식하지 않는다. 자신만만한 독신들은 남과 다르다는 것을 전혀 문제삼지 않는다. 오히려 그 자체를 즐긴다.

② 몰두할 수 있는 일 그리고 경제력

'일', 몰두할 수 있는 일을 할 수 있다는 것은 누구에게나 축복이다. 여기에다 적절한 금전적인 보상까지 받을 수 있다면 더 이상 바랄 게 없을 것이다. 오늘날에는 어떤 직종이든 안정적인 직종은 별로 없는 만큼 자신이 좋아하는 일을 할 필요가 있다. 지금 그렇지 못하다면 자신의 적성을 살펴서 자신에게 맞는 일을 찾을 용기가 필요하다. 시간을 두고 충분히 고민해서 찾아야 한다.

금전적 어려움은 많은 제약을 주기 때문에 취미생활이나 친구 만나기도 쉽지 않다. 그러므로 월급을 받으면 먼저 적금을 들어야 할 것이고, 나머지를 갖고 유용하게 쓰는 지혜를 발휘해야 한다. 노후도 준비해야 하므로 돈이 새나가는 것을 꼼꼼하게 따져야 한다. 그렇다고 오늘을 희생하면서까지 심하게 구두쇠 노릇을 할 필요는 없다.

③ 좋은 동성/ 이성친구들

독신의 부정적인 특성으로는 대체로 외로움을 가장 먼저 꼽는다. 20대는 결혼하지 않은 친구들이 남아있어 절절한 외로움을 느끼기는 어렵다. 그러나 30~40대에 가서 친구들이 대부분 결혼해서 자식이야기, 남편이나 아내 자랑만 하는데 그들을 만나서 외로움을 달랠 수 없을 것이며, 오히려 소외감을 더 느낄 수 있다.

외롭지 않기 위해서는 속을 터놓고 자신의 치부까지 이야기할 수 있는 친구 한두 명은 필수적이다. 결혼 여부와 상관없이 친구가 중요하겠지만 특히 독신에게 진정한 친구 한 사람은 각별한 의미와 무게를 갖는다. 동성이든 이성이든, 결혼한 친구든 그렇지 않든 상관없다. 언제나 자기 입장을 이해하고 충고해 줄 수 있는 사람이어야 한다. 그리고 독신의 성욕을 해결하는 데 이성친구는 필수적이다. 성욕은 인간의 기본적인 욕구이기 때문에 이를 해소하며 사는 것은 자연스럽다.

④ 건강

인생에서 건강이 무엇보다 중요함을 잊지 말아야 한다. 지금부터 내 건강은 내가 지키자. 자기 몸을 위한 투자야말로 가장 확실히 남는 재테크임을 인식하고 노력을 게을리하지 말아야 한다.

건강을 유지하기 위한 운동의 필요성은 누구나 알고 있다. 수영, 테니스, 야구, 축구, 등산, 조깅, 스포츠 댄스, 검도, 요가, 골프 등 우리가 할 수 있는 운동은 매우 많다. 각자 자신의 취향에 맞는 것을 선택하여 지금 당장 시작하는 결단을 내려야 한다. 바빠서 시간을 낼 수 없는 사람들은 직장 근처의 헬스클럽을 이용하는 것도 한 가지 방법이다.

식사를 잘 하는 것은 건강을 유지하는 데 운동보다 더 중요할 수 있다. 아침은 먹지 않고 점심은 회사 구내식당에서, 저녁은 친구들과 만나 술안주로 대신하는 불규칙한 식습관은 건강에 매우 해롭다. 아침은 우유 한 잔이라도 또는 시리얼을 우유에 타서 먹으면 더 좋다. 집에 일찍 들어오는 경우에는 저녁을 만들어 먹는 즐거움을 가져본다.

⑤ 취미생활

취미활동은 각 개인에게 생기를 주는 활력소다. 재미있으면서 스트레스도 해소시켜 주고, 독신들의 시간도 적절하게 소모시켜 주니 매력적이다. 평생 심심할 틈이 없을 정도로 자신만의 취미와 관심사를 개발한다. 시간을 투자하고 열심히 공부를 하면 독신생활이 더욱 역동적이고 신날 것이다. 다양한 댄스를 배워 신나게 춤추는 것도 괜찮고, 영화 및 뮤지컬, 연극이나 판소리, 탈춤 등도 신명나는 일이 될 것이다.

연습문제

1. 결혼의 바람직한 동기에 대하여 설명하시오.

2. 행복한 부부관계를 위해 남편과 아내가 해야 할 사항을 제시하시오.

3. 건강한 가족을 형성하기 위해 가족구성원이 노력해야 할 사항에 대하여 설명하시오.

토의 〈생각해보기〉

1. 결혼과 동거의 차이점에 대해 생각해 보자.

2. 결혼생활과 독신생활의 차이에 대하여 토론해 보자.

3. 아래의 동성커플 사례에 대하여 토론해보자.

> 동성끼리 팍스한 커플(조선닷컴, 2019년 6월 18일)
>
> "2년반 전 데이팅앱을 통해 만났고, 1년 전 '세계여성의날'에 팍스를 맺었어요. 팍스를 하면 가족으로 인정받아 브라질 체류비자를 받을 수 있어서요. 우리는 아이도 키울 거예요. 프랑스학교에서는 '엄마, 아빠'라는 표현 대신 '부모1' '부모2'라는 표현을 써요. 동성커플을 배려하는 차원이죠. 팍스인 경우 아이를 입양할 수도 있지만 '내 아이'가 되고 '우리 아이'가 되지 않아요. '우리의 아이'로 키우기 위해서 결혼할 계획도 가지고 있습니다."

Part 02

예비부모됨:
우리 부모될 준비됐나요?

Chapter 04

임신 및 출산

인간의 생명은 정자와 난자가 만나 시작된다. 정자와 난자가 만나 결합한 세포는 하나의 생명체로 성장하면서 태내에서 약 40주를 지내게 된다. 태내기는 비록 짧은 기간이기는 하지만 한 개인의 전 생애를 통해 신체적 구조와 행동발달의 기초가 된다는 점에서 인간발달의 시금석이 되는 매우 중요한 시기임을 의미한다.

모든 인간의 모습과 신체구조, 두뇌구조 등이 다르게 나타나는 것은 인간 특유의 염색체를 가지고 있기 때문이다. 태내기에 이미 상당한 두뇌발달이 이루어지고, 염색체 상의 기형이 발생하는 시기이기도 하여 예비부모들은 임신 기간 동안 건강에 특별히 신경을 써야 한다. 또한 임신과 출산으로 자신의 생활에 커다란 변화가 있음을 인지하고 이에 대비해야 한다.

이 장에서는 생명의 시작, 태아의 발달, 태내환경 등에 관해 살펴보고자 한다.

1 생명의 시작

인간의 생명은 남성의 정자와 여성의 난자가 만나면서 시작되는데. 이 과정을 수정 또는 임신이라 한다. 이때 정자의 성염색체에 따라 남아와 여아가 결정되고, 태내기 동안 정자와 난자가 결합한 세포는 하나의 생명체로 성장한다.

1) 수정

여성은 출생 시부터 미성숙한 난자를 가지고 있는데, 월경을 시작하면 양쪽 난자에서 성숙한 난자를 한 달에 한 번씩 번갈아 배출한다. 이를 배란(ovulation)이라 하고, 배란기를 전후하여 질 속에 사정된 정액 속의 정자와 난소에서 배출되는 난자가 만나면 임신을 하게 된다.

월경 주기(보통 28일)의 중간쯤에 난소로부터 배출되는 난자는 스스로 움직일 수 있는 운동성은 없으나 난관 속 융모의 수축운동으로 자궁까지 갈 수 있다. 정자는 긴 꼬리를 가진 올챙이 모양에 난자의 약 40분의 1 크기로 난자와 비교하여 매우 작다. 정액과 함께 한 번에 사정되는 정자의 수는 4~5억 정도로 여성의 질 내에 사정되면 정자의 꼬리운동과 수축운동으로 자궁을 거쳐 난관까지 헤엄쳐 간다. 정자의 수명은 약 72시간인 데 반해, 배출된 난자의 생존시간은 약 24시간으로 살아있는 시간이 짧고, 정자가 난관까지 가려면 건강하고 활발한 운동능력이 있어야만 임신이 가능하다.

많은 정자가 1분에 약 0.5cm 정도씩 헤엄쳐 가다가 난자를 만나면 그중의 하나가 난자의 세포막을 뚫고 들어가 정자의 꼬리 부분은 잘리고 정자와 난자의 핵이 서로 결합하여 새로운 세포체를 형성하는데, 이를 수정(fertilization)이라 한다.

하나의 정자와 하나의 난자가 만나 임신이 되는 경우가 대부분이지만, 하나의 난자가 첫 번째 세포분열 과정에서 이분화되면 일란성 쌍생아가 태어나는데, 이들은 유전인자가 동일하여 외모와 성격이 유사하고 같은 성으로 태어난다. 짧은 시간에 두 개의 난자가 배출되어 두 개의 정자를 만나게 되면 이란성 쌍생아가 태어난다. 이들은 서로 다른 유전인자를 가지고 있어 성격도 다르고 같은 성으로 태어나기도 하고 다를 수도 있다.

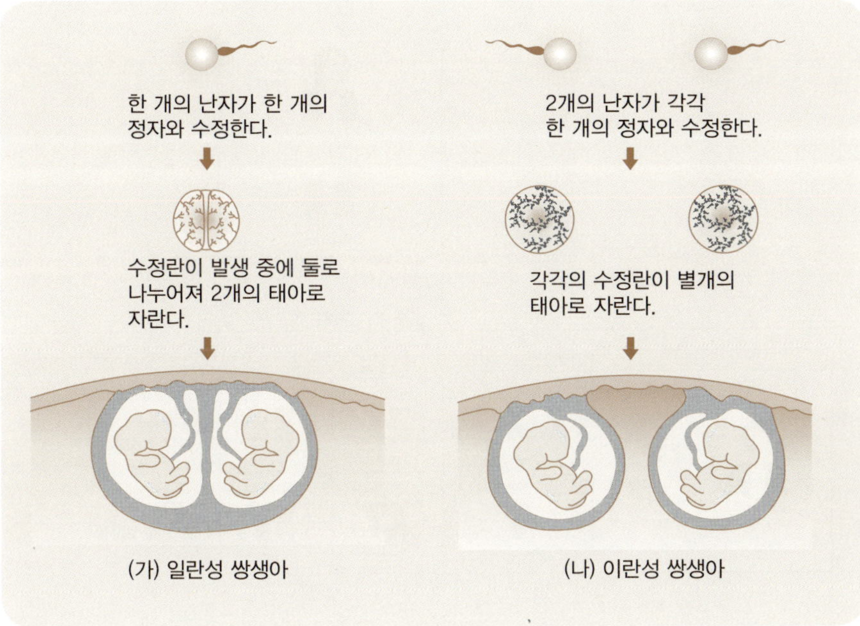

▶ 그림 4-1
일란성 쌍생아와 이란성 쌍생아

2) 성의 결정

모든 인간들의 모습과 두뇌구조, 신체구조가 유사한 것은 인간 특유의 염색체를 지녔기 때문이고, 그 염색체 속에는 사람마다 각기 다른 수 천 개의 유전인자가 들어 있다. 염색체는 보통 DNA라는 화학명으로 쓰이고, 신체의 어느 세포 속에나 23쌍의 염색체가 존재한다. 그중 22쌍은 체염색체이고, 23번째 쌍은 성염색체로 태아의 성을 결정한다.

여성의 난자는 X염색체만 가지고 있고, 남성의 정자는 XY염색체를 가지고 있어 난자가 정자의 어떤 염색체를 만나는가에 따라 태아의 성이 결정된다. 난자가 X염색체의 정자와 만나면 여아이고, Y염색체의 정자와 만나면 남아이다.

최근 남아와 여아를 결정할 수 있는 정자의 모양이 다른 것으로 밝혀졌다. 남아가 될 확률이 있는 정자는 머리 부분의 크기가 작고 꼬리가 길어 움직임은 빠르나 일찍 죽고, 여아가 될 수 있는 정자는 머리가 크고 꼬리가 짧아 헤엄치는 속도는 느리지만 수명이 조금 길다.

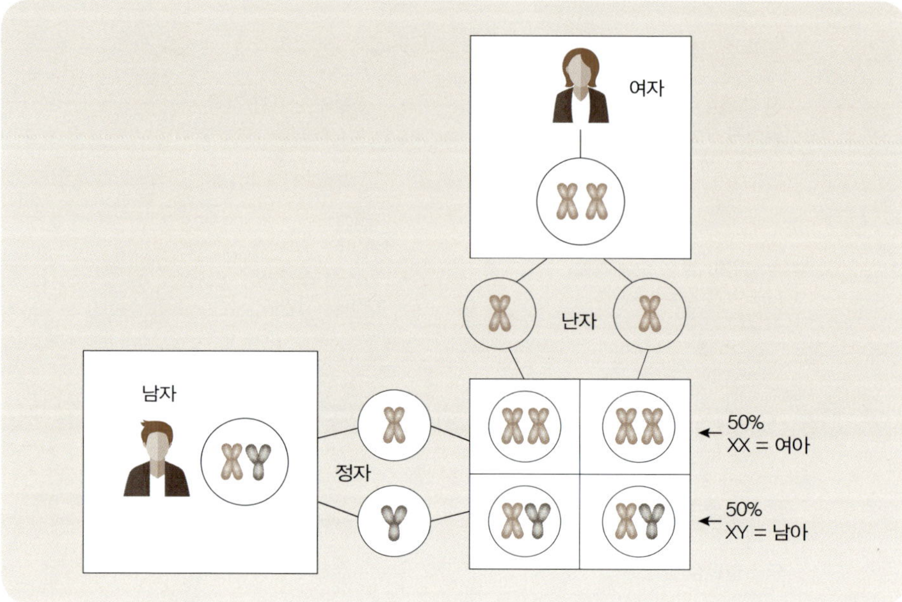

▶ 그림 4-2
성의 결정

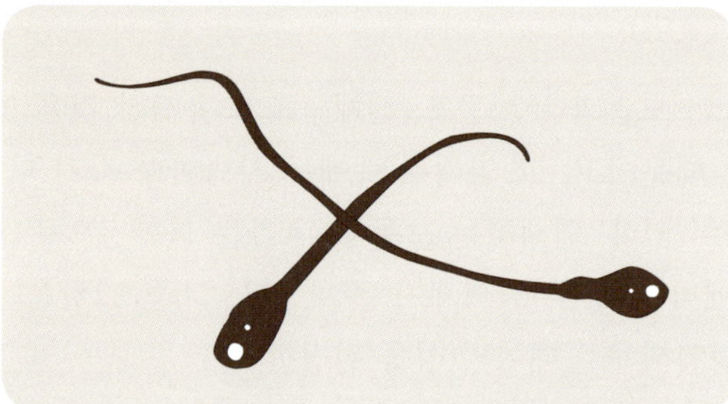

▶ 그림 4-3
모양이 다른 정자

정자가 가지고 있는 XY염색체는 X염색체와 Y염색체가 만날 수 있는 확률이 절반 정도이므로 남아와 여아의 성으로 결정되는 확률은 50:50으로 볼 수 있다. 실제로는 Y염색체를 가진 정자가 X염색체를 가진 정자보다 난자와 쉽게 수정이 되어 남아의 비율이 훨씬 높게 나타나지만, 자연유산과 유전자의 결함 등 남아의 위험성이 높게 나타나 출생 시 남녀의 비율은 대략 106:100 정도로 나타난다.

2 태아의 발달

인간의 발달은 수정이 되는 순간부터 이루어진다. 정자와 난자가 만나 형성된 수정란은 배란기, 배아기, 태아기 등 약 38주간을 거쳐 발달한다. 각 발달 단계를 살펴보면 다음과 같다.

1) 배란기

정자와 난자가 만나 수정란을 이루어 자궁벽에 착상하기까지 약 2주간의 기간을 배란기라 한다.

수정란은 급속하게 세포분열을 시작하여 수정 후 1주일이 지나면 약 100~ 150개의 세포가 된다. 이러한 작용을 거듭하면서 난관 내부의 섬모운동과 난관의 수축작용으로 수정란은 나팔관과 난관을 지나 자궁 속으로 점차 내려온다.

자궁 속의 수정란은 하루 혹은 이틀 정도 떠돌다가 자궁 속에 정착하는데, 이를 착상이라 한다. 난자를 배출한 후 착상까지 약 2주 정도 걸리고, 신체는 이 변화를 전혀 느끼지 못한다.

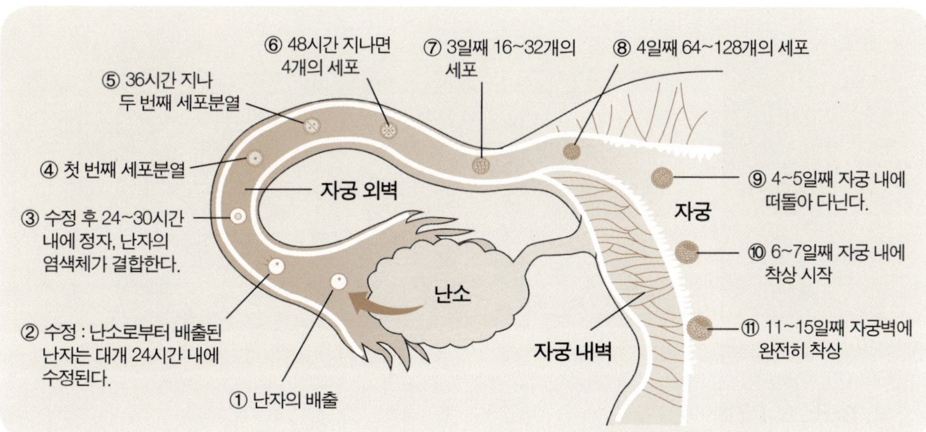

▶ 그림 4-4
수정과 착상

임신의 경우 수정란이 자궁에 착상하지 못하고 난관, 난소, 자궁경부, 자궁각 등에 착상하는 현상을 자궁외임신이라 한다. 이러한 경우는 임신이 오래 지속될 수 없고, 태아가 정상적으로 발육하지 못하는 상황에서 유산이 되거나 난관파열이 일어나기도 한다. 심한 경우 복강 내 과다출혈로 임산부가 사망에 이르기도 한다.

2) 배아기

수정란이 자궁벽에 착상한 시기, 즉 수정 후 2주부터 8주까지의 기간을 배아기라 한다. 이 시기에는 수정란이 자궁벽에 착상하여 발달이 빠른 속도로 이루어지는데 신체 주요 기관과 조직이 형성되고 분화된다.

내세포 덩이는 외배엽, 중배엽, 내배엽의 세 개의 층으로 분화한다. 배아의 내배엽은 소화기관과 호흡기관으로, 중배엽은 순환기관, 뼈, 근육, 생식기관으로, 외배엽은 신경조직, 눈, 코와 같은 감각기관이며, 머리, 손, 손톱 등으로 발달한다.

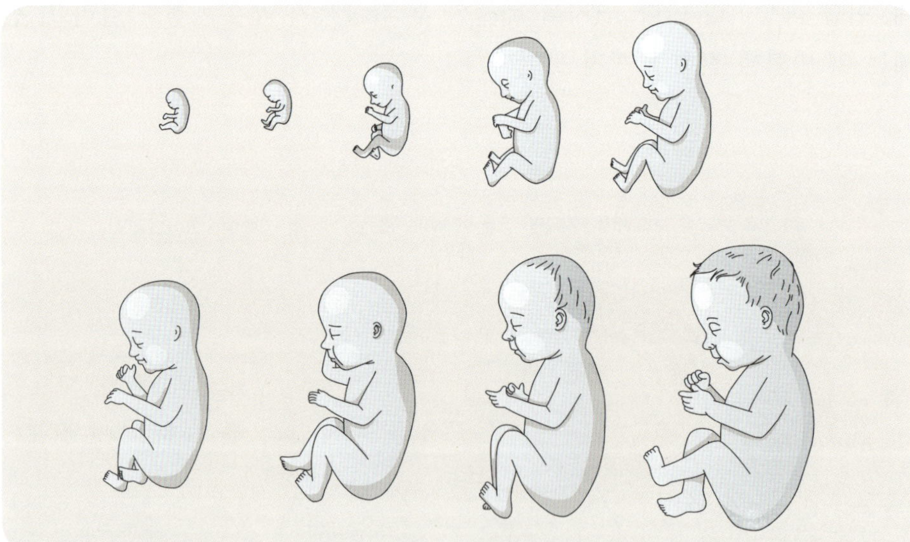

▶ 그림 4-5
태아의 발달

출처: Berk, L. E.(1999).

머리 부분이 먼저 발달하여 배아기 때에는 전체 길이의 반이 된다. 3주말에는 심장이 뛰기 시작하고, 4주말경에는 소화기관도 형성된다. 배아기에는 신체의 주요 기관이 형성되는 시기이므로 태내환경에 주의를 기울여야 한다. 이 시기의 발달에 치명적인 손상을 입게 되면 영구적인 손상을 입게 된다.

표 4-1 배아의 성장과 발달

10~13일 : 착상된 수정란은 외배엽, 중배엽, 내배엽으로 분리된다.
2주 : 태반의 발달이 시작된다.
3주 : 심장이 생기고 3주말 경엔 뛰기 시작한다.
4주 : 손발이 될 부분이 보인다. 눈, 귀 및 소화기관이 형성된다. 정맥과 동맥이 완성된다. 척추가 생기고 신경계가 형성된다.
5주 : 배꼽이 형성된다. 허파가 될 기관지 부분이 생성된다.
6주 : 머리 크기가 가장 크다. 외이(外耳)가 나타난다.
7주 : 얼굴과 목이 형성된다. 눈꺼풀이 형성된다. 위가 완전한 형태와 위치를 잡는다. 근육이 빠르게 분화된다. 신경이 매우 빠른 속도로 발달한다.
8주 : 명확한 손가락과 발가락을 보이고 귀, 턱의 형성으로 인간의 모습을 보인다. 머리가 전체의 반이 된다. 8주말경 태아는 움직일 수 있고 입 주위 자극에 반응한다. 성기가 출현한다.

출처: Cole & Cole(1993). pp.84.

3) 태아기

수정이 시작된 후 8주말부터 출생까지의 시기를 태아기라 한다. 배아기에서 형성된 신체조직들이 발달하면서 성장이 가속화되는 시기라 할 수 있다. 3개월에는 태아의 성별 구분이 가능하고, 12주 정도에는 움직이기 시작하여 16~20주에는 모체가 태동을 느낄 수 있다.

이 시기의 태아는 급속하게 성장하여 5개월에는 출생 시 신장의 $\frac{1}{2}$이나 되고, 23주경에는 신생아와 같이 수면자세를 취하기도 한다. 24주에는 눈을 감고 뜨기도 하고, 입으로 엄지손가락을 빨기도 한다. 태아는 주변의 소음을 들을 수 있고, 큰 소리나 음악에 반응하여 움직인다.

임신 후반기는 기본적인 신체 조직이 완성되는 시기이면서 이미 형성된 신경계통이 성숙하고 근육은 피하지방으로 형성되어 한 인간의 모습을 갖추어 가는 시기이다. 임신 5개월 정도에 태반이 완성되어 그 이전에는 유산의 위험이 크다. 태아는 태반을 통해 모체로부터 영양분과 산소를 공급받고, 태아에 생긴 탄산가스와 노폐물을 배출한다. 또한 태반을 통해 어머니로부터 면역성을 얻어 출생 후 질병에 대한 면역성도 지니게 된다. 태반은 한쪽이 모체의 자궁과 연결되어 있고, 다른 한쪽은 태아와 탯줄로 연결되어 자궁 내에서 꼬이지 않게 되어 있다. 태반의 크기는 임신 말기에 직경이 15~20cm, 무게는 500g, 두께는 3cm 정도이다.

표 4-2 태아의 성장과 발달

10주
장기가 신체 내의 적절한 위치에 자리잡는다.

12주
남성과 여성의 외적 성기 구분이 가능하다. 피가 골수에서 형성되기 시작한다. 눈이 완성된다.

4개월 말
태아가 인간의 모습에 가까워진다. 머리카락이 나기 시작하며 몸이 머리보다 크다. 여아의 경우 자궁과 질이 구분되며, 남아의 경우 음낭이 될 기관이 자리를 잡는다. 뼈의 대부분이 명확해지고 관절이 나타난다. 두뇌가 두 개의 반구로 분할되는 것이 보인다. 삼키고 빠는 등의 반사행동이 이루어진다. 임부는 태동을 느끼게 된다.

5개월 말
뇌의 반구에서 새로운 분화가 발생한다. 모든 신경세포가 나타난다.

6개월 말
피부는 태지로 덮여 있다. 이때 태어나도 처치를 받으면 생존할 수 있다.

7개월 말
허파와 중앙신경계의 발달로 숨을 쉴 수 있다. 피부 주름이 펴지면서 상당한 양의 지방이 형성된다. 눈을 감고 뜨며 빛에 반응할 수 있다.

8개월 말
태아의 피부가 펴지고 팔다리가 통통해진다.

9개월 말
몸무게는 증가하나 출산이 다가옴에 따라 성장은 늦어진다. 태아가 내려앉는다.

출처: Cole & Cole(1993). pp. 84.

표 4-3 태아기 발달의 위험요소들

배란기
배란기의 수정란 중 58%는 착상하지 못하거나 성장하지 못한다. 이러한 수정란의 대부분은 매우 비정상적인 형태이다.

배아기
모든 주요한 외부 신체구조 및 내부 신체구조가 형성되는 배아기에는 20% 정도가 유산되는 것으로 밝혀졌다.

태아기
생존능력을 가지기 전인 22주 이전의 태아는 유산되나, 22주 후 사산되는 비율은 50% 정도가 된다.

출산
모든 수정란의 31%만이 신생아로 태어난다.

출처: Berger & Thompson(1994). pp.111.

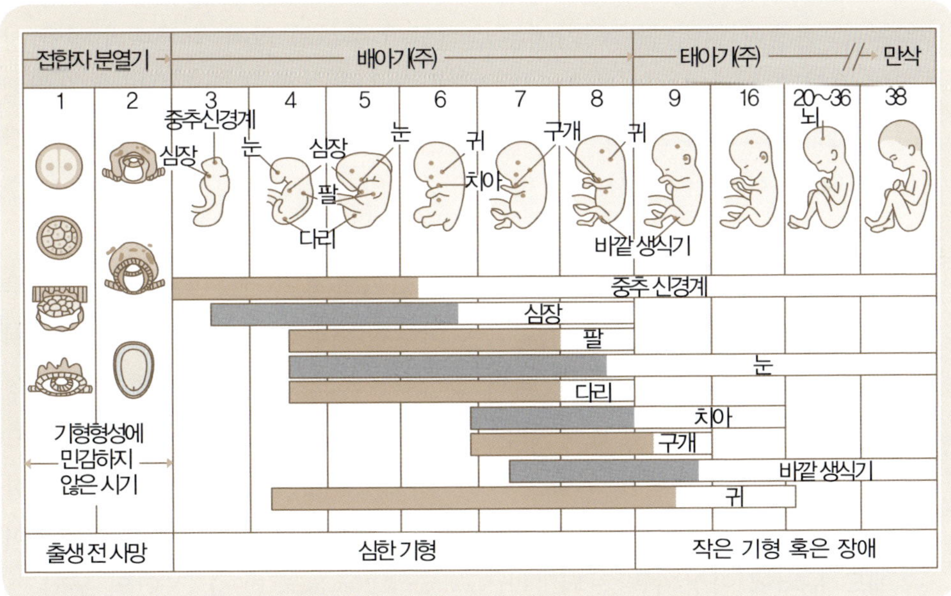

▶ **그림 4-6 태내 발달의 결정적 시기**

출처: Berk, L. E.(1999).

3 태내환경

태내환경은 모체를 통해서 모든 자극이 전달되고 외부로부터 위험한 자극을 차단할 수 있는 곳으로 비교적 안전한 환경이라 볼 수 있다. 그럼에도 태아는 아직 미성숙한 상태여서 태내환경이 적절하지 못할 때 쉽게 영향을 받는다. 태아의 형체가 형성되는 초기 3개월은 자궁 내의 변화가 태아에게 치명적으로 작용하므로 태내환경의 중요성에 대한 주의가 필요하다.

1) 모체의 영양

임산부는 태아의 정상적 발달 뿐 아니라 자궁과 태반의 발육을 위해서 평상시보다 많은 영양소를 섭취해야 한다. 여성의 영양섭취는 생식과도 관련이 있어 영양섭취가 매우 부족할 경우 월경을 하지 않게 되고 임신도 되지 않는다. 전쟁이 일어나는 시기에는 음식물이 충분치 않아 임산부의 영양 상태와 출산 아동과의 관계를 보고한 바에 의하면, 2차 세계대전 말기 유럽에서 사산은 평소보다 2배나 되었고, 미숙아도 증가된 것으로 나타났다. 임산부의 영양섭취를 유산, 사산과 미숙아 증가의 주된 원인으로 유추해 볼 수 있다.

유아의 두뇌발달은 태내기의 뇌세포가 급격하게 증가하면서 발달이 이루어지는 시기이므로 충분한 영양공급이 이루어져야 한다. 영양공급이 충분히 이루어지지 않았다면 중추신경계의 결함이 나타나 이후의 지적 발달에 영향을 주는 것으로 나타났고, 태아는 모체로부터 필수적 성분을 빼앗아 가므로 모체의 건강도 해치게 된다(정옥분 · 정순화, 2016). 동물연구에서 불충분한 영양분을 섭취한 모체로부터 태어난 새끼는 두뇌 세포의 수가 적고 출생 이후에도 두뇌에 이상이 발견되었다(Newman & Newman, 1995). 성인의 두뇌 크기의 약 80%가 만 3세 이전에 형성되므로 태아에 대한 충분한 영양공급은 지적 발달에 중요한 부분이라 할 수 있다.

임신 후반기에 임신부의 체중은 10~12kg 정도 증가하는데, 이는 영양섭취에 좌우된다. 임신부의 하루 섭취량은 평상시보다 15~30%(300~500㎉) 정도 늘리도록 하고, 임부의 건강뿐만 아니라 태아의 성장과 발육을 위해서 단백질, 철분과 비타민을 충분히 섭취해야 한다. 임신 중기부터 태아는 모체의 철분을 흡수하여 혈액을 만들기 시작하므로 충분한 철분 섭취가 필요하고, 부족하면 빈혈이나 임신중독증의 원인이 되기도 한다. 열량은 평상시와 비교하여 임신 전반기에 약 15%, 후반기에는 30% 정도 늘려서 섭취한다.

2) 약물복용

임부가 복용하는 약물은 태반을 통해 태아에게 그대로 전달되므로 각별히 신경써야 하고, 특히 임신 초기에는 더욱 심각하게 영향을 미친다. 흡연이나 음주등과 같이 약물복용이 이루어실 경우, 태이에게는 언어, 인지, 사회정서발달의 심각한 결함을 초래한다.

임부가 임신 초기에 신경안정제인 탈리도마이드(Thalidomide)를 복용하면 팔과 디리가 없거나 팔다리가 모체에 붙은 기형아가 태어나는 것으로 밝혀졌다. 항생제는 청각 결함을 일으키고, 임신 사실을 모르고 복용한 피임약은 혈액중의 비타민A 수준을 높이게 되어 출산 결함이나 유산의 위험이 증가한다. 헤로인과 같은 환각제는 사지기형과 행동장애 등 태아에게 영향을 미치는 것으로 나타났다. 이러한 결과들에 비추어 볼 때 임부들은 가능하면 약물복용을 자제하는 것이 바람직하다.

표 4-4 태아와 신생아에게 영향을 미치는 약물

약 물	영 향
알코올	작은 머리, 비정상적인 얼굴, 심장장애, 체중미달, 지적 발달지체
담배	흡연자의 신생아는 작고 미숙한 편이다. 또한 대부분의 아동이 초기 문제를 극복하는 것으로 보이나 아이가 자라면서 신체적, 지적 성장에 장기적인 지체를 보인다. 아버지가 흡연하는 경우 간접흡연도 마찬가지로 위험하여 아동이 체중미달인 경우가 많다.
카페인	카페인은 장기적인 발달 이상을 보이지는 않으나, 출생 당시에 미숙아 출산이나 반사 운동 이상을 보이기도 한다.

약물	영향
아스피린	많이 복용했을 때 신생아의 출혈, 위장장애를 일으킨다. 아스피린은 출생 때의 체중 미달과 낮은 지능검사 점수 그리고 운동능력의 부족과 관련이 있다는 증거가 있다.
항생제	산모의 과다한 스트렙토마이신 남용은 귀머거리가 될 수 있다. 또한 테트라마이신은 미숙아 출산이나 골격 성장에 이상을 초래할 수 있다.
환각제	과다한 마리화나는 미숙아 출산, 체중미달의 신생아를 출산할 수 있다.
안정제	호흡곤란을 일으킬 수 있다.
마약	헤로인이나 모르핀의 중독은 미숙아 분만을 증가시킨다.
백신	살아있는 바이러스 백신 주사는 임신기간 동안 피해야 한다. 천연두, 홍역, 풍진 등의 예방주사는 기형발생 물질이다.
성호르몬	여성호르몬이 포함된 피임약은 심장장애와 심장혈관에 문제를 발생시키는 것으로 알려져 왔으나, 최근에는 별 문제가 없는 것으로 본다. 유산을 방지하는 데 사용하는 것으로 알려진 progesterone은 태아를 남성화할 수 있다.
비타민	비타민도 위험할 수 있다. 과다한 비타민A의 복용은 언청이, 심장기형 등의 심각한 장애를 가져온다.

출처: Sigelman & Schaffer(1995). pp. 96.

3) 흡연 및 음주

임부가 흡연을 하면 유산과 사산 그리고 조산아가 태어날 확률과 질병에 걸릴 위험을 증가시킨다. 또한 흡연을 한 임부의 경우 몸무게가 정상아보다 많이 미달되는 저체중아가 태어날 가능성이 매우 높다.

임부가 담배를 피우면 태반을 통해 산소와 영양분을 빼앗아갈 뿐 아니라 혈압과 맥박, 혈중 일산화탄소, 헤모글로빈의 양을 증가시켜 태아의 산소결핍을 초래하는 것으로 나타났다. 임부가 담배를 피운지 30분이 경과한 후 8개월 된 태아들의 경우 모두 가슴을 움직이는 것이 줄어들었고, 숨쉬기도 잠깐 동안 완전히 멈추었다(Owens, 1993). 흡연을 한 임부에게 태어난 영국 아동 수천 명을 11살까지 종단 연구한 결과 신체적, 지적 장애가 나타났고, 읽기와 수학에도 뒤처지고 사회적 적응력도 떨어지는 것으로 나타났다.

임신 중의 알코올 섭취도 빠른 속도로 태반에 침투하여 태아에게 나쁜 영향을 미친다. 임부가 알코올 중독인 경우 임부의 태아는 태아 알코올 증후군을 보이는데(Furey, 1986), 중앙신경계통의 미성숙으로 인한 지적발달이 더디고 불안정한 성격을 보인다. 출생 시 몸무게와 키가 평균치에 미달하고, 눈이나 심장, 사지, 관절의 결함을 갖고 태어난다. 태내환경의 작은 변화가 태아에게 미치는 영향이 지대하므로 가능하면 흡연과 음주를 하지 않는 것이 바람직하다.

4) 질병

임부가 질병이 있으면 태아에게 영향을 끼치는 주요한 원인으로 작용한다. 그 가운데 풍진은 임신 3개월 이전에 경미하게 감염되었더라도 시각장애나 청각장애 또는 심장병을 갖고 태어나거나 정신지체가 될 수도 있다.

임부가 임질이나 매독 등 성병에 감염된 경우 태아에게 치명적이어서 기형아 출산 가능성이 높다. 임부가 가볍게 임질을 앓고 있을 경우 이상 증세가 나타나지 않다가 출산 과정에서 나타나기도 하고, 일단 감염된 태아의 약 30% 정도는 출산 이전에 사망하고, 대부분 기형아 출산이나 시각장애를 초래한다. 임부의 성기 부분에 헤르페스(herpes) 바이러스를 가진 경우 태아가 산도를 통해 출산하는 과정이나 태반을 통해 감염될 수 있어 심한 경우 사망까지 이르게 되므로 출산과정에서 이를 피하기 위해 제왕절개 수술을 시행한다(Berk, 1996).

후천성면역결핍증(AIDS)을 지닌 임부의 태아에게 감염되는 사례도 늘어나고 있다. AIDS 환자는 임신 중 태반을 통해, 출산 시 산모의 혈액이나 체액의 접촉 또는 출산 후 모유 수유를 통해 감염시킬 수 있다. 감염된 태아는 얼굴 기형과 비정상적으로 작은 두개골을 보이고, 임신 초기일수록 결함이 심하게 나타난다.

당뇨병, B형 간염과 심장 질환 등도 태아에게 영향을 미친다. 당뇨병을 앓고 있는 임부의 경우 태어난 아이에게 나타날 가능성이 매우 높다. 당뇨병이 있는 임부보다 태아가 위험에 처할 확률이 많아 사산되거나 태어나더라도 수주 이내에 사망할 확률이 높은 것으로 나타났다.

5) 모체의 연령 및 출산 횟수

여성이 생리를 시작한 이후 출산할 수 있는 최적의 연령은 23~28세까지로 보고 있다. 임부의 나이가 35세를 지나 출산하는 경우 의학적으로 노산이라 이른다. 최근 들어 여성의 결혼 적령기가 점점 늦어지면서 첫 아이를 낳는 시기 역시 늦어지고 있는 추세이다. 노산의 경우 여성의 출산 기능이 약화되어 태아에게 많은 영향을 미치는데, 일반적으로 자연유산과 임신중독증 현상이 많이 일어나고, 산도가 굳어 분만시간이 길어져 난산이 되기 쉽다. 노산일 경우 미숙아의 출생 가능성도 높았고, 다운증후군(Down Syndrome)도 산모의 연령에 따라 급격히 증가하는 것으로 나타났다. 다운증후군의 원인 중 한 가지는 여성호르몬인 에스트로겐의 수준과 관련이 있다고 보고되었다. 여성의 나이 20~35세 동안 에스트로겐 수준이 절정을 이루다가 호르몬이 부족하게 되면서 21번째 염색체의 이상으로 발병하게 된다.

임부의 연령이 20세 이하인 경우에도 생식기능이 충분하게 발달되지 않아 조산과 미숙아 출산율이 높고, 호르몬 분비로 인해 다운증후군의 아이를 출산할 가능성이 높다. 10대 산모가 출산한 아이가 20대 산모보다 영아사망률이 2배 정도 높게 나타났는데, 이들의 가정환경과 교육수준이 낮고 영양공급이 충분치 않았으며 비위생적인 환경에서 양육하기 때문이다.

많은 여성들이 출산을 기피하거나 늦추는 경향이 많은데, 산모의 연령은 다운증후군과 관련이 있는 것으로 나타났고 노산일수록 임신 자체가 어려워진다. 일반적으로 20대 여성의 75%는 1년 이내에 임신이 되는 반면, 31~35세 여성은 62%, 35세 이상은 54% 정도 임신이 되는 것으로 나타났다(Santrock, 1995).

출산 횟수는 태아의 사산과 관계가 있는 것으로 밝혀졌다. 임신 4번째까지는 사산의 위험이 줄어들지만 그 이후는 증가하였고, 출산 간격이 너무 짧은 경우에도 미숙아의 출산과 관련이 있다.

6) 모체의 정서 상태

임부의 정서 상태가 중요하다고 여겨 각 문화권마다 강조해오고 있는데 우리나라 전통 육아에서는 태교라는 용어로 산모의 섭생과 행동 지침들을 일러왔다.

임부와 태아는 신경조직과 내분비조직이 서로 연결되어 있어 긴장, 불안, 공포와 같은 임부의 정신적 스트레스는 태반을 통해 태아에게 영향을 미친다. 임부가 스트레스를 받게 되면 이에 반응하는 호르몬이 혈관을 수축시키게 되고, 자궁으로부터 피가 유입되는 것을 막아 태아에게 산소나 영양공급이 부족하게 된다.

임부의 정서 상태는 측정하기 어려운 점이 있지만, 질병, 이혼, 남편이나 자녀의 사망, 경제적 문제 등 큰 충격을 받으면 자연유산이나 조산의 위험이 큰 것으로 나타났다. 임부는 임신으로 인해 신경이 예민하고 스트레스를 많이 받는 시기이므로 안정적인 정서 상태를 유지할 수 있도록 가족의 도움이 필요하다.

7) 방사선 및 초미세먼지

2차 세계대전 시 일본 히로시마에 원자폭탄이 투하되면서 그 근처에서 방사선을 쐬었으리라 짐작되는 어머니의 아기 중에 기형아나 정박아가 많이 태어났다. 방사선이 태아에게 심각한 영향을 미친다는 사실을 일깨워준 사례이다. 라디움도 유전인자의 돌연변이를 초래하는데, 임신 초기에 엑스레이를 통해 라디움을 쐬면 기형아를 낳을 가능성이 있고, 아버지의 직업상 라디움을 많이 쐬었을 경우 염색체 이상의 자녀를 낳을 확률이 높게 나왔다(Santrock, 1995).

최근 들어 기후변화로 인한 초미세먼지도 태아에게 영향을 미치는 것으로 나타났다. 임부가 코로 들이마신 초미세먼지가 혈류를 통해 태반까지 도달하여 호흡기나 안구 또는 피부로 침투해 여러 질환을 일으키는 것으로 밝혀졌다. 초미세먼지는 사람 머리카락 굵기의 40분의 1 정도로 태아의 신체발달에 영향을 미치고, 출생 이후의 삶에도 지속적으로 영향을 미칠 수 있다고 보고하고 있다(조선일보, 2018.9.18).

8) 아버지의 영향

임부의 흡연과 음주, 스트레스 등이 태내환경에 영향을 미칠 뿐 아니라 아버지의 음주, 흡연, 화학약품을 다루는 경우에도 태아에게 결함이 나타나는 것으로 밝혀졌다.

유해물질이 많은 곳에서 일하는 아버지는 태아에게 해로운 영향을 미치는데 사산, 조산, 저체중아를 출산하는 비율이 높은 것으로 나타났다. 벤젠이나 솔벤트를 취급하는 아버지에게는 저체중아 출산율이 높고, 납 성분에 노출된 아버지의 자녀는 신장병이 3배 정도 높았으며, 섬유공장과 유리공장, 광산에서 일하는 아버지에게는 미숙아 출산율이 높게 나타났다(Santrock, 1995).

아버지의 출산 연령도 어머니의 경우와 마찬가지로 태아의 건강에 영향을 미치는데, 아버지의 연령이 20세 이하이거나 55세 이상인 경우 다운증후군의 발생률이 높게 나타났다. 건강한 남성들을 대상으로 연구한 결과 20~34세까지는 2~3%만 유전적 결함이 나타난 반면, 35~44세는 7%, 45~55세는 14%까지 결함이 나타났다(Merewood, 1998). 아버지의 연령이 많을수록 자녀의 자폐증 발병 위험도 높아지는 것으로 나타났다. 임부가 건강한 아기를 출산하는 데 아버지도 동시에 책임을 지는 일이므로 남성도 흡연이나 음주, 약물복용을 자제하는 것이 바람직하다.

4 임신 중의 이상검사

임부는 임신기간 중에 여러 가지 이상이 생길 수 있으므로 정기적인 검진을 받아야 한다. 태아의 유전적 결함이 있는지 알아보는 방법에는 초음파검사(ultrasound), 양수검사(amniocentesis), 융모검사(chorionic villus sampling: CVS), 혈액검사(alpha fetoprotein: AFP) 등이 있다.

초음파검사는 임부의 복부에 초음파를 통과시켜 자궁 내부의 사진을 찍는 것으로 가장 보편적인 방법이다. 초음파는 신체기관에 따라 흡수나 반향의 정도가 다르게 나타나므로 이를 통해 태아에 관련한 많은 정보를 얻게 된다. 부모는 초음파검사를 통해 자신의 아기를 처음 접하게 되는 동시에 TV 화면으로 태아 신체의 각 부분을 볼 수 있어 장애 유무와 발육 정도를 알 수 있다. 태반의 위치, 자궁 및 난소의 이상 유무, 쌍생아 출산의 가능성 등도 확인할 수 있다.

양수검사는 태아를 보호하는 양막의 아랫부분에 바늘로 주사하여 소량의 양수를 채취하는 방법이다. 임신 15~20주 동안에 초음파진단 장치를 이용하여 양수를 채취한 후 태아세포를 배양해 염색체 핵형을 분석한다. 초음파검사는 태아의 영상을 보여주는 방법인 데 비해, 양수는 태아의 세포를 포함하고 있어 염색체 분석 결과 다운증후군이나 성염색체 이상, 대사 이상 장애와 같은 유전적 결함을 판명해 낼 수 있다.

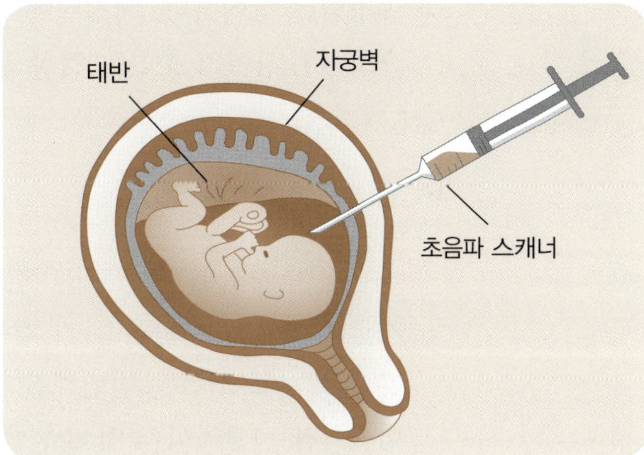

▶ 그림 4-7 ▶ 양수검사

융모검사는 양수검사의 대안으로 임신 9~10주경에 초음파검사를 이용하여 태반의 위치를 확인하고, 자궁경부를 통해 작은 융모조직을 떼어내 유전적 결함을 알아내는 방법이다. 융모검사는 임신 초기에 시행하므로 양수검사보다 조기에 진단 가능하고, 안전성과 정확성이 앞선다고 알려져 있다.

혈액검사는 여성의 혈액 중에 알파 태아단백(alpha fetoprotein: AFP)이 얼마나 많이 포함되어 있는지 임신 14~20주 사이에 검사하는 방법이다. AFP 수치가 과도하게 높게 나타나면 이분척추나 무뇌증과 같은 뇌와 척추의 구조적 결함을 말해 주는 것으로 선진국에서는 기본 검사로 이용되고 있다(문미옥 외, 2001).

5 출산

태아가 골반으로 내려와 아랫배가 불러지고 위의 압박이 덜해지면 분만이 임박했다는 징후로 볼 수 있다. 분만예정일은 마지막 생리일을 기준으로 월(月)에 9개월을 더하거나 3개월을 빼고, 일(日)에 7일을 더하여 계산하는데, 이는 수정 후 266일, 마지막 생리일로부터 280일이 되는 시점이다. 임부의 생리적·심리적 영향, 태아의 크기, 자궁의 크기, 호르몬 수준에 따라 분만예정일은 상이하다. 예정일에 분만하는 경우는 매우 드물고, 예정일을 중심으로 4주 사이의 분만은 정상으로 본다.

1) 분만의 단계

출산이 가까워지면 불규칙한 가벼운 진통과 요통을 느낄 수 있는데, 이는 자궁이 조금씩 수축을 하기 때문이다. 태아가 밑으로 내려가면서 위의 압박은 덜해지고 소변은 빈번해진다. 이러한 증상이 있은 후 1주일 정도 지나면 이슬이라는 혈액이 섞인 출혈을 하며 분만이 시작된다. 분만은 세 단계로 나누어진다.

(1) 제1기(개구기)

개구기는 진통이 시작되면서 태아의 머리가 통과할 수 있을 정도까지 자궁구가 10~12cm 정도 열리는 기간이다. 자궁이 수축되면서 진통이 시작되는데, 점차 통증이 심해지고 진통 시간도 길어진다. 초산부는 10~12시간 정도이고, 경산부는 초산부의 절반 정도 걸린다.

(2) 제2기(출산기)

자궁구가 열려 태아가 산도를 통해 출산되는 시기를 출산기라 한다. 자궁

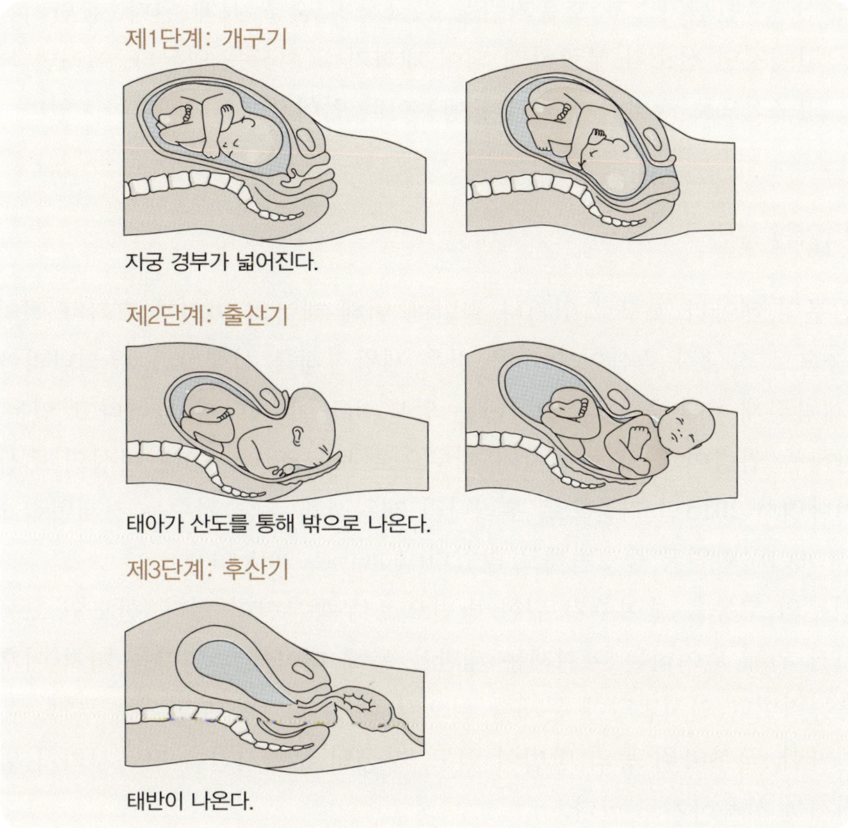

▶ 그림 4-8
출산의 과정

이 열리면서 난막이 터져 양수가 나오는데 이것을 파수라 하고, 30분 정도 걸린다. 이 시간동안 태아가 산도에 오랫동안 머물러 있으면 질식사의 위험이 있으므로 임부의 적극적인 참여가 있어야 하고, 모체가 힘을 주게 되면 태아가 산도 쪽으로 나오는 데 도움이 된다. 이 기간은 초산부의 경우 1~2시간 걸리고, 경산부는 초산부의 절반 정도이다.

(3) 제3기(후산기)

태아가 출산된 후 자궁이 수축되면서 태반이 자궁벽에서 떨어져 나와 난막과 함께 배출되는 시기로 5~15분 정도 소요된다.

태아는 진통 중에 태반으로부터 일시적으로 산소의 공급을 받지 못하다가 출산 후 탄산가스가 호흡기관을 자극하여 숨을 쉬게 된다. 분만시간이 너무 길어지면 산소가 부족하게 되어 태아가 뇌손상을 입는다. 이러한 뇌손상은 영구적으로 정박아가 되거나 행동이나 언어장애를 일으킬 수 있다.

2) 다양한 분만

임부의 태아가 거꾸로 있거나 골반에 비해 태아의 머리가 크거나 전치태반 등으로 정상적 출산이 어려울 경우 제왕절개를 시행한다. 우리나라에서는 제왕절개 수술을 통해 출산하는 임부 비율이 해마다 늘어나고 있는데, 출산하는 연령이 점차 늦어지기 때문으로 보고 있다. 30대 여성의 초산이 늘어나면서 2015년 기준으로 우리나라 제왕절개 수술 건수는 경제협력개발기구(OECD) 회원국 중 2번째로 많았다(네이버뉴스, 2018.7.13).

임부의 고통을 줄여주기 위한 방법으로 무통분만이 있다. 산모의 고통을 줄이기 위해 투여하는 마취제는 태반을 통해 태아에게 영향을 미쳐 이후의 운동능력이나 인지발달에 문제를 일으킬 수 있다. 무통분만에는 투약, 주사, 흡입마취, 국부마취 등의 방법이 있고, 자궁의 분만시간을 단축시키기 위해 촉진제를 사용하기도 한다.

르부아에(Leboyer, 1975)는 『폭력없는 탄생』이라는 저서에서 출산과정에서 임부의 고통뿐만 아니라 태아를 위한 배려도 있어야 한다고 주장하면서 산부인과 의사로서 초기 신생아들의 적응문제에 대해 언급하였다. 아기는 어둡고 조용한 방에서 받아야 하고, 탯줄을 성급하게 끊지 말고 어머니의 배 위에 잠시 올려놓아 서로의 체온을 통한 만족감을 느끼도록 해야 한다고 주장하였다.

3) 이상 분만

대다수의 임부들은 정상적으로 출산을 하지만, 때로는 난산이나 미숙아와 같은 이상 분만의 문제가 발생하기도 한다.

자연분만으로 아기를 출산하고 임부나 아기에게 이상 증세가 없는 경우

순산이라 한다. 산모와 태아에게 이상이 있거나, 태아가 산도를 통과하는 과정에서 이상이 생겨 분만이 순조롭지 않으면 난산을 하게 된다.

태아보다 태반이 자궁구에 가까이 위치해 있는 경우 전치태반이라 하고, 정상분만이 불가능하여 제왕절개 분만을 시행한다. 아기가 출산하기 이전에 미리 태반이 자궁벽으로부터 떨어져 나오는 태반조기박리는 바로 출산하지 않으면 임부와 태아의 생명이 위협받게 된다. 또한 분만 시 태아가 산도를 통해 출생하는 것을 도와주는 양수가 미리 터져 나오는 것을 조기파수라 하고, 태아에게는 감염의 위험이 있다.

연습문제

1. 태내발달의 각 단계마다 나타나는 특징을 설명하시오.

2. 태내발달에 영향을 주는 요인과 그에 따라 나타나는 현상을 설명하시오.

3. 출산의 각 단계와 단계별 특징을 제시하시오.

토의 〈생각해보기〉

1. 임신 중 태아발달에 어떤 주의를 기울여야 하는지 그리고 어떻게 준비를 해야 하는지 토론해 보자.

2. 자신이 임신 사실을 모르고 약물을 복용했을 경우 올바르게 행동하는 방법에 대해 이야기 나누어 보자.

3. 주위의 어른들로부터 들은 태교에 대해 의견을 나누어 보고, 임신 후에 어떻게 태교를 할 것인지 생각해 보자.

Chapter 05

부모–자녀관계

이 장에서는 부모가 자녀의 발달에 미치는 영향이 지대하므로 부모됨의 의미, 부모됨의 잘못된 신념, 부모됨의 발달과정, 부모역할의 특성 및 양육태도에 관해 살펴보고자 한다.

1 부모됨

결혼한 부부들이 모두 부모가 되는 것은 아니며, 부모가 되는 시기도 다양하다. 불임으로 인한 무자녀 외에도 서구사회에서는 무자녀를 선택하는 부부들이 늘어가고 있다. 우리나라에서는 무엇보다 부모됨에 대한 문화적·가족적 압력이 크다. 대부분의 부부들이 비교적 결혼 초기에 자녀를 갖는다. 그러나 아내의 직업이나 경제적 안정의 목적 등으로 그 시기를 연기하는 부부들이 늘고 있으며, 전보다 자녀를 적게 가짐으로써 자녀양육기간도 짧아지고 있다. 이와 같이 현대사회에서 결혼한 성인이 부모가 된다는 것은 하나의 선택이며, 부모의 역할과 기능을 제대로 수행한다는 것은 결코 쉬운 일이 아니므로 수많은 도전과 새로운 기법을 필요로 한다(연미희 · 김진숙, 2015).

1) 부모됨의 의미

(1) 부모됨의 사회적 의미

부모가 된다는 것은 단순한 사회적 과정으로 인식하기 쉬우나 부모가 되는 데에는 동기와 의미가 있다. 부모가 됨으로써 사회적 승인을 얻을 수 있다든지, 성인으로서의 지위가 확고해진다든지 또는 배우자와 결혼하여 산다는 구체적 상징으로서 자녀를 갖게 되는 등의 이유가 있다.

비버스(Veevers, 1973)는 부모됨의 사회적 의미를 도덕성, 책임감, 자연스러움, 성에 대한 인식과 신체적 성숙, 결혼, 정신위생 등의 여섯 가지 주제를 사용하여 분류하고 있다. 특히 부모기와 비부모기의 사회적 의미는 개인의 행동에 미치는 영향을 이해하는 데 중요하며, 어떤 사회든 성인에게 부모가 되도록 문화적 압력을 가하는 특성을 지니고 있다는 점이 중요하다는 것이다. 비버스는 어느 사회에서나 부모기를 맞는 것은 긍정적이며 바람직한 것으로 수용되고 있으므로, 성인이 되어 결혼하고 자녀를 갖는 것은 사회적으로 승인된 도덕적인 의미를 수행하는 일이라고 여긴다.

비버스가 부모됨의 사회적 의미를 분류하여 영역에 따라 구분·비교한 것은 다음의 **표 5-1**과 같다.

표 5-1 부모기와 비부모기의 사회적 의미의 유형

영 역	부모기의 이상적 상태	비부모기의 이상적 상태
도덕성	– 부모기는 도덕적 의무로 봄 – 부모가 되는 것은 도덕성의 실천임	– 비부모기는 종교적 권위를 거부하는 것임 – 아이를 갖지 않는 것은 비도덕적임
책임감	– 부모기는 시민의 책임을 수행하는 것임 – 부모는 책임감을 이행하는 것으로 나타남	– 비부모기는 시민으로서 책임을 회피하게 함 – 아이가 없는 것은 무책임함
자연성	– 부모기는 본능적인 것임 – 자연스러운 것임	– 비부모기는 사회적으로 부자연스러운 것임
성 동일시 및 성취	– 성(Sex)을 수용하는 것임 – 부모가 된다는 것은 신체적 성숙을 증명함	– 성(Sex)의 거부로 보여짐 – 성적 무능력과 관련됨

영 역	부모기의 이상적 상태	비부모기의 이상적 상태
결혼	– 부모기는 결혼의 의미를 부여하는 것임 – 결혼생활의 만족을 증진시키고 이혼을 방지함	– 비부모기는 결혼의 의미가 감소됨 – 이혼할 기회를 만들고 결혼생활에 불만족을 더 해 줌
정신위생	– 부모기는 정상적인 정신위생을 나타냄 – 사회적 성숙과 개인적인 안정을 나타냄	– 비부모기는 비정상적인 정신위생을 나타냄 – 자녀가 없음은 사회적 미성숙과 정서적 장애를 나타냄

출처: Veevers(1973).

비버스의 이론이 주장하고 있는 부모됨의 사회적 의미는 다음의 몇 가지로 정리될 수 있다.

첫째, 결혼하여 자녀를 갖는 것은 도덕적 의무를 수행하는 것을 의미한다.

둘째, 부모가 되는 것은 사회적으로 긍정적인 일이며, '시민으로서의 책임'을 수행하는 의미를 지닌다.

셋째, 부모가 되는 것은 자연스러운 일이며 동시에 부모 스스로가 자녀를 가짐으로써 얻게 되는 획득된 동기이다. 자손을 번식하여 사회를 존속시키며, 개인적 차원에서는 성적 개체임을 확인하여 신체적 상태와 심리적 상태까지 확인할 수 있다.

넷째, 부모가 되는 것은 한 남성이나 여성으로서의 위치를 받아들이는 중요한 지표이고, 자녀를 갖는 것은 실제로 남성성 혹은 여성성의 능력을 나타내 주는 중요한 지표로 해석된다.

다섯째, 부모가 됨으로써 결혼생활에서 부부관계를 개선시키고 이혼을 방지해 줄 것이라는 사회적 통념이 있다.

여섯째, 부모가 됨으로써 정신위생상 정상적인 상태를 의미하게 되며, 부모 스스로도 사회적 성숙과 개인적 안정을 갖게 된다.

(2) 부모됨의 개인적 의미

① 자아확장

부모는 자녀를 가짐으로써 대를 잇는다고 여기며 자신의 불멸감을 느낀다. 특히 남아는 가족의 성(姓)을 이어가게 되므로 자기를 확장시켜 이어준다는 지속감을 명확히 갖게 된다. 보편적으로 아버지는 아들을 통해, 어머니는 딸에게 자기의 계획을 실현시킴으로써 자기확장의 욕구를 충족시킨다.

② 성인으로서의 지위획득

성인은 부모가 됨으로써 사회가 바람직하게 여기는 새로운 지위를 획득하게 되는 것이다. 특히 여자인 경우 어머니가 되어야 가정에서의 안정된 지위와 사회에서 요구하는 지위를 확보하는 것으로 우리 문화는 여기고 있다.

③ 가족의 결속

자녀는 부부의 결속력을 강하게 하는 요인이 된다. 자녀를 가짐으로써 좋지 못한 결혼생활을 원만하게 하고 부부 사이를 더 가까워지게 할 수 있다.

④ 노후의 생활보장

자녀를 기른다는 것은 많은 경제적 투자를 의미하지만, 경제력이 없는 노후에 자녀에게 의지할 수 있다는 생각으로 자녀를 갖게 된다. 특히 사회보장이 잘되어 있지 않은 사회에서는 성장한 자녀가 늙은 부모를 모신다는 기대감이 자녀를 두는 중요 동기가 될 수 있다.

⑤ 행복과 애정

자녀는 부모에게 여러 가지 기쁨과 행복을 가져다주기 때문이다. 아이들이 자라면서 부모에게 주는 기쁨은 어떤 다른 종류의 행복과 기쁨과는 다르다. 자녀는 기대할 수 없는 흥분과 희열을 부모에게 선사한다. 뿐만 아니라 부모와 자식 간의 애정의 교류는 인간사회에서 가장 두터운 감정의 교류로, 부모가 된다는 것은 사랑에 대한 인간의 기본적 욕구를 만족시켜 준다.

2) 부모됨의 준비와 적응

부모됨의 발달과업을 순조롭게 성취하기 위해 고려해야 할 조건이 있다(이순형 외, 2012).

첫째, 부모됨에 대한 준비성이다. 준비성의 첫번째는 부모가 되고자 하는 강한 욕구이다. 초혼의 젊은 부부보다 비교적 만혼의 나이 든 부부가, 결혼 후 즉시 자녀를 갖기보다는 어느 정도 시간을 두고 기다린 경우가 부모됨의 책임과 부담을 기꺼이 받아들이는 경향이 있다. 또한 남편과 아내가 아기를 갖기 전에 부부로서의 관계를 발달시킬 시간을 가짐으로써 자녀가 태어났을 때 두 사람을 분리시키는 경향이 있는 영향력들에 대해 대처할 수 있게 된다.

둘째, 부모됨에 대한 교육이다. 이는 준비성과도 관련된다. 부모됨은 흔히 젊은 부모가 새로운 역할에 대해 잘 모르고 준비되어 있지 않기 때문에 위기가 될 수 있다. 현대사회에서는 부모됨의 역할에 대한 훈련이 빈약하고 가정에서 이에 대한 교육도 거의 없다. 새로 부모가 된 이들은 갑자기 어린 아기의 24시간 계속되는 요구에 따라야 하는 여유없는 일과에 당황하고, 일관성없이 쏟아지는 수많은 육아정보 가운데 어느 것을 따라야 할지 혼란을 느낀다. 어떤 학자는 부모됨을 허가하기 전에 부모교육 강좌를 듣고 시험에 합격하도록 요구해야 한다고 주장하기도 한다(Laws, 1971).

셋째, 부모 간 역할의 재규정이다. 취업모의 경우 아기를 돌보기 위해 직업을 포기하지 않고 양립이 가능하려면 아버지의 적극적인 자녀양육 및 가사협조가 요구된다.

위의 세 가지가 부모됨의 적응을 보다 용이하게 하겠지만, 무엇보다 중요한 것은 부모의 정서적 성숙 및 정신건강과 더불어 부모됨에 대한 가치부여인 것이다.

3) 부모됨에 대한 잘못된 신념

결혼한 부부라 할지라도 자신이 자녀를 실제로 가져보기 전까지는 부모됨에 대해 정확하게 파악할 수 없기 때문에, 자녀를 가지기 전까지는 대부분의 부부들이 사회적으로 인식되고 있는 부모됨에 대한 잘못된 신념을 믿게 된다. 이러한 부모됨에 대한 잘못된 신념을 갖고 자녀를 가졌을 경우 부모로서의 역할과 기능을 수행하는 데 어려움을 겪게 된다.

잘못된 신념은 사실로 확인되지는 않았으나 사람들 사이에 널리 받아들여지는 믿음을 말한다. 보통 이러한 믿음은 사실을 낭만적으로 보이게 하는 경향도 있으나 그 반대인 경우도 있다. 부모됨에 많은 잘못된 신념이 있어서 대부분의 부모는 자기가 실제로 아버지나 어머니가 되어보기 전까지 그것이 어떤 것인지를 모른다. 따라서 막상 부모가 되어서는 기대했던 것보다 좌절하는 일이 많다는 것을 깨닫게 되어 더 큰 문제가 야기된다(이재연 · 김경희, 1993).

부모됨에 대한 잘못된 신념은 다음과 같다(Le Master & De Frain, 1983).

① 자녀를 키우는 것은 재미있다.
② 아동은 사랑스럽고 귀엽다.
③ 좋은 부모를 만나면 아이들은 훌륭하게 성장한다.
④ 자녀가 부모의 결혼생활을 향상시킨다.
⑤ 부모가 자녀를 바르게 지도하면 자녀는 바르게 된다.
⑥ 아동의 본성은 별로 중요하지 않다.
⑦ 요즈음의 젊은 부모들은 예전의 부모들만큼은 못하다.
⑧ 자녀가 없는 부부는 좌절감을 느끼며 불행하다.
⑨ 자녀를 하나만 가져서는 안 된다.
⑩ 문제아는 없다. 문제부모가 있을 뿐이다.
⑪ 부모는 성인이다.
⑫ 오늘날 자녀들은 부모로부터 받는 모든 편의에 대해서 감사하고 있다.
⑬ 부모-자녀관계는 사회에서 최우선적으로 고려된다.
⑭ 부모는 자녀에게 사랑을 충분히 쏟기만 하면 된다.
⑮ 편부모 가족은 병적이다.
⑯ 자녀가 성장하면 부모로서의 임무는 끝난다.
⑰ 자녀가 성장하여 집을 떠나면 부모들은 허탈해진다.

4) 부모됨의 발달과정

부모가 된다는 것은 자녀를 가짐으로써 저절로 터득되는 것은 아니다. 일정한 발달과정을 거쳐서 성숙한 부모가 되는 것이다.

대개 부모들은 체계적 훈련이나 교육과정 없이 부모가 되는 것이 보통이고, 부모가 되고 나면 전문적 숙련과정 없이 부모역할을 시행착오적으로 해나가고 있는 것이 현실이다.

여기에서는 부모됨의 발달과정을 두 가지 관점에서 살펴보고자 한다. 첫 번째는 거린스키(Galinsky, 1987)의 부모발달과정이고, 두 번째는 두발(Duvall, 1977; Bigner, 1989)의 부모발달과정이다.

(1) 거린스키의 부모발달과정 단계

거린스키는 태아기부터 청소년기까지의 자녀를 둔 부모들과의 면담을 통해 부모됨의 6단계 발달과정을 제시하고 있다.

① 제 1단계: 이미지 형성기(임신기간)

1단계는 부모가 자녀를 임신하고 있는 기간에 해당되며 부모로서 최초로 자신의 부모 이미지를 형성하는 시기로, 이전의 부부관계에서 예비 엄마, 예비 아빠의 이미지를 스스로 형상화하거나 구체화해 나가는 과정이다. 때때로 갑작스럽게 일어나는 변화에 대해 불안해하기도 하며, 주변의 사람들로부터 다양한 경험과 조언을 통해 부모됨에 대한 이상과 포부를 설계하여 보기도 한다. 임신기간은 다시 세 단계로 나눌 수 있다.

첫 번째 단계는 임신에서 첫 3개월 동안이 해당된다. 이 기간 동안에 크게 두 가지 상반된 반응이 있을 수 있다. 임신을 원했거나 기대한 경우와 그렇지 않은 경우이다. 어떠한 경우든지 이 단계에서는 임신을 긍정적으로 수용하는 즐거운 자세를 갖는 것이 매우 필요하다.

두 번째 단계는 임신 후 4개월부터 출산준비 전까지의 기간으로 부모됨의 이미지를 본격적으로 형성하는 시기이다. 부모가 원하고 기대하는 이상적인 아이가 자라고 있고, 출산할 것으로 기대하는 기간이기도 하다. 정기적으로 병원에서 태아의 성장과정을 체크하면서 예비부모는 태교를 수행하여 나간다.

세 번째 단계는 출산과 분만을 준비하는 시기이다. 이 시기는 두 번째 단계(이상적 아이의 꿈)와 달리 현실적인 기대(정상아 출산)가 나타난다. 이 시기에 예비 아빠는 예비 엄마의 고통, 두려움, 공포 등을 함께 공유하고, 산모가 납득할 수 있는 합리적 근거를 제시하여 심리적 안정감을 갖게 하는 등 출산과정에 적극적으로 개입하는 것이 필요하다.

② 제 2단계: 양육기(자녀출산~영아기)

이 단계는 아기의 출산 후 생후 3세 전, 즉 영아기까지 해당하는 시기이다. 이 시기는 신생아의 보호 · 양육에 쉴새없는 보살핌이 요구되는 시기이기도 하다. 이 시기에 가장 중요한 것은 엄마와 아기 간의 애착형성이다. 이 애착형성은 후기의 인성형성 및 제반발달에 절대적인 영향을 미친다는 점에서 아주 중요한 것이다. 그리고 영아기의 다양한 감각적 욕구, 신체·동작적 욕구 등에도 민감하게 반응하는 환경여건을 조성하는 일이다.

영아의 애착형성에 영향을 주는 요인 중의 하나는 영아의 기질을 들 수 있다. 영아의 타고난 기질유형은 대개 순한 기질, 까다로운 기질, 중간 기질로 나눌 수 있다. 사실 신생아의 기질이 까다로운 경우보다 순하거나 중간인 경우가 엄마와의 애착형성이 더 원만할 가능성이 크다고 할 수 있다.

이외에도 가족형태에 큰 변화가 일어나는데, 아내–남편의 쌍방관계에서 자녀와의 삼원관계로 그 구조가 다양해진다.

③ 제 3단계: 권위 형성기(2~5세)

이 시기의 어린이는 부모와의 접촉에서 벗어나 점차 또래나 다른 성인과 접촉의 범위를 넓혀나가게 된다. 또한 가정 밖의 유아교육시설에서 다양한 교육적 경험을 체험하는 시기이므로, 부모는 어린이의 사회화 과정을 돕는 사회촉진자로서의 권위와 자세를 갖게 된다.

우리나라 전통사회에서는 엄부자모(嚴父慈母), 즉 아버지는 자녀를 엄격하게 지도하고, 어머니는 자녀를 사랑과 애정으로 양육함으로써 부모와 자녀관계에서 조화를 이루어왔다. 서양에서도 이와 유사하게 어머니의 역할은 표현적 기능(expressive function)을, 아버지의 역할은 도구적 기능(instrumental function)을 갖고 있다고 하였다. 전자는 주로 어머니의 자녀에 대한 애정, 다정다감, 정서적 지원 등으로 가족원의 위안자, 위로자, 중개자의 역할이며, 후자는 주로 아버지의 자녀에 대한 사회화, 자녀의 가치, 규범적 행동을 제시하여 주고 안내하는 훈육자, 교육자적인 역할을 뜻한다.

그러나 현대사회에 접어들어 젊은 부부 중심의 핵가족화가 보편화되고, 취업모가 급증하게 되자, 가정에서 부모의 역할에 뚜렷한 구분이 사라져가고 있다. 즉, 부모의 역할이 구별되기보다 오히려 서로 유사해지는 경향이 많다.

④ 제 4단계: 설명하고 가르치는 시기(초등학교 시기)

자녀가 초등학교에 입학하게 되면, 주변 세계의 제반문제에 대한 폭넓은 관심과 깊은 탐구활동이 시작된다. 따라서 자녀의 의문과 궁금증이 점점 쌓여가게 되고, 이러한 과정에서 부모는 자녀의 성실한 지적 상담자, 조언자의 역할을 수행하면서 자녀와의 관계형성을 넓혀나가게 된다. 현대사회는 자녀와 부모의 관계가 과거의 종속적 관계에서 대등한 수평적 관계로 정립되면서, 이 시기의 부모역할이 다른 어떤 시기의 부모역할보다 자녀에게 더 큰 영향을 주게 된다고 한다.

⑤ 제 5단계: 상호의존기(십대 기간)

거린스키는 이 시기를 부모와 자녀 간의 상호의존기 또는 상호공존기간이라 부르고 있다. 이 시기가 이전 시기와는 달리 나름대로의 자아정체감의 형성과 아울러 뚜렷한 신념, 논리, 가치가 형성되는 시기이기 때문이다. 물론 이 시기는 사춘기를 함께 맞이하여 신체적·정서적인 면에서 급속한 변화를 겪으며 사고와 행동이 안정되지 못하고 돌출적인 면이 있으나, 그 이전 시기와는 판이한 자아관을 정립하고 있다. 따라서 부모는 이전의 자녀관계와 다른 자녀관계관을 정립할 필요가 요구되며, 이 시기의 자녀의 합리성과 논리성을 객관적으로 수용하고 지지하는 자세가 필요하다. 부모세대가 감히 상상할 수 없는 탁월한 자녀의 면모에 부모는 위안과 의지를 삼을 수 있으며, 때때로 부모는 자녀의 감상적이고 불안정한 정서적 동요를 감싸줌으로써 상호의존의 관계가 돈독해져가게 된다.

⑥ 제 6단계: 떠나 보내는 시기(고등학교 졸업 후 시기)

이 시기는 자녀가 부모의 직접적인 보호와 관리로부터 혼자만의 자율적 생활로 전환하는 시기이며, 부모의 곁을 떠나는 시기이기도 하다. 서양의 경우 대개 고등학교 졸업 후부터(만 18세) 부모를 떠나 독자적으로 성숙한 개체로서의 삶을 추구하고 있다. 우리나라의 경우는 고등학교 졸업 후에도 부모의 그늘에서 대학생활을 영위하는 것이 보편적인 실정이다.

이 시기의 대표적 특징은 자녀가 결혼을 하여 새 가정을 이루어 떠나는 것이다. 그리므로 이 시기 부모의 가장 큰 역할은 인생의 선배, 결혼의 대선배로서 결혼생활, 새 가정생활에 부딪히는 제반 어려움에 능동적으로 대처할 수 있는 상담자적 역할과 조언을 제공하는 역량을 갖추어야 할 때이다.

(2) 두발의 부모발달과정 단계

두발은 가족의 생애주기(family life cycle)에 따라 가족이 처음 형성되고 자녀가 자라서 그 자녀들이 자신의 가족을 만들어 떠나기까지의 시기를 부모됨의 발달과정으로 규정하였다. 특히 두발은 8단계 부모됨의 발달과정을 예시하고 있다(**그림 5-1** 참조).

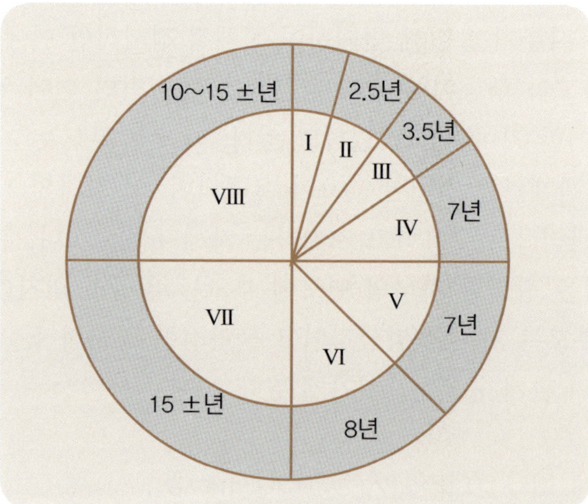

▲그림 5-1 두발의 가족생애 8단계 주기

출처: Duvall(1977).

단, I: 가족 형성기(자녀 없음), II: 자녀 양육기(첫자녀 출생~30개월), III: 유아기(첫자녀 30개월~6세), IV: 학동기(첫자녀 6세~13세), V: 십대 자녀기(첫자녀 13세~20세), VI: 독립기(첫자녀 떠나보내는 시기), VII: 빈둥지기(자녀출가~은퇴기), VIII: 가족 해체기(은퇴~사망)를 나타낸다.

① 제 1단계: 가족 형성기(부모의 결혼, 자녀 없음)

이 시기는 부부 상호 간의 결혼에 대한 적응기에 해당된다. 서로 다른 환경, 배경, 문화, 풍습, 전통 속에서 자란 성숙한 성인 남녀가 사회의 기본 단위인 가족을 형성하는 시기로, 특히 이 단계는 다른 어떤 결혼시기보다 부부의 결혼만족도가 높다. 또한 양가의 유대관계를 넓혀나가는 시기이며, 미래에 전개될 가정의 참모습, 새 가족구성원의 면모를 꿈꾸는 시기이다.

② 제 2단계: 자녀 양육기(첫자녀 출생~30개월)

이 단계는 부부 간의 스트레스가 가장 많이 발생하는 시기이다. 특히 이전의 아내와 남편의 역할에서 새로운 역할인 엄마와 아빠의 역할을 수행해야 한다. 부모됨의 체계적 훈련을 받지 않을 경우 자녀의 양육과 돌봄에 따른 정신적·신체적 고통이 따르며, 특히 취업모의 경우 어린 자녀를 양육해 줄 적절한 양육자나 자녀양육기관을 정하지 못할 때 이로 인한 고통도 적지 않다. 이 시기에 남편이 함께 적절하게 가사에 참여하여 아내의 힘든 일을 거들어 주거나 자녀의 육아과정에 깊이 참여하게 되면, 오히려 자녀양육은 즐겁고 보람된 생활의 활력소가 될 수도 있다.

③ 제 3단계: 유아기(첫자녀 30개월~6세 전)

이 단계는 유아의 흥미, 욕구, 관심, 발달적 특성에 적합한 다양한 교육적 경험과 자극들을 제공해 주는 시기이다. 이 시기의 유아들은 대단히 적극적이고 활동적이므로, 이러한 자녀의 욕구충족에 부모들의 에너지를 소모하게 되어 자연적으로 부부 간에 충분한 애정적·심리적 관계유지를 위한 여유가 적어진다. 때때로 가정을 이룬 목적, 꿈, 보람이 무엇인지에 대한 회의와 부정이 싹트기도 하고, 부부만의 오붓한 시간을 공유할 수 없는 시기이기도 하다. 이러한 부부 간의 애정적 결속 약화를 극복하고 부모–자녀 간의 긍정적 관계를 지속하는 역량이 필요한 시기이다.

④ 제 4단계: 학동기(첫자녀 만 6~13세)

이 단계는 자녀가 초등학교에 진학하여 학업에 몰두하는 시기이다. 부모는 자신의 자녀가 의젓하게 집을 떠나 집단생활에 잘 적응하고, 주어진 학습과제들을 잘 수행하는 모습에 대해 대견스럽게 여기게 된다. 자녀의 일과 활동이 가정이 아닌 학교생활 중심으로 확대됨에 따라 부모들의 관심범위나 접촉대상도 이전보다 훨씬 폭이 넓어진다. 특히 자녀의 취미, 적성, 재능 등이 어느 정도 구체화되는 시점이므로 다양한 교양 및 취미생활 프로그램을 제공해야 하고, 학교학습을 차질없이 수행할 수 있는 학습준비능력의 육성에도 심혈을 기울일 필요가 있다. 특히 이 시기는 자녀의 또래관계가 형성되고 또래로부터의 영향을 크게 받는 시기이므로 건전하고 우호적인 친구관계 형성을 적극 지원할 필요가 있다.

⑤ 제 5단계: 십대 자녀기(첫자녀 13~20세 전)

이 단계는 부모로부터 정신적·신체적 독립을 추구하는 시기이다. 일상생활에서 제반 문제의 결정 시 상당한 정도의 자율적 선택과 결정이 허용되므로 이에 따른 책임의식을 가질 수 있도록 지도하고 격려할 필요가 있다.

특히 이 시기의 청소년은 이상과 현실 사이의 적절한 조화를 유지하지 못하는데서 오는 정신적·정서적 공허감이 크다. 부모는 인생의 선배로서 현실적 체험과 객관적 사안을 정확하게 제시하여 자녀의 판단에 참조제로서의 역할을 할 필요가 있으며, 때때로 자녀의 비현실적 이상과 포부를 비판·비난하기보다 긍정적으로 격려해줌으로써 창의적 아이디어, 진취적 기백을 북돋아줄 필요가 있다.

⑥ 제 6단계: 독립기(첫자녀 떠나보내는 시기)

이 단계는 주로 자녀를 출가시키는 시기이다. 즉, 취업, 대학진학, 군입대, 결혼 등으로 자녀가 집을 떠나 사회구성원의 일원으로 본격적인 자신만의 삶을 위한 생활설계가 시작되는 시기이다. 자녀가 선택하게 되는 다양한 사회참여 활동에 적절한 대처능력의 제공과 지원 등을 함께 제공할 필요가 있다. 이 시기 부모의 가장 큰 과업은 자녀들이 원만하게 그들 삶의 보금자리에 정착할 수 있게끔 안내해 주는 역할이다.

⑦ 제 7단계: 빈둥지기(모든 자녀 출가~은퇴기)

이 단계는 부모만 혼자 남는 시기이다. 결혼생활에 있어 달콤한 제 2의 삶을 꾸며나가는 시기이기도 하다. 때때로 할아버지, 할머니의 역할을 원만하게 수행하기도 한다. 평생토록 참여한 직장으로부터 은퇴는 여러 가지 새로운 도전을 가져오게 한다. 예를 들면, 경제적, 사회활동적, 심리적 측면에서 예상치 못한 큰 변화에 슬기롭게 적응해야 할 과제에 부딪친다. 어떤 경우는 부부 간의 이혼 또는 별거로 새로운 제 2의 인생기를 갖는 경우도 적지 않다. 특히 남성보다 여성의 경우 이 시기에 새로운 삶을 추구하는 경향이 많다.

⑧ 제 8단계: 가족 해체기(은퇴~사망)

이 단계는 사회생활의 일선에서 완전히 은퇴한 후 노인기의 제반 발달적 과업을 체험하는 시기이다. 신체적·정서적·인지적·사회적·언어적 제반 발달이 급격히 퇴화되며, 때때로 정상인의 삶을 누리기가 힘들기도 하다. 가족은 배우자의 한쪽 또는 양쪽의 사망으로 인해 해체기에 접어든다.

이 시기는 한 개체가 태어나서 그 종말을 엄숙히 수용하고 맞이하며, 죽음을 슬기롭게 준비하는 진지한 자연의 순리를 받아들이는 자세가 요구되는 시기이다. 일생을 사회와 국가를 위해 헌신과 봉사의 대가를 지불하는 사회보장제도의 제공이 필요하다.

2 부모역할의 일반적 특성

부모의 역할은 우리 사회에서 주어지는 다른 역할과는 여러 측면에서 다른 특성이 있다. 그 일반적인 특성은 다음과 같다(이재연·김경희, 1993).

(1) 부모의 역할은 명확하게 정의되어 있지 않다.

한 마디로 부모역할은 모호하다. 자녀를 낳아 키우는 일이 주어지면 이 일이 수행되기 위해 그 역할을 명확하게 정의하여 부여되어야 할텐데 그렇지 못한 것이 현실이다. 부모들은 부모로서 성취하도록 기대되는 바를 제대로 알지 못하고 자녀양육에 대한 기대수준도 너무 높다고 느낀다.

(2) 실수의 여지가 없다.

인생사에는 조금씩 실수의 여지가 있기 마련이다. 우리가 전문가들을 찾아가서 도움을 청할 때 이들이 모든 사람을 구해줄 수 있으리라고 기대하지는 않는다. 예를 들어, 의사로서 할 도리는 다했는데 단순히 '너무 늦었다'라고 하는 경우도 있다. 그러나 부모는 각각의 자녀 모두를 성공적으로 키우도록 기대된다. 한두 자녀만을 갖는 현대의 가정에서는 실수의 여지가 거의 없고, 이러한 점이 부모에게 큰 걱정과 죄책감을 준다.

(3) 부모는 도중에 그만둘 수 없다.

부모 노릇이 어렵다고 도중에 그만둘 수 없는 일이다. 만일 그렇게 된다면 아동 유기죄에 해당된다. 설혹 부모로서 부적절하다고 느껴도 일단 시작했으면 그 일을 제대로 할 수 없을 것같이 보이는 상황이라 하더라도 계속할 수밖에 없다. 이 점이 부모역할 중 가장 어려운 점이라고 할 수 있다.

(4) 부모의 권위는 없고 의무만 있다.

일반적으로 어떤 역할에 따른 의무가 주어지면 그 의무를 달성할 수 있게 권위가 부여된다. 그러나 현대사회의 부모들에게는 그렇지가 않다. 과거 전통사회에서 아버지는 집안에서 가장으로서 자녀뿐만 아니라 아내에게까지도 절대적인 권위를 행사했다. 그러나 부모의 권위는 급속하게 손상되어 왔다. 물론 자녀를 양육하다 보면 보람을 느끼는 순간도 있게 마련이다. 그러나 교회나 복지기관 같은 여러 기관들이 점점 더 자녀에게 영향을 주고 있다. 그렇지만 이들 기관이 아동들에 대한 최종적인 책임을 지는 것이 아니다. 최종적인 책임은 결국 부모에게 맡겨진다.

(5) 부모들이 따를 전통적인 자녀양육 모델이 없다.

사회 변화가 적었던 시절에는 대가족이 한 울타리 안에서 살면서 부모들은 그들의 부모나 친척들이 키우던 방식대로 자녀를 양육하면 되었다. 그러나 사회의 변화가 급격해지면서 가까운 곳에서 그러한 본보기를 찾을 수도 없을 뿐만 아니라, 그러한 방법들 중에는 더 이상 현 사회에 적용할 수 없는 것들도 있다.

(6) 부모는 자녀를 부모 자신보다 더 나은 존재로 키우도록 기대하고 있다.

현대의 부모들은 단순히 사회의 다음 세대를 재생산해 내는 것만으로 충분하지 않다. 변화·발전하는 사회에 적응해 나갈 수 있도록 부모들보다 더 나은 존재로 자녀를 키워야 한다. 따라서 부모들은 자신들이 경험해 보지도 않은 사회에 자녀들이 적응하도록 길러야 한다는 부담을 가진다.

(7) 부모는 자녀에 대한 총 책임을 진다.

사회에서 대부분의 역할은 사람의 어떤 한 측면만을 책임지운다. 그러나 부모는 아동에게 어떠한 일이 생기든지 어머니나 아버지로서 궁극적인 책임을 진다.

(8) 부모 두 사람이 한 팀이 되어 자녀를 양육한다.

자녀는 어머니와 아버지가 협동하여 양육한다. 두 사람이 협동하여 자녀를 양육하는 일이 장점이 될 수도 있지만, 서로 의견 차이가 있을 때는 갈등의 소지가 된다.

(9) 각 아동마다 독특하다.

부모가 첫째 아이를 잘 이해하게 되면 둘째 아이도 잘 이해할 수 있을 것 같은 생각이 들지만 대체로 그렇지가 않다. 아동은 각기 다르기 때문에 이 점이 부모역할을 더 어렵게 하고 있다. 형제간이라 해도 상당히 다르게 태어난다. 그리하여 한 자녀를 양육하면서 터득한 점이 다른 자녀에게는 적용되지 않는 수가 많다.

(10) 대부분의 부모들은 부모역할에 대한 준비나 훈련없이 부모가 된다.

어떤 어려운 역할을 맡을 때에는 그에 대한 훈련을 미리 받는 것이 통상적이다. 예를 들어, 교사가 되려면 미리 소정의 교육을 받아 자격증을 받은 다음 교사가 되고, 전쟁터로 나가기 전에 병사들은 집중훈련을 받으며, 자동차를 운전하려면 운전면허를 갖추어야 한다. 그러나 부모의 임무가 점점 복잡해져 가고 있음에도 불구하고 대부분의 부모는 훈련 없이 부모역할을 한다.

(11) 부모역할은 점진적으로 시작하는 것이 아니다.

부모가 되는 일은 점진적으로 시작하는 것이 아니다. 어제까지만 해도 부모가 아니었는데 오늘은 부모가 되는 것이다. 물론 9개월의 임신기간을 거치기는 하지만, 이 기간을 어머니로서 또는 아버지로서 준비하는 기간으로 보기는 어렵다. 부모역할을 점진적으로 이행하는 것을 어렵게 만드는 여러 가지 요인이 있다. 첫째는 부모역할을 잘 수행할 것으로 보이지 않는 사람에게도 사회는 강한 압력을 가하여 부모가 되게 하거나, 부모가 감당할만한 자녀의 수보다 많은 수의 자녀를 갖도록 사회가 압력을 주는 것이다. 둘째는 많은 사람들이 계획하지 않은 상태에서 임신을 하거나 원하지 않는 임신을 한다. 마지막으로 사회에서 제공하는 부모역할에 대한 적절한 지침이 부족하다는 점이다.

(12) 부모역할이 끝나는 시기에 대해서는 알려지지 않았다.

부모의 의무는 언제까지, 어느 정도가 적당하고 바람직한지 그 한계가 없다. 오늘날의 경제상황과 학교교육의 필요성에 대한 신념 때문에 지난 몇십 년 전부터 부모의 역할이 연장되어 왔다.

3 부모의 양육태도

부모의 양육태도는 다양한 방식으로 이루어지지만, 다양한 방식 안에도 보편적인 공통성이 존재한다. 양육태도의 보편적인 공통성은 일반적으로 양육태도 유형으로 대표된다(이순형 외, 2012).

1) 쉐퍼의 양육태도

쉐퍼(Schaefer)는 30년간의 종단연구자료를 토대로 부모의 양육태도가 애정성–적대성(love-hostility), 자율성–통제성(autonomy-control)이라는 두 가지 주요 차원으로 설명될 수 있다고 제안하였다.

애정성–적대성 차원의 경우 애정성에는 칭찬, 애정표현, 요구 신호에 대한 민감한 반응 등이 포함되며, 적대성에는 애정성과 상반되는 행동이 포함된다.

부모의 양육태도 중 애정성은 자녀의 사려성, 이타심, 부모에 대한 애착, 책임감 발달 등 긍정적 영향을 미치지만, 적대성은 자녀의 공격적 행동발달과 같이 부정적 영향을 미치는 것으로 나타났다.

한편, 자녀발달에 영향을 미치는 자율성–통제성 차원의 영향력은 부모의 애정성–적대성 차원의 위치 정도에 따라 차이를 보인다. 예를 들어, 부모가 요구적이며 엄격하거나 부모가 자율적이라 하더라도 부모가 애정적이라면 아동은 긍정적 방향으로 성장·발달할 수 있다. 그러나 부모가 자녀에게 요구적이며 엄격할 뿐 아니라 적대적이라면 아동은 위축 행동이나 정서적 불안 행동을 나타낼 수 있다. 이와 마찬가지로 부모가 자녀에게 자율적인 동시에 적대적이라면 자녀는 공격적 행동을 발달시킬 수 있다.

2) 바움린드의 양육태도

바움린드(Baumrind)는 통제성을 제한적, 처벌적, 강압적 태도가 아니라, 규칙을 준수하도록 요구하는 데 있어서의 엄격한 훈육으로 정의한 후, 가정 안에서 이루어지는 부모와 자녀 간 상호작용을 직접 관찰한 결과를 토대로 부모의 통제 형태에 따라 양육태도를 독재적 양육태도(authoritarian parenting), 민주적 양육태도(authoritative parenting), 허용적 양육태도(permissive parenting)로 유형화하였다(이순형 외, 2012 재인용).

(1) 독재적 양육태도

절대적 규칙에 따라 자녀를 통제한다. 부모는 체벌을 선호하고, 자녀와 이야기하는 것을 좋아하지 않을 뿐 아니라 때로 자녀와의 대화를 거부하기도 한다.

▶ 독재적 양육태도

표 5-2 부모의 독재적 양육태도와 자녀의 발달특성

부모의 독재적 양육태도 유형	자녀의 발달특성
① 규칙을 엄격히 강요함 ② 옳지 않은 행동에 대해 처벌함 ③ 분노와 불쾌감을 보임 ④ 규율이 분명히 설명되지 않음 ⑤ 자녀를 통제되지 않은 반사회적 충동에 의해 지배되는 존재로 봄 ⑥ 자녀의 욕구과 의견을 고려하지 않음 ⑦ 반대와 강압에 직면했을 때 규칙을 일방적으로 강요함 ⑧ 가혹하고 처벌적인 훈육을 행사함 ⑨ 온정적이지 않음 ⑩ 자녀와 상호작용할 수 있는 공동 활동을 계획하지 않음	① 갈등을 많이 일으키고 화를 잘 냄 ② 두려움이 많음 ③ 기분 변화가 심하고 불행하다고 느낌 ④ 수동적, 적대적이며 스트레스를 받기 쉬움 ⑤ 공격적 행동과 수줍어하는 행동을 번갈아 함 ⑥ 목적이 없음

(2) 민주적 양육태도

자녀와의 상호작용에서 정서적으로 애정적이고 규칙 준수 요구에 있어 일관적이다. 한편 부모가 요구한 규칙 준수를 자녀가 따르지 않았을 경우 엄격한 통제 방식을 사용한다. 부모의 지시나 명령에 왜 따라야 하는지를

표 5-3 부모의 민주적 양육태도 유형과 자녀의 발달특성

부모의 민주적 양육태도	자녀의 발달특성
① 규칙 준수를 단호하게 요구함 ② 자녀의 떼쓰는 행동을 수용하지 않음 ③ 순종적이지 않은 자녀에 대해 단호하게 대처함 ④ 자녀의 옳지 않은 행동에 대해 불쾌한 감정을 분명히 표현함 ⑤ 자녀의 바람직한 행동에 대해 기쁨을 보임 ⑥ 규율에 대한 의사소통을 분명히 함 ⑦ 자녀의 희망과 의견을 고려함 ⑧ 자녀의 요구에 대해 애정적으로 반응함 ⑨ 자녀의 연령에 적합한 성숙되고 독립적인 행동을 기대함 ⑩ 자녀와 상호작용할 수 있는 공동활동을 계획함	① 열성적이며 다정다감함 ② 자기 힘으로 문제를 해결하고자 함 ③ 자기통제적임 ④ 또래와 친근한 관계를 유지함 ⑤ 즐겁고 유쾌함 ⑥ 스트레스에 잘 대응함 ⑦ 새로운 상황에 관심과 호기심을 보임 ⑧ 어른들에게 협조적이며 온순함 ⑨ 목적이 분명하며 성취지향적임

자녀에게 충분히 설명한다. 자녀의 의견에 귀 기울이며, 자녀의 의견에 따라 부모의 행동을 바꾸기도 한다.

(3) 허용적 양육태도

자녀의 충동적 행동에 대해 수용적일 뿐 아니라, 통제나 처벌을 거의 하지 않는다. 한편 허용적 양육태도에는 방종적 양육태도와 방임적 양육태도가 포함된다. 방종적 양육태도는 수용적이나 통제적이지 않다. 그들은 자녀에게 지켜야 할 규칙을 설명하고 자녀의 자율성을 격려하지만 자녀를 감독하거나 통제하지 않는다. 방임적 양육태도는 수용적이지도 않으며 통제적이지도 않다. '네가 무엇을 하든 나는 상관하지 않는다'를 표방하며 자녀에 대한 훈육을 포기한다.

바움린드는 취학 전 유아를 대상으로 한 연구에서, 부모가 민주적 양육태도로 지도했을 때 유아는 친절하고 행복하고 독립적이며, 자신감있고 자기를 통제하고 책임감있고, 또래 유아와 잘 어울리는 등 사회적으로 유능한 모습을 보인다고 보고했다. 반면 양육태도에서 독재적인 부모 또는 허용적인 부모의 유아는 자신감이 부족하고 미성숙하고 공격적인 특성을 보인다고 보고했다(이순형 외, 2012 재인용).

표 5-4 부모의 허용적 양육태도와 자녀의 발달특성

부모의 허용적 양육태도 유형	자녀의 발달특성
① 규칙이 강요되지 않음 ② 규칙이 분명히 의사소통되지 않음 ③ 자녀의 울음, 떼씀, 강압에 순응함 ④ 일관되지 않은 훈육태도 보임 ⑤ 성숙된 행동에 대한 요구나 기대가 거의 없음 ⑥ 잘못된 행동을 간과하거나 허용함 ⑦ 그저 그런 정도의 온유함을 보임 ⑧ 절제되지 않은 충동과 욕구 표현을 수용함	① 충동적·공격적임 ② 어른에게 반항적이고 불순종함 ③ 낮은 자기 의존도 ④ 낮은 성취지향 ⑤ 자기 통제 결여 ⑥ 쉽게 화냈다가 금방 좋아지는 등 기분 변화의 폭이 큼 ⑦ 목적이 없거나 목표 수준을 낮게 잡고 행동함 ⑧ 지배적임

연습문제

1. 부모됨의 발달과정에 대해 설명하시오.

2. 부모의 양육태도가 자녀의 발달에 미치는 영향을 설명하시오.

3. 부모기에 대한 잘못된 신념에 대해 말해 보시오.

토의 〈생각해보기〉

1. 좋은 부모에 대한 전통적인 개념과 진보적인 개념에 대해 생각해 보자.

2. 우리나라의 저출산을 극복하기 위한 방안에 대하여 토론해 보자.

3. 자녀의 행복지수를 높이기 위해 부모가 해야 할 일에 대하여 토론해 보자.

다양한 가족유형

Chapter 06

현대사회의 가정과 유아가 처한 상황에 따라 요구되는 부모의 역할은 중요하다. 이 장에서는 한부모가족, 재혼가족, 다문화가족, 특수아가족, 맞벌이가족, 조손가족 등을 중심으로 다양한 가족형태에 따른 부모역할을 살펴보고자 한다.

1 한부모가족

한부모가족이란 부모 중 한쪽과 18세 이하의 자녀가 함께 사는 부모–자녀로 구성된 가정 혹은 '한쪽 부모와 요보호아동으로 구성된 가족'으로 정의되기도 하지만 한국여성개발원이 한부모가족에 대해 조사한 연구에서는 미국의 사회사업백과사전에서 규정하고 있는 정의의 골격을 받아들여 '부모 중 한쪽의 사망, 이혼, 유기, 별거로 인하여 편부 혹은 편모와 자녀로 이루어진 가족'으로 정의하고 있다(이원영 외, 2008).

이혼으로 인해 가족은 여러 가지 어려움에 직면하게 되며, 이러한 어려움은 가족 전체에게 영향을 주고, 자녀에게 고통스러운 경험이 된다. 부모의 이혼은 자녀에게 충격적인 일이고, 그 사실을 받아들이고 수용하여 건전한 발달을 하기까지는 상당한 시일이 걸린다. 이를 위해서 한부모가족의 어머니나 아버지는 자녀와의 관계를 재정립해야 하며 많은 노력을 해야 한다(송진숙 외, 2006).

1) 편모가족의 부모역할

이혼으로 증가하는 편모가족은 매년 증가하는 추세이며, 양부모가족에 비해 경제적으로 매우 어렵다. 편모들이 경험하는 가장 큰 문제는 경제적 문제이며, 이것은 여성의 소득 수준이 낮고 전 배우자로부터 양육비를 지원받지 못하기 때문이다.

특히 편모가족에 대한 시각은 결손가족, 비정상가족으로 인식하고 있어 자녀양육에 많은 어려움을 초래한다. 편모가 겪는 어려움은 부모역할 수행에 부정적인 영향을 미치고 자녀의 발달을 저해하기도 한다.

편모가족은 아버지가 수행했던 가족 기능을 부분적 혹은 전체적으로 가질 수 없어 다음과 같은 문제점을 극복해야 한다.

첫째, 경제적으로 어려워지는 점이다.

둘째, 부성실조가 가져오는 양육의 어려움이다. 일반적으로 남아가 여아보다 성역할을 학습하는 데 더 곤란을 겪게 되고, 부성실조 환경에서의 여아는 어른이 되어 남성과의 사랑을 발전시키는 데 장애를 겪거나 성에 대해서 자연스럽게 반응하지 못한다.

▶ 편모가족

2) 편부가족의 부모역할

편모가 주로 경제적 문제를 겪고 있다면, 편부는 경제적 문제 이외에도 가사일, 자녀양육 및 교육 등 적응하기 힘든 새로운 역할 때문에 오히려 더 큰 어려움을 가지고 있다. 편부가 겪는 가장 큰 문제는 자녀양육과 가사일이다.

편부가족에 대한 사회적 편견은 편부가정을 어렵게 하는 또 다른 원인이 된다. 편부가족을 비도덕적인 존재로 인식하는 현상은 편부들에게 심리적 압박감을 제공하게 된다. 그리하여 자녀들로 하여금 가족에 대한 수치심과 열등감을 주어 또래관계 형성에 영향을 미치게 된다.

▶ 편부가족

편부가정의 문제는 다음의 세 가지로 요약될 수 있다.

첫째, 편부가족도 경제적 어려움을 겪기 쉽다.

둘째, 가사와 가정관리가 제대로 되지 않아서 겪는 혼란은 가족의 기능을 현저히 떨어뜨리게 된다.

셋째, 편부가족은 심리적, 사회적으로 어려움을 겪게 된다. 자녀들은 가정에서 어머니에게 감정이나 애정표현을 자연스럽게 하는데, 어머니의 부재는 이러한 정서적 표현의 기회를 어렵게 한다.

한부모가족의 부모가 자녀양육 시 겪게 되는 이러한 어려움을 극복하기 위해서는 무엇보다도 한부모가족의 환경 속에서도 자녀가 긍정적으로 성장할 수 있도록 노력해야 할 것이다.

2 재혼가족

재혼은 이혼이나 사별로 전혼관계가 해체된 후 다른 혼인관계를 맺는 것으로, 재혼가족은 최소한 이전에 결혼한 적이 있는 한 명 이상의 배우자와 한 명 이상의 자녀들로 구성된다.

재혼가정 자녀들의 어려움은 다음과 같다(이재연 · 김경희, 1993).

첫째, 부모에 대한 충성심의 갈등을 해결해야 한다.

둘째, 확대된 친척과의 관계를 재정립해야 한다.

셋째, 계부모와의 애정적인 유대를 발전시켜야 한다.

넷째, 자기의 영역을 만들어야 한다.

다섯째, 의붓형제와 특권, 의무, 물건을 나누어야 한다.

여섯째, 떨어져 사는 부모와의 관계를 유지해야 한다.

일곱째, 떨어져 사는 부모와의 관계를 재정립해야 한다.

다음의 몇 가지는 새로운 가족 체계에서 자녀의 적응을 돕기 위해 고려해야 할 사항이다.

첫째, 자녀에 대한 비현실적인 기대를 하지 않는다. 자녀들이 새로 맞은 부모를 친부모처럼 사랑해줄 것을 기대하는 것은 현실적이지 못하다.

둘째, 자녀의 친부 혹은 친모에 대한 그리움을 이해하고, 계부모 역시 부모임을 인식하도록 돕는다.

셋째, 재혼부부는 서로의 자녀를 함께 양육한다는 각오를 해야 한다. 그러나 무엇보다도 배우자의 양육방법을 존중하고 지나친 간섭을 피한다.

계부모나 친부모 모두 노력한다면 자녀는 새 부모와 만족하고 즐거운 관계를 형성할 수 있을 것이다(송진숙 외, 2006).

1) 자녀의 적응시간 필요

자녀는 부모의 이혼에 대해 반항적이며, 부모의 재혼으로 새로운 가족체계를 형성하려는 부모의 노력에 저항하기 때문에 가족 관계 형성에 어려움이 있고 새로운 가족체계의 적응에 불협화음이 생길 수 있어 적응하는데 시간이 필요하다.

2) 신뢰 형성

계부모들은 자연스럽게 자녀와 감정적으로 통할 수 있도록 신뢰관계를 형성해야 한다.

3) 적절한 의붓 형제자매 관계

새로 형성된 형제자매 관계 속에서 서로 간에 문제나 갈등이 생길 수 있는데, 이때 함께 해결할 수 있는 기회를 주어 대화할 수 있도록 하는 것이 효과적인 방법이다.

4) 감정의 인정

재혼가족 초기의 생활을 자녀의 관점에서 볼 때 많은 변화와 상실에 대한 자녀의 혼란스러운 감정 반응을 이해해야 한다. 부모로부터 자신의 감정을 이해받지 못한 자녀는 분노와 우울을 느끼고, 부적응 행동 및 반항적 행동을 나타낸다.

재혼가족은 여러 가지 어려움을 가지고 있으므로 적절한 준비를 하는 것이 바람직하다.

첫째, 계부모가 될 사람이 어떤 사람인지 알 기회를 사전에 충분히 갖는다.

둘째, 현실적인 기대를 갖고 계부모는 친부모와 다르다는 것을 인정해야 한다.

셋째, 자녀들이 느끼는 불안, 상처, 분노의 감정을 이해해야 한다.

넷째, 친부모와 비교되는 것은 불가피한 일이므로 자신의 새로운 역할에

도전받을 각오를 해야 한다.

마지막으로 모든 가족과 마찬가지로 계부모 가족의 구성원도 각자 노력할 때 성공적이라는 사실을 명심해야 한다.

3 다문화가족

우리나라에서는 여전히 다문화가족을 취약 계층으로 규정하고 있다. 우리 민족의 우월성을 강조하고, 다른 문화에 대한 무시나 편견으로 그들을 우리 사회에 동화시켜야 하는 것으로 간주하고 있다. 이는 분명히 차이가 있는 다문화가족의 고유한 특성이나 다양성을 인정하지 않는 경향이다.

1) 우리나라 다문화가족의 특성

단일 민족의 나라라고 여겨왔던 우리나라는 이제 결혼, 이민, 이주노동자, 난민 등으로 다양한 국적을 가진 사람들이 유입되고 있으며 이들의 문화적 배경은 매우 다르다.

다문화가족의 자녀는 여성 결혼이민자의 자녀가 대부분을 차지하고 있으며, 조선족과 한족의 중국 출신이 가장 많고, 그 다음으로는 베트남, 일본, 필리핀의 순으로 이어지고 있다. 결혼이민자의 다문화가족 자녀는 전체의 64.5%이다.

이들 다문화가족에 대한 정부의 지원은 다양하게 이루어지고 있다. 다문화가족의 종합적 생활개선을 비롯하여 부모를 위한 한국적응지원, 부모역할 수행, 임신출산지원, 아동수당 및 보육료지원 등이 있다. 이뿐만 아니라 다문화가족의 자녀를 위해서는 언어 및 학습능력, 학력증진, 아동 인지능력 향상 서비스와 아동발달지원 서비스를 제공하고 있다.

2) 다문화가족의 자녀발달

유아의 인지발달은 유아 자신의 언어발달과 밀접하게 관련이 있다. 그러므로 일반 한국아동보다 다문화가족 아동의 언어발달이 지연되고 있는 현실에서 이들의 인지발달도 떨어지는 편이다. 자녀의 양육이 어머니에게 의존하는 비율이 높은 현실에서 한국어능력이 부족한 다문화가정의 어머니를 대상으로 부모교육의 필요성이 제기된다. 언어적 자극을 보완할 수 있는 상호작용의 방법이나 기술의 습득으로 다문화가족의 부모자녀관계를 증진시킬 수 있을 것이다.

다문화가족의 아이들은 외모나 피부색이 다르고 한국어의 구사능력을 제대로 습득하지 못해 의사소통을 위한 언어표현과 감정표현이 서툴 뿐만 아니라 행동에서도 차이가 있다. 다문화에 대한 인식이 부정적인 사회의 편견으로 자신이 다문화가족의 아이임을 감추고자 하여 소극적인 행동을 보이기도 한다. 그러므로 또래들과 활발히 어울리게 되는 아동기에는 따돌림을 받는 경우가 많고, 중도에 학교를 그만두는 경우도 있다. 사회에의 부적응과 정서적 갈등을 겪는 아이들은 사회·정서적 발달의 문제가 예상되고 있다.

국가 간의 인구 이동이 세계적 추세인 현대사회에서 다문화가족에 대한 인식과 태도도 달라져야 할 것이다. 선진국 중심의 문화에 대한 지향에서 벗어나고 모든 문화의 가치를 존중하는 사회가 되어야 할 것이다. 문화의 다양성을 인정하여 다문화가족에게 우리 문화로의 일방적 동화를 강조하는 차별적 태도는 사회적 갈등을 초래할 수도 있다는 것을 유념해야 할 것이다.

유아의 특성과 연령에 맞는 다양한 육아환경의 조성이야말로 개별화된 보육의 한 형태일 것이다. 우리나라는 빠른 속도로 세계화가 진행되고 있어 다문화에 대한 다양성을 수용해야 할 입장이다. 다문화가정의 유아들은 그들의 권리를 위해서도 아동중심적이면서 개별화된 보육이 필요하다(조복희 외, 2014).

4 특수아가족

아동의 어떤 장애나 문제의 유형과는 크게 상관없이 부모로서 해야 할 중요한 일 중의 하나는 자녀의 발달적 상황이나 속도, 행동특성에서 현저하게 지체되거나 장애가 되는 점은 없는지를 파악하는 일이다.

1) 지적 우수 아동의 부모역할

다른 아동보다 지적인 능력이 뛰어나다는 것은 정상적인 교육방법과 교과과정의 전개로 이들의 지적인 발달을 충분하게 지원해주기 어렵다는 점에서, 가정이나 학교에서 더 나아가 지역사회와 국가에서 특별한 지원 대책이 마련되어야 하는 것은 명백하다.

다음에서 지적으로 우수한 아동을 위한 부모의 역할을 살펴보기로 하겠다(이원영 외, 2008).

(1) 자녀의 지적 우수성을 있는 그대로 받아들인다.

자녀의 영재성을 있는 그대로 받아들이면서 일상적인 생활을 유지하도록 노력한다.

(2) 자녀들 간의 능력을 비교해서 언급하지 않는다.

자녀들 중에는 우수한 지능을 가진 자녀도 있지만, 그렇지 않은 정상적인 지능을 가진 자녀도 있음을 유념하도록 한다.

(3) 자녀의 우수한 지적 능력이 갑자기 모든 영역에서 나타나는 것은 아님을 유념하도록 한다.

영재아들 중에는 정상적인 지능을 가진 아동보다 유치원이나 학교에서의 과제나 학습에서 어떤 영역에서는 기대한 것에 못 미치는 경우가 있다.

(4) 우수한 지적 능력을 가진 자녀의 질문에 직접적인 대답을 하려고 하기보다는 문제해결을 함께 탐색하는 계기로 활용한다.

우수한 지적 능력을 가진 아동은 가끔 부모나 주위의 어른들이라도 쉽게 대답할 수 없는 수준의 질문을 해서 당황하게 만드는 수도 있다. 부모는 이러한 질문들을 아동이 가진 무한한 호기심과 폭넓은 흥미를 탐색하는 좋은 기회로 활용할 필요가 있다.

(5) 자녀의 지적 수준을 먼저 파악하고 그에 맞는 과제를 부과한다.

아무리 영재아라고 해도 발달과정에 있는 아동이므로 아동의 현재 능력 수준보다 지나치게 높고 어려운 과제는 아동에게 좌절감과 실패의 경험을 주게 된다.

(6) 자녀의 창의성을 길러 주기 위한 활동의 기회를 제공한다.

아동의 창의성을 기르기 위해서 가능하면 가정에서 게임, 각종 도서, 컴퓨터, 소프트웨어, 미술공예자료, 음악예술자료, 상상놀이자료, 운동놀이자료, 각종 놀잇감 등 다양하고 개방적인 자료를 풍부하게 제공해 주도록 한다.

(7) 자녀의 또래관계에 관심을 가진다.

우수한 지능을 가진 아동은 같은 연령의 또래들과 함께 상호작용하고 놀

수 있는 기회가 충분하지 못하다는 문제점을 가지고 있으므로 또래관계에 관심을 가져야 한다.

(8) 교사와의 긴밀한 협조를 유지한다.

어떤 분야에서 남들보다 뛰어난 능력을 가졌다는 사실이 아이를 힘들게 하는 경우가 있으므로 교사와의 긴밀한 협조가 필요하다.

2) 지적장애아의 부모역할

지적장애아의 부모들은 현저하게 심한 발달상의 지체가 없는 한 유아기에는 쉽게 지적장애를 파악하지 못하는 경우가 있다.

지능의 지체가 염색체 이상 등 유전적인 것일 수도 있고, 임신 중 태내 발달 과정에서 일어난 내·외적 문제로 인하여 발생된 것일 수도 있으며, 출생 후에 사고나 질병 등으로 인하여 뇌세포나 대뇌피질의 손상에서 비롯된 것일 수 있다. 그러나 중요한 것은 원인이 어떻든 간에 현재 아동의 인지능력에 결함이 생겨 정상적인 인지발달이 진행되지 못하고, 지적 기능이 지체되고 있다는 사실이다.

장애부모의 바람직한 태도는 다음과 같다(이경화 외, 2008).

첫째, 부모는 가능한 빨리 전문가와 상담하고, 전문가의 진단결과에 따른다.

둘째, 부모는 죄책감이나 수치심에서 해방되어야 한다.

셋째, 부모뿐 아니라 모든 가족의 태도가 일관성이 있어야 한다.

넷째, 항상 애정으로 대하지만 익애는 금물이다.

다섯째, 부모는 인내심으로 장애자녀를 대해야 한다.

여섯째, 자녀를 위해서 무엇을 해야 할 것인가를 생각해야 한다.

지적장애아를 둔 부모는 다음과 같이 부모역할을 할 때 보다 긍정적인 효과를 기대할 수 있을 것이다(Raver, 1999).

(1) 지적장애 자녀를 위한 가장 기본적인 학습목표는 자조능력을 기르는 것으로 한다.

아동이 일정한 연령이 되면 가능한 한 대소변을 가리거나 혼자 식사를 하고 옷을 갈아입는 등의 자조능력을 갖춤으로써 스스로 자기를 보살필 수 있는 능력을 키우는 것은, 앞으로 아동이 독립적인 인간으로서 자립할 수 있게 하는 기초가 된다. 따라서 부모는 자녀의 역량과 발달 단계를 고려하여 발달수준에 맞게 간단하고 구체적이며 반복적인 방법으로 자조능력을 점진적으로 도입하여 익히도록 돕는다.

(2) 부모는 지적장애 자녀가 관심과 흥미를 보이는 사물이나 활동에 민감하게 반응을 보이고 이를 자녀와의 상호작용의 기회로 활용한다.

언어적 소통이 아직 발달되지 않은 지적장애 아동은 관심을 가지는 사물이나 활동이 있으면 울음이나 다른 신체적 방법들을 통해 흥미의 표현을 하는 것을 보게 된다. 이것은 관심이 있다는 신호인데, 이러한 신호를 면밀하게 관찰하여 부모도 같이 손으로 두드리거나 그 물건에 대하여 이야기를 해준다면 아이와 부모 간의 상호작용의 기회가 될 것이다.

(3) 부모는 지적장애 자녀의 언어능력을 증진시키도록 도와주어야 한다.

지적장애 아동의 언어발달은 느리지만 진행된다는 확신을 가지고 일상생활 속에서 자연스럽게 아동의 언어능력 증진에 힘을 기울인다. 언제나 아동의 언어적 표현이나 응답이 어휘나 발음이 정확하지 않아도 어떤 형태로든 나오기를 기다린다. 차츰 단어의 수와 질을 높여서 언어를 사용하도록 돕는다.

(4) 하루의 일과를 정해서 아동이 예측 가능하도록 하고 가능한 한 급속한 일과의 변화나 가감을 최소한으로 한다.

정해진 일과가 반복적으로 진행될 때 지적장애 아동들은 정서적으로 안정감을 가지고 일과를 잘해낸다. 갑자기 일과가 변하거나 변동이 일어날 때 아동은 재빨리 적응하지 못하고, 거부감을 가지고 저항하거나 고집스런 문제행동을 보이기 쉽다.

(5) 한 가지씩 과제를 반복해서 학습할 수 있는 기회를 마련해 준다.

단순한 규칙이나 과제일지라도 반복해서 여러 번 가르쳐 주어 아동이 확실히 이해할 수 있을 때까지 계속해서 학습하게 하며, 한 가지 과제를 완성하도록 충분한 시간적 여유를 준다. 여기에는 부모의 인내심을 무한히 필요로 함이 명백한 사실이다.

(6) 성공적인 경험을 가능하면 많이 가지도록 한다.

지적 발달이 지체되어 있는 자녀의 심리적 안정감을 위하여 가능한 성공적인 경험을 많이 가지도록 기회를 제공한다. 이를 위해서 배워야 할 학습과제와 지도방법을 특별히 자녀의 수준에 알맞게 마련한다. 학습에 사용될 자료는 딱딱하게 정해진 틀에 맞춘 교재보다는 주위 환경에서 흔히 대할 수 있는 익숙한 자료나 놀잇감을 활용하여 자녀가 자연스럽고 재미있게 활동을 하도록 한다. 이러한 경험은 아동의 긍정적인 자아개념을 발달시키는 데 도움이 된다.

근래에 이르러서는 심한 중복장애가 있지 않는 한, 그리고 다른 특수시설을 필요로 하지 않는 한 정상아들과 함께 유치원 생활을 하는 것이 대체로 권장되고 있다. 경도급의 지적장애가 있는 아동이라면 정상적인 유아교육기관에서 교육을 받을 수 있도록 교육기관과 부모 간의 긴밀한 협조를 통해 배려할 필요가 있다.

3) 자폐증아동의 부모역할

(1) 자폐증의 특성

자폐증아동들의 증상은 대체로 다음과 같다(김명희, 1998).

첫째, 사회적 특성으로 친구들에게 관심이 전혀 없거나 매우 적다.

둘째, 다른 사람과 함께 어울려서 하는 집단 활동에 참여하지 않는다.

셋째, 눈을 마주 바라보는 것을 기피한다.

넷째, 낯익고 친근한 사람에게도 미소를 짓지 않는다.

다섯째, 가족이나 타인이 옆에 있어도 전혀 의식하지 않는 것처럼 보인다.

(2) 자폐증아동의 부모역할

자폐증은 그 증상이 완전히 없어지도록 만드는 특수요법이나 치료방법이 아직은 없다고 보는 것이 일반적인 견해이다. 이들을 위한 치료적인 원칙을 고려하면서 부모가 할 수 있는 역할을 제안하면 다음과 같다(강문희, 1997).

첫째, 각 전문가들의 도움을 적극적으로 모색한다. 자폐증은 발달 전반에 걸친 장애를 가지고 있으므로 의학, 교육, 심리, 사회, 가정, 언어치료 등 다방면의 도움이 필요하다.

둘째, 자녀의 자폐 성향에 대한 진단을 전문기관을 통해 받도록 한다. 교육과 치료를 시작하기 전에 정확한 진단과 교육적인 평가는 필수적이라고 해도 과언이 아니다.

셋째, 치료에 있어서 제일 중요한 것은 조기발견과 조기치료이다. 따라서 부모와 교사 간의 긴밀한 협조는 자폐아의 조기발견에서부터 시작된다고 할 수 있다.

넷째, 자폐성향을 보이는 자녀의 강점을 발견하고 이를 발전시키는 데 적극적으로 돕는다. 자폐 성향의 자녀에게 아동이 수용할 수 있는 범위에서 가능한 한 많은 자극을 주고 자폐적인 세계에서 끄집어내어 인간과의 접촉을 갖도록 하고, 교육적인 경험을 많이 쌓도록 도와주는 것이 중요하다. 자폐아가 보이는 대인관계 장애를 극복하도록 하기 위해 일대 일의 관계에서 부모는 놀이나 신체적 접촉, 눈과 눈의 접촉 등 적극적인 접근을 통해 대인관계 장애의 벽을 깨는 데 도움을 줄 수 있다.

마지막으로 정상아동과의 접촉을 많이 가지도록 한다.

5 맞벌이가족

맞벌이가족은 결혼한 부부가 모두 직업을 가진 경우를 말하며, 부부가 함께 경제활동을 한다는 면에서 기능적인 측면이나 가족관계 측면에서 여러 가지 새로운 특성을 보인다.

젊은 부부들은 두 사람 모두 직장에서 성공하고 싶어한다. 경제적인 안정, 자아성취, 남편이나 가족이 원해서, 집에서 있는 것이 싫어서 등의 이유로 맞벌이를 선호하지만 가사 분담이나 육아 등 해결해야 할 문제가 많이 있다.

직업을 가진 어머니는 자신의 부재 동안 자녀를 양육할 사람이 필요하다. 양육을 도와 줄 사람을 구하거나 적절한 어린이집을 이용한다. 자녀 양육의 어려움 외에도 취업모들은 직장에서의 직무 이행과 가정 내 역할 수행의 이중 부담, 가족원과의 상호작용의 부족에 따른 가족관계 문제 등을 지니고 있다. 그리하여 직업을 가진 어머니의 자녀는 정상적인 발달을 기대할 수 없다고 가정한다. 어머니의 부재는 자녀에게 정서적 불안정, 성역할 동일시 형성의 문제, 형제 간의 경쟁 등을 야기할 수 있다는 것을 문제점으로 보고 있다.

취업모는 자녀와의 분리를 이해하고 심리적 안정을 줄 수 있도록 주어진 시간에는 질 높은 상호작용을 해야 할 것이다. 상호작용의 양도 부족할 수 있으므로 자녀와의 안정된 애착을 형성하기 위해서는 섬세한 배려가 필요하다.

▲ 맞벌이가족

어머니의 취업은 여자 아이에게는 긍정적이지만, 남자 아이에게는 부정적이라는 것이 보고되고 있다. 아들은 어머니를 덜 따뜻하고 비애정적인 것으로 인지하는 반면, 아버지를 애정적이고 표현적인 존재로 인식하는, 지금까지의 아버지·어머니에 대한 전통적 개념과 반대로 보는 것으로 나타났다. 그렇지만 어머니의 취업은 딸에게는 긍정적 자아개념 형성에 도움이 될 뿐 아니라, 평등주의적 성역할 개념 획득에 기여한다고 보고 있다. 그들은 사회적 활동이나 직업 등에 과거의 고정적 성 구분을 탈피하여 덜 구분화된 관념을 지니며, 의욕적인 태도와 성취지향적 행동을 보여 사회적 적응을 잘한다고 하였다. 직업을 가진 어머니의 딸은 여성도 유능한 존재로 인정될 수 있다고 보기 때문에, 여성은 가정에 안주해야 된다고 한정시키지 않고, 외부 세계에 적극적으로 참여할 수 있다고 보아 그들의 활동영역을 넓혀 주게 된다.

자녀의 인지발달에 어머니의 직업 유무 자체보다는 가정의 사회경제적 지위가 더 큰 변수로 작용하는 것으로 간주된다. 전문직을 가진 어머니의 가정은 질높은 문화적 환경이 마련되고 학업성취에 대한 기대도 높을 것이지만, 반대로 저소득 계층에서는 어머니의 취업과 관계없이 유아의 인지발달을 도울 수 있는 가정환경이 조성될 수 없을 것이다. 종합하여 볼 때 어머니의 직업 유무보다 가정 환경이나 어머니의 취업에 대한 태도 등 다른 변인이 자녀의 인지발달에 많은 관련이 있는 것으로 볼 수 있다(조복희 외, 2014).

특히 밤늦게까지 직장 일을 하는 부모들은 자녀와 상호작용을 할 수 없는 심각한 어려움이 있다. 부모와 함께 있는 시간이 부족해 자녀가 정서 결핍증에 걸리고 성격이 나빠지는 등 부정적인 영향을 받게 될 확률이 높다.

대부분의 맞벌이가족은 자녀를 돌보아 줄 대리양육자를 구하든지 종일제 유치원이나 어린이집에 보내야 하는데, 이때 유의해야 할 점은 보육 프로그램과 교사들의 질적 수준이다.

실바 등(Sylva et al., 2007)의 연구결과에 의하면 질적 수준이 높은 영유아교육기관에서의 경험은 이후 초등학교에서의 적응과 학업성취도에 긍정적인 영향을 미치는 것으로 나타났다.

맞벌이부모들의 가정에서 양육을 위해 고려해야 할 사항들은 다음과 같다.

첫째, 자녀와 함께 할 시간의 양을 최대한 확보하고 질적인 상호작용을 하려고 노력한다. 짧은 시간이나마 자녀와 하루 일과를 주제로 대화하는 시간을 갖고 자녀의 삶을 공유하려는 마음가짐을 갖는 것은 매우 중요하다. 직장에서는 직장 일에 전념하지만 일단 가정에 돌아오면 전적으로 자녀들에게 관심을 주어야 한다.

둘째, 질적으로 좋은 대리양육자를 확보해야 한다. 맞벌이부모 대신 자녀들을 무조건적인 사랑과 관심으로 돌봐 줄 수 있는 대리양육자를 확보해야 한다. 영유아들은 성장하는 동안 되도록 많은 사람들로부터 사랑과 관심을 받을 수 있어야 잘 성장한다. 주변의 가까운 가족-친할아버지, 친할머니, 외할머니, 외할아버지, 고모, 이모, 삼촌 등 가족-중 누군가가 자녀를 돌본다면 가장 바람직할 것이다. 그러나 조부모들은 체력이 약하므로 가사도우미를 고용해 함께 돌보도록 배려한다.

셋째, 죄책감을 느껴 물질적 보상을 하지 않는다. 맞벌이부부들은 자녀와 전적으로 함께 하지 못한다는 죄책감 때문에 퇴근 후 자녀의 요구를 모두 들어주기 쉽다. 이런 태도는 자녀를 버릇없이 키우게 된다. 진정으로 자녀가 필요로 하는 것은 부모 자신임을 항상 기억해야 한다.

넷째, 부부 두 사람이 공평하게 가사노동을 분담하여 자녀양육에 할애할 시간을 늘린다. 남편의 가사노동 분담은 아내를 돕는다는 목적보다는 영유아기 자녀들과 함께 지낼 수 있는 시간을 더 많이 갖기 위해서라는 목적으로 접근해야 한다. 정부와 지방자치단체는 인적 자원 양성의 차원에서 양질의 가사도우미를 교육하고, 종일제 유치원과 어린이집 등을 확대해야 할 것이다.

6 조손가족

조손가족이란 부모의 맞벌이·이혼·가출·약물중독·질병·사망 등으로 조부모가 손자녀 양육의 일차적 책임자가 되어 손자녀와 동거하는 가족 형태를 말한다(이원영 외, 2008).

조부모가 한 가정 내에서 같이 살게 되면 그 손자녀는 핵가족에서와는 다른 경험을 하게 된다. 이렇게 다른 경험은 아동의 여러 발달에 영향을 주게 되는데, 긍정적인 측면과 부정적인 측면이 있다. 먼저 대가족이 손자녀에게는 여러 가지로 유리한 환경이 된다는 이유를 다음과 같이 들 수 있다. 첫째, 부모는 육아에 대한 정보를 쉽게 얻을 수 있어 손자녀의 질병과 사고에 즉각 대비할 수 있다. 그뿐만 아니라 부모의 역할을 보충해 줄 수 있고 오랜 경험을 통해서 얻은 지혜로 부모에게 도움을 줄 수 있다. 둘째, 혈연으로 맺어진 조부모와의 긴밀한 관계에서 정서적 안정감을 얻을 수 있다. 셋째, 여러 명의 성인 가족과의 접촉은 많은 지적 자극제로 볼 수 있다. 넷째, 가장 오래된 사회를 경험한 조부모 세대는 문화적 전승을 할 수 있다. 이와 같은 이유로 가정 내에서 조부모의 존재는 손자녀에게 좋은 영향을 준다(조복희 외, 2014).

이와는 반대로 조부모와의 동거는 손자녀에게 바람직하지 않은 결과를 초래한다는 견해도 있다. 조부모 세대와 부모 세대의 양육방법의 차이로 두 세대에 의해 자란 손자녀는 갈등을 겪고, 조부모 세대의 강요된 권위 또는 반대로 과잉보호적인 태도가 손자녀로 하여금 사회에의 적응을 힘들게 한다고 보기도 한다. 그뿐만 아니라 조부모는 자녀를 기를 때와는 달리 손자녀에게 따뜻하고 애정적으로 대한다. 이런 무조건적인 사랑이 손자녀에게 의존적인 행동을 습득하게

▶ 조손가족

하여 독립성이 낮은 것이 커다란 단점이다.

따라서 조부모에게 자녀를 맡겨야 하는 부모들은 다음과 같은 점을 고려하여 자녀의 발달에 긍정적인 영향을 주도록 배려해야 한다(이원영 외, 2008).

첫째, 조부모가 자녀를 돌봄으로 인해 희생하는 것을 기억한다.

둘째, 친부모가 양육의 책임자임을 기억해야 한다.

셋째, 조부모의 양육태도와 훈육방식이 부모와 맞지 않는 것은 자녀에게 혼란을 가져올 수 있다.

연습문제

1. 한부모가족의 유형에 따른 부모역할의 차이점을 설명하시오.

2. 재혼가족의 어려움을 살펴보고, 그 해결방안을 제시하시오.

3. 맞벌이가족의 부모들이 자녀양육 시 유의해야 할 사항에 대해 설명하시오.

토의 〈생각해보기〉

1. 장애자녀를 둔 가정의 부모역할을 지원하기 위한 방법에 대하여 토론해 보자.

2. 가족유형이 자녀에게 미치는 부정적인 영향을 최소화하기 위한 방안에 대하여 토론해 보자.

3. 다문화가족의 어려움에 대한 바람직한 해결방안에 대하여 토론해 보자.

Part 03

예비부모역할:
좋은 부모가 되고 싶어요!

Chapter 07

영아발달과 부모역할

영아기는 출생 후 만 2세까지를 이르고, 출생 후 첫 1개월은 신생아기라고 한다. 이 기간은 짧은 기간임에도 독립된 개체로서의 시작이라는 점과 새로운 환경에 적응하는 시기이므로 중요한 의미를 갖는다.

영아기는 발달이 인간발달의 여러 측면에서 급속하게 이루어진다. 일어나 서고 뛰어다닐 수 있을 만큼 신체가 발달하고, 단어를 사용하여 의사소통이 가능할 정도로 언어능력도 발달한다. 부모와의 애착형성을 통해 이후 사회성 발달이 이루어지고, 여러 감각기관의 자극을 통해 인지발달을 촉진시켜야 하는 시기이다.

이 장에서는 출생부터 한 달까지의 신생아기와 생후 한 달부터 만 2세까지로 구분해 각 시기의 발달적 특징 및 영아기의 부모역할에 관해 살펴보고자 한다.

1 신생아기의 발달적 특징

신생아기는 출생 후 첫 한 달을 말하고, 탯줄이 끊어진 후부터 배꼽이 아물 때까지이다. 매우 짧은 기간이지만 독립된 개체로서의 시작이라는 점과 호흡, 체온조절, 영양섭취, 배설 등 새로운 환경에 생리적으로 적응해야 하는 의미 있는 시간이다. 부모는 신체적으로 미성숙한 신생아를 돌보는 데 매우 세심한 배려와 주의가 필요하다.

1) 신체적 특징

신생아의 체중은 출생 시 남아가 평균 3.4kg, 여아가 평균 3.3kg이고, 신장은 약 50cm이다. 신생아의 피부는 붉은색을 띠고 쭈글쭈글하며, 끈적끈적한 태지로 덮여있다. 몸 전체가 솜털로 덮여 있다가 몇 주 후 점차 없어지고, 생후 3~4일경에 나타나는 신생아황달도 1주일이 지나면 사라진다.

두뇌발달은 신생아기에 급격히 이루어진다. 출생 시 뇌의 무게는 300~400g으로 성인의 25% 정도에 불과하나 생후 6개월에는 거의 50%에 달하고, 2세가 되면 75%에 이른다. 태내부터 생후 2년간 두뇌세포가 가장 급격히 증가하여 두뇌발달의 급증기라 일컫는다. 뇌는 복잡한 구조로 되어 있어 영양, 경험 등의 외부 환경과 생리신경계의 쌍방향적 관계가 작용한다고 보고하고 있다(Morgan & Gibson, 1991).

신생아의 호흡, 맥박, 체온조절이나 수면과 같은 생리적 기능은 성인과 매우 다르게 나타나는데 특징을 살펴보면 다음과 같다(Berk, 1996).

첫째, 신생아의 호흡은 1분당 30~40회 정도로 빠른 편이며 복식호흡을 많이 한다. 재채기, 딸꾹질, 하품 등은 일종의 반사활동으로 생존에 중요한 역할을 한다. 신생아는 성인에 비해 심장 박동이 빠르다. 맥박은 1분에 120~160회 정도로 빠르고 불규칙적이다. 신생아의 체온은 성인보다 다소 높은 37~37.5℃로 체온을 조절할 수 있는 기능이 미숙하여 외부의 온도 변화에 영향을 받으므로 몸을 따뜻하게 유지시켜 주는 것이 필요하다.

둘째, 초유는 영양이 많을 뿐 아니라 병에 대한 면역체가 들어있고 태변의 배출을 도와주므로 가능한 먹이도록 한다. 모유는 신생아가 질병에 걸리지 않도록 면역체를 포함하고 영양학적으로도 우수할 뿐 아니라 밀접한 피부접촉을 통해 아기에게 심리적 안정감을 줄 수 있어 모유수유를 하는 것이 바람직하다.

셋째, 신생아의 수면 시간은 하루에 16~20시간 정도를 차지하고, 자랄

수록 수면시간은 짧아진다. 수면은 눈동자가 움직이는가에 따라 REM(Rapid Eye Movement)수면과 비REM(non-REM)수면으로 나누는데, 신생아는 REM수면이 거의 절반에 이른다. 출생 초기에 뇌의 미성숙과 이후의 빠른 성장으로 성인이 되면 REM수면은 20% 정도로 감소한다.

넷째, 신생아는 생후 1~2일경에 검푸른색을 띠거나 검은 황색의 태변을 보는데, 이는 신장 기능이 아직 완전하지 못하고 태중에서 손가락을 빨 때 마신 양수이다. 며칠 지나면 정상적으로 누른 변을 보게 되는데 모유 혹은 우유이냐에 따라 변의 색깔은 조금씩 다르고 횟수도 다르다.

2) 반사운동

신생아는 외부 사극에 대해 무의식적이고 자동적인 반응을 보이는데 이를 반사(reflex)라 한다. 반사행동은 신생아의 생존과 직결되는 생존반사와 인류의 진화과정으로 보이는 원시반사로 구분한다.

생존반사는 호흡반사(breathing reflex), 근원반사(rooting reflex), 빨기반사(sucking reflex), 삼키기반사(swallowing reflex), 눈깜박거리기반사(eye-blink reflex) 등이 있고, 신생아가 세상에 생존해 나갈 수 있는 기제로 볼 수 있다.

원시반사는 모로반사(Moro reflex), 파악반사(grasping reflex), 바빈스키반사(Babinski reflex), 걷기반사(stepping reflex), 수영반사(swimming reflex) 등으로 수개월 이내에 사라지는데, 이는 신경조직이 발달하기 때문이다. 신생아의 대뇌피질이 발달하면서 반사운동은 점차로 의식적이고 목적 있는 행동으로 나타나게 된다.

3) 감각기능

신생아의 감각기능은 주위 환경으로부터 주어진 여러 자극을 감각기관을 통해 받아들이는 것으로 태내기부터 다양한 자극에 의해 감각기관이 발달되어 있다.

(1) 촉각

신생아는 촉각을 통해 주위 환경을 많이 감지하는데 출생 이전부터 발달되어 있는 것으로 알려져 있다. 학자들은 피부접촉을 통한 자극은 아기의 성장에 필수적이고, 토닥거리기, 목욕시키기, 마사지 등은 피부자극을 촉진하여 신체 및 정서발달에 효과적이라 하였다.

(2) 청각

청각은 태내기부터 발달하는데, 소리를 탐지하는 능력은 출생 전부터 가능한 것으로 알려졌다. 신생아는 소리의 크기, 방향 및 빈도, 소리의 고저를 구별할 수 있고, 인간의 심장소리를 녹음한 테이프에 반응하기도 하였다(Bower, 1982; Santrock, 1995). 심장소리가 우는 아이를 멈추게 한 것으로 보아 신생아의 정서적 불안을 감소시키는 역할을 한 것으로 간주된다.

(3) 시각

신생아의 시각은 덜 발달된 상태로 태어나고 가장 늦게 발달하는 감각기관이다. 출생 후 물체에 초점을 맞추지 못하다가 첫 1~2주 이내에 시선을 고정시킬 수 있다. 볼 수 있는 범위도 한정되어 엄마가 아기를 안고 있을 때 안고 있는 사람의 얼굴을 볼 수 있는 20~25cm 떨어진 정도이다.

(4) 후각

후각은 잘 발달되어 있고 다양한 냄새도 식별할 수 있다. 신생아의 후각을 알아보는 실험에서 신생아는 냄새가 나는 방향으로 얼굴을 돌리고 맥박과 호흡은 느려지는 반면, 불쾌한 냄새에는 고개를 돌렸다(Brazelton, 1973). 또한 신생아는 엄마의 젖이 묻은 패드에 고개를 돌리는 반응을 나타냈는데, 이는 엄마의 젖 냄새를 알아차리는 것으로 보인다(MacFarlane, 1975).

(5) 미각

감각 중에서 출생 시 가장 발달되어 있는 것이 미각이다. 미각은 신생아뿐만 아니라 태내에서도 어느 정도 기능을 한다. 주로 단맛을 선호하고, 짠맛, 신맛, 쓴맛을 구별하며 2~3개월경에는 특정한 맛에 대한 기호가 생긴다(Rosenstein & Oster, 1988).

2 영아기의 발달적 특징

출생 후 신생아기를 지나 만 2세까지 해당하는 시기를 영아기라 하고, 이 시기에는 인간발달의 여러 영역에서 급속한 성장이 이루어진다. 영아기는 뛰어 다닐 수 있을 만큼 이동능력이 발달하고, 다른 사람과 의사소통이 가능할 정도로 언어능력도 발달한다. 여러 감각기관의 자극을 통해 인지발달을 촉진해야 하는 시기이고, 애착의 결정적 시기를 지나는 동안 사회정서능력이 발달한다.

1) 신체발달

영아기는 일생 중 신체의 성장이 가장 급속도로 이루어지는 시기로 신체의 기관이 양적으로 확대되고 구조가 정밀해지며 기능도 발달한다. 평균적으로 신생아의 키는 출생 시 약 50cm이고 체중은 약 3.3kg 정도인데, 생후 1년이 지나면 키는 출생 시의 1.5배, 몸무게는 3배 정도 늘어난다. 영아기의 신체발달은 이후 언어, 인지, 사회정서발달에 영향을 미치고, 두뇌발달도 급격히 이루어지는 것으로 알려졌다.

신체발달은 여러 요인에 의해 영향을 받는데 선천적으로 종족, 기후, 유전적 요인이 있을 수 있고, 어머니의 영양상태, 신생아의 성별, 출생순위, 영양상태, 질병 등 환경적 영향도 받을 수 있다. 영아기에는 신장과 체중, 근육

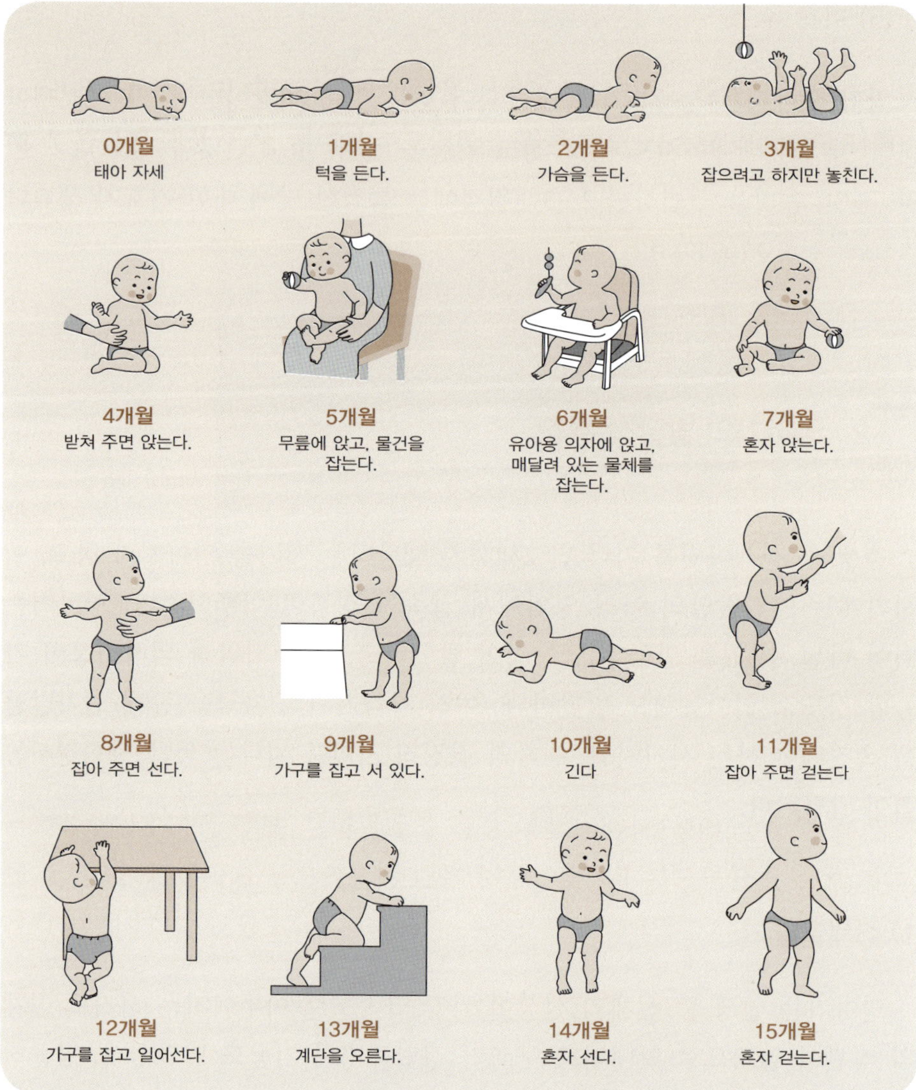

▶ 그림 7-1
운동기능의 발달 시기

과 골격, 뇌의 발달이 급격히 일어나는 시기로 제1성장 급등기라고 한다.

영아가 신체를 움직이기 시작하면 행동반경이 넓어지고, 호기심과 탐구심을 만족시킬 기회가 많아진다는 뜻이다. 시간이 지남에 따라 이동근육과 근육운동의 기능이 발달하는데, 새로운 형태의 기능적 특징을 보여주면서 영아기 운동발달의 지표가 되고, 신체 성숙도에 따라 개인차가 크게 나타난다. 운동기능의 발달은 두미발달의 원칙과 근원발달의 원칙을 따른다.

이동운동은 한 장소에서 몸을 사용하여 다른 장소로 이동하는 운동기능으로 기어가기, 걷기, 달리기 등이 속한다. 근육운동기능은 특정 운동에 사용되는 근육의 크기와 신체 부위에 따라 대근육운동과 소근육운동으로 나뉜다. 대근육운동은 팔, 다리, 몸통과 같은 대근육을 사용하는 운동으로 기기, 서기, 걷기, 뜀뛰기, 달리기, 공 던지기 등이 속한다. 소근육운동은 손가락으로 집기, 물건 잡기, 끼적거리기와 같이 몸의 소근육을 사용하는 운동이다.

생후 3개월까지는 물체를 눈으로만 보고 인식하다가 손을 사용하여 물체를 잡기 시작하면서 외부 세계와의 접촉이 시작된다. 물건을 손으로 잡고, 입으로 가져가고, 흔드는 것은 눈과 손의 협응이 가능한 것으로 인지능력의 발달을 뜻하기도 한다(Schaffer, 1990).

▶ 그림 7-2 손가락의 협응능력 발달

2) 인지발달

피아제(1960)는 영아기 인지발달의 첫 번째 단계를 감각운동기라 하고, 영아는 감각기능과 운동기능의 협응 과정을 통해 세상을 인식한다고 설명하였다. 이 시기에는 감각기관을 통해 받아들인 정보가 인지발달의 주요 내용이 되고, 만 2세 말경에는 기초적인 상징 형태의 인지과정으로 발달한다. 월령이 증가함에 따라 감각운동기를 여섯 단계로 세분화하면 다음과 같다.

(1) 반사운동기(reflex activity: 출생 ~ 1개월)

영아는 환경으로부터의 자극에 빨고, 울고, 큰 소리에 반응하는 등 자연적인 반사행동에 의존한다. 다양한 반사운동을 통해 외부세계를 이해하고 도식을 만들어 나가면서 주위 환경에 적응하는 시기이다.

(2) 일차 순환반응기(primary circular reactions: 1 ~ 4개월)

'순환반응'이란 영아가 우연한 행동을 통해 흥미 있는 행동을 반복하는 것으로 빨기, 잡기와 같은 감각운동의 반복을 의미한다. 영아의 흥미를 끄는 행동은 자신의 신체를 중심으로 반복해서 나타나는데, 예를 들어 엄지손가락을 빠는 행동은 우연히 시작했지만 재미있기 때문에 반복하는 것으로, 자신의 신체에 대한 탐구과정이며 이해과정이다.

(3) 이차 순환반응기(secondary circular reactions: 4 ~ 8개월)

이 단계는 자신의 신체에 한정된 순환반응이 아니라 외부에 있는 사건과 대상까지 확대된다. 한 예로, 영아가 우연히 딸랑이를 흔들어 소리가 났을 경우 즐거우면 반복하는데 활동이 일으킨 변화에 흥미를 느껴 반복한다. 즉, 딸랑이를 흔들어 나는 소리에 관심이 있는 것이다.

(4) 이차 순환반응의 협응기(coordination of secondary circular reactions: 8 ~ 12개월)

영아가 자신의 목표를 달성하기 위해 두 가지 행동을 협응하는 단계로 수단이 되는 여러 도식을 새로운 상황에 사용하게 된다. 예를 들어, 장난감을 꺼내기 위해 막대기를 사용하는 영아의 행동은 의도적이며 목표 성취를 위해 기존의 도식을 협응시키는 단계이다.

(5) 삼차 순환반응기(tertiary circular reactions: 12 ~ 18개월)

일차 순환반응은 흥미를 끄는 단순한 행동을 반복하는 단계이고, 이차 순환반응은 이전에 만족했던 행위를 목적을 갖고 반복하는 것이다. 삼차 순환반응은 단순한 목적을 지닌 반복이 아니라 새로운 행동이 어떤 결과를 가져올 것인지 다양하게 시도해 보는 실험적 사고에 열중한다. 이러한 시도를 피아제는 인간이 지니고 있는 선천적인 호기심 또는 새로운 것에 대한 흥미의 시작으로 보았다.

(6) 정신적 표상(mental representation: 18 ~ 24개월)

영아는 문제를 해결하기 위해 눈에 보이는 물체뿐만 아니라 상징이나 이미지를 인지적으로 조합하는 단계이다. 눈앞에 없는 사물이나 사건을 머릿속에 그려내기 시작하고, 행동을 하기 전에 생각을 한 후 행동한다.

감각운동기에 영아가 획득하는 중요한 개념 중의 하나가 대상영속성(object permanence)이다. 사물이나 대상이 눈앞에 보이지 않아도 계속 존재한다는 것을 아는 것으로 대상영속성의 발달은 영아가 회상하고 기억할 수 있다는 능력을 나타낸다. 인지발달과 병행하여 발달하는 대상영속성의 개념을 획득하려면 자신과 주변 세계가 물리적으로 분리된 독립된 존재라는 사고를 할 수 있어야만 한다. 영아기에 점차로 대상영속성의 개념이 나타나기 시작하여 18개월경에는 표상능력이 발달하고 상징을 통한 사고의 단계로 발달한다.

3) 언어발달

영아기 초기의 의사소통은 출생 시 울음으로 시작하여 만 2세경에는 두 단어를 사용하고 약 200개 정도의 어휘를 구사하게 된다. 단어와 문장을 습득하는 시기에는 개인차가 있지만 대부분의 영유아들은 동일한 발달 단계를 거치면서 언어를 획득한다. 생후 1년까지는 최초의 어휘를 사용할 수 있는 시기로 언어 이전 단계에 해당하고, 언어 이후의 단계는 한 단어, 두 단어, 첫 문장을 시작하는 단계로 구분한다.

아기가 처음 내는 소리는 울음으로 자신의 의사를 전달할 수 있는 유일한 의사소통 방법이다. 출생 후 초기의 울음은 왜 우는지 이유를 알 수 없는 미분화된 울음이었다가, 점차 분화하기 시작하여 영아의 울음 패턴이나 지속시간 등으로 양육자에게 의사를 전달한다. 생후 1주가 지난 신생아가 내는 울음에는 배고파서 우는 울음, 고통의 울음, 분노의 울음 등 세 종류가 있는 것으로 나타났다(Owens, 1993).

생후 3~5주가 되면 목을 울려 낮게 소리를 내는데 이를 쿠잉(cooing)이라 하고, 젖을 먹고 난 뒤 혹은 장난감을 쳐다볼 때와 같이 즐거운 경우에 소리를 낸다. 3개월이 되면 영아는 울음과 쿠잉을 통해 의사소통을 하고, 아기들의 소리에 양육자의 반응이 없으면 빈도가 줄어들게 된다.

4~5개월에는 옹알이(babbling)를 시작하는데, 자음과 모음을 합쳐 소리를 내는 것으로 같은 음절('마마', '바바')을 반복한다. 목과 혀, 입술을 움직여 내는 옹알이는 근육활동의 결과로 신체적 성숙으로 인해 나타난다. 아기의 옹알이에 엄마나 주변 사람들로부터 격려를 받으면 자라나면서 소리가 빈번해지고 다양해진다. 옹알이는 주위 사람들로부터의 강화를 통해 모국어를 습득하는 주요 기제로 작용한다. 옹알이는 생후 6~7개월에 절정기에 이르면서 자신의 소리를 모방하기 시작하고, 생후 9개월 정도에는 타인의 소리도 모방하게 된다.

영아가 내는 소리는 다양해지면서 인간이 내는 모든 소리를 낼 수 있을 정도로 발전하는 음소의 확장(phonetic expansion) 현상이 생후 6개월에서 12개월까지 나타난다. 또한 영아는 어느 나라 말이든 할 수 있는 잠재력이 있으나, 주변에서 모국어만 격려를 받게 되므로 그 문화권에서 사용하는 모국어의 음소만 발음하게 되는 음소의 축소(phonetic contraction) 현상이 일어난다.

생후 12개월 전후로 영아는 분명하게 이해할 수 있는 단어를 사용하는데, 한 개의 어휘로 하나의 구나 문장을 의미하여 한 단어 시기라고도 한다. 일반적으로 한 단어는 사물과 사건을 지칭하기도 하고, 기분을 나타내거나 요구 등을 표현하는 것으로 자음 하나와 모음 하나가 합쳐진 말의 반복이 대부분이다.

생후 1년에서 1년 반까지 영아가 획득하는 어휘 수는 12개월에 평균 10개이고, 20개월에는 50개 정도의 낱말을 표현한다. 그러다가 생후 1년 반에서 2년까지 어휘 수가 급격히 증가하여 200 단어 정도를 사용한다(Smith & Cowie, 1991).

영아는 24개월경에 두 단어를 사용하여 의사표현을 한다. 어휘 수가 50개 정도일 때 두 단어를 결합하는데, 초기에는 명사와 동사의 핵심적인 단어만 나열하여 전보식 언어(telegraphic speech)를 사용한다.

영아의 언어발달은 성별, 가정환경 및 사회경제적 수준 등 다양한 요인에 의해 영향을 받고, 개인차가 크게 나타난다. 양육을 주로 담당하는 부모 및 양육자는 영아의 언어발달에 결정적인 역할을 하므로 음성적 언어뿐만 아니라 비언어적 표현에도 적극적으로 모델링이 되어주는 것이 필요하다.

4) 사회정서발달

영유아들은 성장하면서 인지적 발달을 보일 뿐 아니라 자신의 감정을 표현하고 다른 사람과 관계도 맺는다. 각기 다른 기질적 특성도 나타내고 영아기에 주요한 사회적 발달인 애착도 형성한다.

(1) 정서의 발달

정서는 긍정적 정서와 부정적 정서로 나뉘는데 긍정적 정서에는 기쁨, 만족, 행복 등이 있고, 부정적 정서는 분노, 공포, 슬픔 등이 있다. 영아기 정서 발달에 관한 브릿지(Bridges, 1930)의 연구에 의하면 신생아는 제한된 정서만을 표현한다고 한다. 출생 시의 정서는 흥분 상태이던 것이 2~3개월경에는 쾌, 불쾌의 감정으로 나누어지다가 불쾌는 분노, 혐오, 공포의 감정으로 나누어지고, 쾌의 감정은 1년이 지날 때까지 지속된다. 성인에게 나타나는 대부분의 정서는 만 3세경에 보여진다.

영아기의 정서는 생존을 위한 방편이 되고 의사전달의 수단으로 보았다.

영아는 첫 돌 무렵에 자신의 부정적 정서를 감소시키는 정서조절 전략을 쓰기도 하고, 두 돌이 되면 언어를 사용하여 자신의 정서 상태를 표현한다(Santrock, 1995).

(2) 기질의 발달

영아는 출생 직후부터 정서적 표현에 개인차를 보이는데 이를 기질이라 한다. 기질을 형성하는 심리적 특성이 후에 아동과 성인기 성격의 토대가 되므로 영아의 경우 성격이라는 용어 대신에 기질이라는 용어를 사용한다. 기질이란 영아의 행동을 특징짓는 기본적인 반응 및 행동양식으로 활동수준, 사회성, 과민성과 같은 특성을 포함한다(Rothbart & Bates, 1998). 영아는 각기 다른 기질적 특성을 갖고 태어나므로 영아가 환경에 반응하고 느끼는 경향도 달라진다.

토마스와 체스(Thomas & Chess, 1977)는 기질을 구성하는 9가지 요인을 바탕으로 영아의 기질을 순한(easy) 영아, 까다로운(difficult) 영아, 반응이 느린(slow-to-warm-up) 영아의 세 가지 유형으로 구분하였다. 전체 연구대상의 40% 정도인 순한 영아는 잘 먹고, 잘 자고, 잘 배설한다. 새로운 환경의 변화나 자극에 쉽게 적응하고 안정적이며 긍정적인 정서를 유지한다. 까다로운 영아는 생리적인 기능이 불규칙하고 예민하며, 욕구좌절에 대해 자주 울거나 짜증을 내는 등 부정적인 정서를 나타낸다. 새로운 사람이나 상황에 적응하는 데 많은 시간이 필요하고, 약 10%의 영아가 여기에 속한다. 반응이 느린 영아는 새로운 환경이나 상황에 적응하는 속도가 느리고 수동적이며 소극적인 경향이 있다. 새로운 상황을 좋아하지 않으나 기회가 오면 흥미를 가지고 참여하고, 약 15% 정도의 영아가 여기에 해당한다.

(3) 애착의 발달

영아기에 나타나는 주요한 사회적 발달이 애착이다. 애착은 영아와 주 양육자(주로 어머니) 간에 강력한 정서적 유대관계를 맺는 것으로 인간관계의 기초가 시작된다.

영아가 처음 보내는 신호행동은 점차 복잡해지면서 특정 대상을 향해 선천적으로 하게 되는 사회행동으로 발전하고, 생후 1년 정도에는 애착행동으로 통합되어 나타난다.

어머니가 영아의 기본적 욕구를 충족시켜 주는 수유 행동을 하면서 미소 짓고 다정한 말과 함께 스킨십을 통해 영아와 애착을 형성한다고 보았다. 반면에 할로와 짐머만(Harlow & Zimmerman, 1959)의 원숭이 실험연구는 애착 연구에 새로운 입장을 제시하였다. 먹이가 나오는 철사로 만든 어미원숭이와 먹이가 나오지 않는 헝겊으로 만든 어미원숭이 사이에 새끼원숭이를 길렀더니 헝겊으로 된 어미원숭이와 애착현상을 나타내었다. 새끼원숭이가 헝겊의 어미원숭이와 가까이 하고 공포의 상황에서도 달려간 것은 수유가 애착형성에 결정적 요인이 아님을 시사하고 있다.

보울비(Bowlby, 1973)에 의하면 신생아는 성인에게 신호를 보내는 능력을 선천적으로 가지고 태어나 성인으로부터 양육과 사회적 반응을 이끌어내어 애착이 발달된다고 보았다. 애착이 부모자녀관계의 기본 특성이라는 보울비의 견해를 뒷받침하는 에인스워스(Ainsworth, 1983)는 개인의 애착을 평가할 수 있는 '낯선 상황' 실험을 개발하였다. 이 실험은 영아와 애착대상 간에 일련의 간단한 격리와 재결합 과정을 통해 애착관계의 안정성을 측정하는 절차로, 애착대상에 대한 영아의 반응에 따라 안정애착, 회피애착, 저항애착 등으로 분류하였다. 에인스워스의 전통적 애착연구에 따르면 어머니에 대한 영아의 안정애착이 65% 정도, 회피애착이 20% 정도, 저항애착이 10~15% 정도였다.

애착에서 영아에 대한 애착대상의 반응성과 민감성은 매우 중요한 요소로 작용한다(Thompson, 1998). 영아가 보내는 신호를 알아채어 민감하게 반응하면 애착대상과 영아는 안정적인 애착으로 발전하고, 반응에 민감하지 못하면 불안정한 애착관계가 된다. 영아는 애착대상과 안정적인 관계가 형성되어 있으면 안전기지로 삼아 주변 탐색활동을 하고 위험할 때는 피난처로 사용한다.

영아기에 형성된 애착은 이후의 인지발달과 사회정서발달에 중요한 영향을 미치는 것으로 나타났다(Schaffer, 1990; Thompson, 1998). 일반적으로 안정된 애착관계를 형성한 영아는 장난감을 가지고 놀거나 여러 물체를 관찰하면서 호기심을 충족시키지만, 그렇지 못한 영아는 정서적으로 불안하여 외부 세계에 대한 무관심으로 인지적 발달이 이루어지지 않았다. 또한 애착관계를 맺지 못한 영아는 유아기에도 정서적으로 불안을 보여 어릴 때의 애착은 이후에도 지속된다고 보고하고 있다.

영아는 친숙한 사람과 애착을 형성하기도 하지만, 낯선 사람에게는 불안해하고 두려운 반응을 나타낸다. 낯가림은 낯선 사람에 대한 반응이라기보다는 영아가 친숙해 있는 얼굴과 낯선 얼굴 간의 불일치에 대한 반응으로 볼 수 있다. 이러한 현상은 애착행동의 발달과 동시에 나타나는데, 생후 6~8개월 정도에 보이기 시작하여 첫 돌 전후에 최고조에 달했다가 점차 감소한다.

낯가림이 낯선 사람에 대한 불안에서 비롯되었다면 친숙한 사람과의 격리도 불안의 근원이 된다. 분리불안은 영아가 부모 혹은 애착을 느끼는 대상과 분리될 때 느끼는 불안으로 돌 전후에 나타났다가 20~24개월경에는 사라진다. 생후 1년이 지나면서 어머니 이외의 사람과 자주 접촉을 하게 되면 두려움도 없어지고, 애착관계가 형성된 사람과 일시적으로 격리되어도 고통 없이 받아들인다. 그러나 낯선 사람과의 과도한 접촉은 불안과 격리의 경험을 많이 하게 되어 사회적 행동에도 영향을 미칠 수 있다.

(4) 자아의 발달

신생아기를 지나면서 영아들은 주변 환경에 눈을 돌리기 시작한다. 주위를 살핀다는 의미는 자신과 주변 환경과의 차이를 인식한다는 말이다. 다른 사람의 존재를 깨닫는 것은 자신의 존재를 인식하게 되는 것이고, 자신의 존재를 인식함은 타인에 대해 안다는 의미이다(Hattie, 1992). 생후 1년 정도 지나면 자신과 타인에 대한 기초 개념을 획득하기 시작하여 만 2세 전후에는 “내 거” 혹은 “○ ○ ○”와 같이 자신의 이름을 말하는 자아개념이 뚜렷해진다.

에릭슨(Erikson, 1963)은 아동의 양육자와 맺는 초기 관계에 따라 전 생애의 사회·정서발달의 기초가 형성된다고 보았다. 생후 첫 해에 얻게 되는 신뢰감은 자신과 타인 또는 여러 가지 일에 대해 평생 동안 신뢰감의 기초가 된다. 영아가 배고플 때 수유해 주고, 불안해하면 안아주고, 기저귀가 젖었을 때 갈아주면 신뢰감은 발달된다. 아기가 필요로 하면 언제든 엄마가 온다는 믿음 하에 형성된 신뢰감은 자신과 외부 물체와의 관계를 파악하고, 주변 세계의 변화를 관찰할 수 있는 원동력이 된다. 이러한 신뢰감 형성을 통해서 외부 세계를 탐색할 수 있게 되고 외부 세계에 대한 인식은 자신을 인식하는 길이 된다(Shaffer, 1993).

영아는 첫 돌이 지나고 걷게 되면서 스스로 주변을 탐색하고 장난감과 같은 물체를 뜻대로 조작할 수 있게 되는데, 이때 자신의 의지에 따른 행동을 주위에서 격려해 주면 자율성을 얻는다.

영아와 어머니와의 관계가 자아에 대한 인식의 기초라고 설명한 말러(Mahler)는 영아가 생후 2개월부터 많은 시간을 보내는 엄마와 일체감을 느끼면서 공생(symbiosis) 단계의 자아인식이 시작된다고 보았다. 생후 4~5개월부터는 엄마의 품에 안겨 있으면서 주변 환경에 호기심을 보이고 기어다니기 시작하면서 적극적으로 탐색하고, 걷게 되면서부터는 분리–개별화(separation–individuation)의 단계가 일어난다. 이러한 과정을 통해 영아는 자신을 독립된 개체로 인식하고, 언어를 획득하면서 심상도 형성하게 된다. 에릭슨과 말러는 영아의 정서적 신호에 양육자가 민감하게 반응해야 한다고 강조하였고, 영아기에 형성된 신뢰감, 자율성 그리고 개별화 과정은 후기의 인성발달에 매우 중요하다고 하였다.

5) 영아기의 부모역할

자녀가 탄생하게 되면 결혼생활은 많은 변화가 일어난다. 태어난 아기를 돌봐야 하는 부모로서의 역할이 필요하고, 그동안 부부 간의 친밀감에 더해 부부와 아기 간의 새로운 적응이 이루어져야 한다. 영아기의 부모는 양육자의 역할, 기본적 애착과 신뢰감을 형성하는 역할, 상호작용자로서의 역할 등을 수행하는데 영아기의 발달에 기초하여 살펴보고자 한다.

(1) 양육자의 역할

신생아가 태어나면서 부모는 양육에 많은 시간과 에너지를 쏟게 되고, 이전에 경험해 보지 못했던 부모로서의 역할과 책임을 감당하게 된다. 전통적으로 자녀의 양육은 어머니의 역할로 인식되었으나 현대사회는 부모가 공동으로 육아를 담당하는 방향으로 변화해 가고 있다.

출생 직후 신생아는 무기력하여 성인에게 전적으로 의존해야 하면서 생존과 성장하는 데 양육자와 보호자의 역할은 절대적이라 할 수 있다. 또한 초기의 양육 과정에서 부모와 의사소통하고 신호를 보내는 상호작용은 얼마나 자주 일어나는가 하는 양적인 측면보다 어떻게 상호작용하는가 하는 질적인 측면이 더 중요하다. 특히 영아기 부모는 영아와 언어적 상호작용에 적극적으로 참여하고, 영아가 탐색하고 도전해볼 수 있는 안전한 환경을 조성해 줄 뿐 아니라 신체발달을 도와주는 조력자의 역할도 필요하다. 영아기는 감각을 통해 다양한 물리적 특성을 직접 경험하는 시기이므로 발달에 적합한 놀잇감을 제공해 주어야 한다.

(2) 애착과 신뢰감을 형성하는 역할

생후 1년간 영아의 정서가 분화되고 기본적인 신뢰감과 자율성이 형성되는 시기이다. 이 기간 동안 부모가 영아의 기본적 욕구와 정서 표현에 얼마나 즉각적이고 민감하게 반응을 보여주었는지 그리고 일관되게 따뜻한 상호작용을 해 주었는지 등이 매우 중요하게 작용하는 시기이다. 이를 통해 부모와 영아 간에 안정적 애착이 형성되고, 영아는 세상을 믿을 만하다고 여겨 신뢰감을 얻는다. 이에 반해 부모가 영아의 요구에 일관성 없는 태도로 대하게 되면, 영아는 자신과 타인에 대한 불신감을 갖게 되고 부정적인 감정과 세상에 대한 두려움을 표출하게 된다.

양육자에 대한 신뢰감의 형성은 영아가 사물이나 사건을 주어진 상황에서 해석하고 의미를 부여할 수 있는 예측능력이 발달하게 되고, 적극적으로 행동하는 능동적 존재로서의 의미를 갖게 한다. 이러한 예측능력은 영아가 자신에 대한 신뢰감을 형성하는 데 중요한 요인으로 작용하고, 부모는 수유, 놀이, 수면 등에 일관성 있게 영아를 돌보는 일이 필요하다.

(3) 상호작용자로서의 역할

부모와 영아는 상호작용하는 동안 긍정적이든, 부정적이든 서로 자극과 반응을 주고받는데 이를 통해 상호성이 형성된다. 신생아의 경우 울음과 미소, 옹알이 등으로 신호를 보내고 자신의 의사를 표현하면, 민감한 어머니는 자극에 반응하고 영아가 어떤 자극에 관심을 갖는지 반응의 단서를 찾으며 상호작용을 이어나간다. 영아는 어머니와 다른 사람이 나타내는 행동유형이 다르다는 것을 인지하면서 자신이 주변의 다른 사람과 분리된 존재임을 깨닫게 된다. 만일 어머니가 영아의 요구와 기분을 무시한 채 자신의 기준에 맞추어 영아를 훈육하고 가르치면 쌍방 간의 상호성은 저해된다.

영아기에는 운동능력, 언어인지능력, 사회성 등의 발달이 선행되어야 건강한 아이로 자랄 수 있다. 부모는 영아에게 흥미 있고, 호기심을 자극하는 환경을 제공하여 자기 주도적인 기회와 독립심을 기를 수 있도록 해야 한다. 영아와 양육자 간에 직접적인 상호작용을 이끌어 내도록 하고, 부모가 모델링의 역할로서 영아의 활동에 참여하는 것이 중요하다.

연습문제

1. 영아기가 갖는 중요한 의미를 설명하시오.

2. 영아기의 언어발달에 대해 설명하고, 이를 촉진시키기 위한 양육방법을 제시하시오.

3. 영아와 양육자 간에 기본적 신뢰감이 형성되기 위해 할 수 있는 것에 대해 말해 보시오.

토의 〈생각해보기〉

1. 신생아를 돌볼 때 가장 고려해야 할 부분에 대해 생각해 보자.

2. 영아의 건강한 발달에 애착이 얼마나 중요한지 토론해 보자.

3. 영아의 놀잇감으로 어떤 것들이 적당한지 의견을 나누어 보자.

유아발달과 부모역할

Chapter 08

만 2세부터 6세끼지의 시기를 유아기라 한다. 이 시기에는 영아기에 통통하던 아기 모습은 사라지고 어린이에 가까운 모습으로 변화해 간다. 영아기에 비해 유아기의 발달 속도는 완만해지지만 모든 영역의 발달이 계속해 일어난다. 신체적 성장과 함께 운동기능도 꾸준히 발달한다. 영아기에 주로 부모와 함께 하던 공생관계에서 발전하여 점차 주변 환경에 대한 탐색이 활발해지고, 어휘 수도 증가하여 다른 사람과의 의사소통도 활발하게 일어난다. 인지능력도 발달하며 눈앞에 보이지 않는 대상을 기억할 수 있는 표상능력과 상상력이 풍부해지는 시기로 유아들이 하는 모든 활동은 놀이가 된다. 유아기의 중요한 과업인 놀이는 성장과 발달에 영향을 미치는 중요한 요소이다. 이 장에서는 유아기의 발달적 특징 및 부모역할에 관해 살펴보고자 한다.

1 신체운동발달

1) 신체발달

유아기의 신체적 성장은 꾸준하고 느린 속도를 보인다. 영아기에 보였던 큰 머리와 통통한 얼굴, 불룩 나왔던 배가 들어가고 팔다리가 성장하면서 머리의 비율이 작아져 어른의 신체 비율과 비슷해진다. 유아기에는 신장과 체중이 꾸준하게 증가하는데, 매년 키는 5~7cm, 체중은 2~3kg씩 증가하여 6세 유아의 평균 신장은 115cm 정도, 체중은 20kg 정도에 달한다.

두뇌발달은 유아기에도 진행되어 3세경에는 성인 크기의 약 75% 정도 성장하고, 5세경에는 약 90% 정도까지 커진다. 체중은 비록 성인의 3분의 1 정도에 불과한데 비하여 두뇌발달은 급속하게 진행됨을 알 수 있다.

신체발달은 유전적 요인과 환경적 요인에 의해 영향을 받는다. 이 중에서 유전적 요인이 작용하는 신체 구조면에서 키, 골격구조, 근력, 감각기관의 예민도 등은 부모로부터 물려받는 것으로 알려져 있다(Schaffer, 1993).

유아들의 영양 섭취는 신체발달과 밀접하게 관련되어 있다. 이 시기에는 위의 크기가 성인의 절반 정도도 되지 않으므로 한 번에 많이 먹을 수 없어 자주 먹어야 한다. 유아기에 건강을 유지하고 골격의 성장을 촉진하기 위해서는 균형 잡힌 식사뿐만 아니라 규칙적인 생활습관을 지니도록 지도하는 것이 필요하다. 또한 유아들이 성장하면서 낮잠시간은 줄어들게 되지만 규칙적으로 수면을 취하도록 한다.

2) 운동발달

연령이 증가함에 따라 신체적 성장과 함께 운동능력도 꾸준히 발달한다. 첫 돌을 전후하여 걷기 시작한 후 유아기에는 달리기, 뛰기, 공 던지기, 자전거타기, 그네타기 등을 할 수 있다. 골격과 근육이 성숙함에 따라 유아들은 성인과 비슷하게 자유로이 몸을 움직이게 된다. 2세에 계단을 혼자 오르고, 3세에는 발끝으로 중심을 잡을 수 있으며 세발자전거도 탈 수 있다. 유아들은 달리거나 뛰는 자체에 흥미를 느끼지만, 처음에는 잘 달리지 못 하다가 6세경에는 안정된 자세로 달리게 되고, 공 던지기를 좋아하고 그네와 미끄럼틀 같은 놀이기구도 즐긴다.

유아의 운동발달은 영아와 비교하여 점차 빨라지고, 강해지고, 민첩해진다. 근육이 성숙하면서 힘이 강해지고, 유연성과 균형도 잘 유지한다. 영아기 때 성취한 신체적인 능력을 토대로 반복적으로 연습하는 활동을 통해 달리기, 뛰어 오르기 등 운동기술을 정교화시킨다.

유아기에는 달리기나 뜀뛰기와 같은 대근육운동뿐만 아니라 가위질하기, 색칠하기, 단추 끼우기 등과 같이 소근육을 사용하는 운동능력도 발달한다. 대근육과 소근육의 발달로 신체의 균형을 유지하고 협응력이 향상됨으로써 유아들은 긍정적인 자아개념을 형성하게 되고 또래와 사귀면서 사회성도 발달한다. 유아기의 신체적 특징과 운동능력이 중요한 역할을 하게 되면서 운동을 잘 하는 유아는 또래 간에 많은 인기를 얻고, 자신감도 갖게 되어 자아개념 형성과 친구관계에 영향을 미친다.

유아기에는 눈과 손의 협응이 잘 이루어져 일상생활에 필요한 여러 가지 행동을 할 수 있다. 2세에는 유리컵을 잡을 수 있고 크레용을 잡고 끼적거리다가, 3세에는 서툴지만 사각형을 따라 그릴 수 있고 던지는 공을 받기도 하며 단추를 풀기도 하고 신발을 벗을 수 있다. 4세는 혼자 옷을 입고 벗을 수 있고 종이에 그려진 선을 따라 가위를 사용하여 자르기도 하고, 5세는 단추를 잘 재우기까지 한다. 이러한 행동들은 사물을 먼저 인식한 후 반복적인 감각 경험을 통해 습득이 가능하다.

운동발달은 사춘기 이전까지 남아와 여아 간에 큰 차이는 없다. 여아의 경우 남아보다 키는 작지만 신체근육이 빨리 성숙하여 운동발달이 빠른 편이다. 그에 반해 남아는 공 던지기, 계단에서 뛰고 오르내리기와 같이 팔다

표 8-1 연령별 대근육운동과 소근육운동

연령	대근육운동	소근육운동
2세	한 계단에 한 걸음씩 해서 계단을 혼자서 오르내릴 수 있다. 공을 집어 던질 수 있다. 앞으로 큰 공을 찬다. 세발 자전거의 페달을 밟을 수 있다.	나사 모양의 장난감, 문고리, 수도꼭지 등을 기능에 따라 잘 조작한다.
2½세	발끝으로 걸을 수 있다. 한 발로 1초 동안 균형을 잡을 수 있다. 두 발로 뛸 수 있다. 옷 입는 것을 도울 수 있고, 옷을 혼자서 벗을 수 있다.	미숙하게 원을 그릴 수 있다. 종이에 수직선과 수평선을 모방할 수 있다.

연령	대근육운동	소근육운동
3세	자주 비틀거리거나 넘어지면서 달린다. 공을 잘 던질 수 있다. 발을 번갈아 가면서 계단을 오를 수 있다. 세발 자전거를 어려움 없이 탈 수 있다. 옷을 쉽게 입을 수 있으며, 혼자서 신발을 신을 수 있다.	앞단추를 풀 수 있다. 원을 따라 그린다.
3½세	속도를 줄이거나 내면서 달릴 수 있다. 발끝으로 중심을 잡을 수 있으며, 발끝으로 달릴 수 있다. 깨금발을 뛸 수 있다. 튀는 공을 잡을 수 있다.	미숙하게나마 사각형을 따라 그릴 수 있다. 가위를 사용할 수 있다. 간단한 퍼즐을 완성할 수 있다.
4세	4~8초 동안 한 발로 균형을 잡을 수 있다. 양발을 교대로 계단을 내려갈 수도 있다.	사각형을 그릴 수 있다. 앞단추를 채울 수 있다.
4½세	매우 잘 뛴다. 장애물 넘기를 할 수 있다. 신발끈의 매듭짓는 것을 제외하고 혼자 옷을 입을 수 있다.	삼각형을 알아볼 정도로 그릴 수 있다.
5세	두 손으로 잡는다. 공을 튀길 수 있으며, 잡을 수 있다. 줄넘기를 잘 할 수 있다.	단추를 잘 채울 수 있다.

리 근육을 사용하는 운동능력이 앞선다. 이러한 운동능력의 차이는 여아는 실내에서 하는 놀이를 즐겨하고, 남아는 밖에서 하는 놀이를 좋아하여 놀이활동에 차이를 나타낸다.

2 인지발달

유아기에는 기억력의 증가로 사고의 폭은 넓어지지만 논리적으로 조작이 되지 않는 전조작기의 특징을 보인다. 유아는 눈에 보이지 않는 대상이나 사건에 대해 정신적 표상을 할 수 있고, 상징을 사용할 수 있는 능력을 보인다. 언어가 상징적 표현의 수단이 되고, 이 시기에 습득하는 언어는 인지발달에 중요한 역할을 한다.

영아기의 감각운동기와 비교하여 유아기는 감각운동적 행위에 덜 의존하고, 눈 앞에 없는 것을 기억하는 표상이 나타나며 상징적으로 사고하는 능력도 증가한다.

2세가 되면 유아들은 전조작기 사고 단계로 들어가는데, 사고의 논리적 조작이 가능하지 않아 전조작기라 한다. '조작'이란 과거에 일어났던 사건을 내면화시켜 서로 관련지을 수 있는, 즉 논리적인 관계를 지을 수 있음을 뜻한다. 피아제는 전조작기를 전개념적 사고 단계(preconceptional stage)와 직관적 사고 단계(intuitive stage)로 나누었다. 2세부터 4세까지는 전개념적 사고 단계에 해당하고 조작적 사고가 거의 나타나지 않으나, 4세부터 7세까지는 직관적 사고 단계로 어느 정도 조작적 사고가 가능하다.

1) 전개념적 사고 단계

감각운동기의 영아는 이전에 본 것이나 들은 것을 머리 속에 떠올리지 못하지만 전개념적 사고 단계에 들어서면 물체의 모습이나 동작에 대한 이미지를 형성한다. 이 시기의 특징으로는 가상놀이, 자기중심적 사고(egocentrism), 물활론(animism) 등이 있다.

유아들은 언어를 습득하고 상상력이 풍부해지는 전조작기에 들어와 상징적 사고가 가능해지면서 가상놀이에 참여한다. 현실과 환상을 구분하기에는 아직 어리지만 가상의 사물이나 상황을 실제 사물이나 상황으로 상징화하는 놀이를 즐겨하는데 소꿉놀이, 병원놀이, 학교놀이 등이 예이다.

자아중심적 사고는 자신의 입장에서만 보고 판단하여 다른 사람의 입장을 고려하지 않는 것이다. 자기중심적 유아는 다른 사람도 자기와 같이 생각한다고 믿고 있으므로 타인의 관점이나 감정을 이해하지 못한다. 유아기의 자아중심성은 언어에도 나타나는데 자신이 하는 말을 상대방이 이해하거나 말거나 자신의 생각만을 전달하는 의사소통 방법이다. 대화를 나누는 상대방과 의사소통을 하기보다는 자기가 하고 싶은 말만 해 버리는 집단독

백의 형태가 많이 나타난다.

전조작기의 유아는 생명이 없는 대상에게 생명과 감정을 부여하는 물활론적 사고를 하는 것이 특징이다. 모든 사물은 인간과 같이 숨쉬고, 아픔을 느끼며, 자란다고 믿어 무생물과 생물의 구별을 하지 못한다. 인형에게 우유병을 갖다 주면서 배고플 것이라고 말하거나 가위로 종이를 자르면 종이가 아플 것이라는 생각이 물활론의 예이다.

연령이 증가하면서 물활론에 대한 반응도 달라지는데, 처음에는 모든 사물에 생명을 부여하다가 4세 이후에는 활동하는 것이나 인간에게 영향을 미치는 모든 사물에 생명이 있다고 믿는다. 6세경에는 움직이는 것에 생명을 부여하고, 8세 정도에는 스스로 움직이는 것, 실례로 구름과 태양에는 생명을 부여하지만 자동차는 스스로 움직이지 못하여 생명이 없다고 간주한다.

2) 직관적 사고 단계

유아들은 전조작기 후반에 사물을 직관적으로 판단한다. 사물이 갖고 있는 여러 속성 중에 가장 두드러진 속성을 바탕으로 사고하는 것을 의미한다. 유아의 판단은 직관에 의존하므로 전체와 부분의 관계를 파악할 수 없거나 형태나 색깔 등 한 가지 지각적 특성에 의해 좌우되는 사고 패턴을 보이며, 보존개념, 분류화, 서열화 등이 직관적 사고의 대표적 예이다.

피아제의 실험에서 널리 알려진 개념이 보존개념으로 사물의 외양이 바뀌어도 속성은 바뀌지 않는다는 것을 이해하는 능력이다. 전조작기의 유아는 물체에 대한 보존개념이 없다고 하여 양의 보존개념 실험은 잘 알려져 있다. 이 실험은 같은 크기와 모양의 A, B컵에 같은 양의 물을 붓고 유아에게 양이 같다는 것을 확인시킨 후 컵 하나의 물을 밑면적이 넓고 높이가 낮은 컵에 붓는다. 유아에게 어느 컵의 물이 많으냐고 물으면 대부분의 경우 폭이 좁은 컵의 물이 많다고 대답한다. 이는 물의 양에 대한 보존개념이 형성되지 않았다는 것을 말하고, 유아들이 물의 높이라는 속성에만 관심을 두기 때문이다.

수의 보존개념에 대한 실험으로는 두 줄의 사탕이 똑같다는 것을 확인시킨

후 한 줄의 사탕을 모아놓으면 유아들은 사탕의 개수가 달라진 것으로 생각한다. 이는 사탕을 어떻게 펼쳐 놓았는가에 따라 많게 혹은 적게 보여 개수가 다르다고 생각하는데, 수에 대한 보존개념이 형성되어 있지 않기 때문이다.

전조작기의 유아가 보존개념을 획득하지 못하는 이유는 중심화(centration) 현상으로 설명할 수 있다. 중심화란 유아가 사물이나 사건을 볼 때 관심이 한 측면으로만 집중되는 것을 말한다. 양의 보존개념에 관한 실험에서 유아는 밑면적이 좁고 높은 컵의 물이 많다고 대답하는 것은 컵의 물높이에만 관심을 두기 때문이고, 유아가 보기에 밑면적이 넓고 높이가 낮은 컵의 물의 양이 적어 보이는 것은 지각적 특성에 의해 판단하는 직관적 사고에서 비롯된다.

보존개념을 획득하는 연령은 과제의 종류에 따라 다르게 나타난다. **그림 8-1**은 여러 가지 보존개념에 관한 실험의 예이다. 수에 대한 보존개념은 5~6세, 길이의 보존개념은 6~7세, 무게, 액체, 질량, 면적의 보존개념은 7~8세, 부피의 보존개념은 11~12세에 얻어지는 것으로 보인다.

사물이나 사건을 일정한 규칙에 따라 분류하는 일은 논리적 사고를 할 수 있는 기초가 된다. 전조작기의 유아는 색깔과 크기가 다른 원형, 삼각형, 사각형의 물건 중에 여러 속성에 따라 분류하는 과제에 혼돈을 일으켜 정확하게 분류하지 못한다.

4~6세에는 부분적으로 분류를 하지만 기준이 명확하지 않고, 7~8세가 되어야 분류기준에 따라 정확하게 한다. 분류의 기준으로는 색깔을 먼저 사용하여 물체의 색깔에 따라 분류할 수 있다.

전조작기의 유아는 '전체'와 '부분'의 관계를 이해하는 능력이 부족하다. 한 예로 어른 2명과 자녀 3명으로 이루어진 가정의 유아에게 "너희 집에는 아이들이 많니? 사람이 많니?"라고 질문을 하면 "아이들이 많다"고 답한다. 이 시기의 유아들은 가족 전체의 일부에 아이들이 있다는 사실을 인지하지 못하기 때문이다.

전체나 부분과의 관계나 상위유목과 하위유목 간의 관계를 밝히는 유목포함(class inclusion) 연구에 대해 많은 학자들이 관심을 가졌다. 유목포함관계를 이해한다는 것은 논리적 사고가 가능하다는 말로 인지발달의 지표가 된

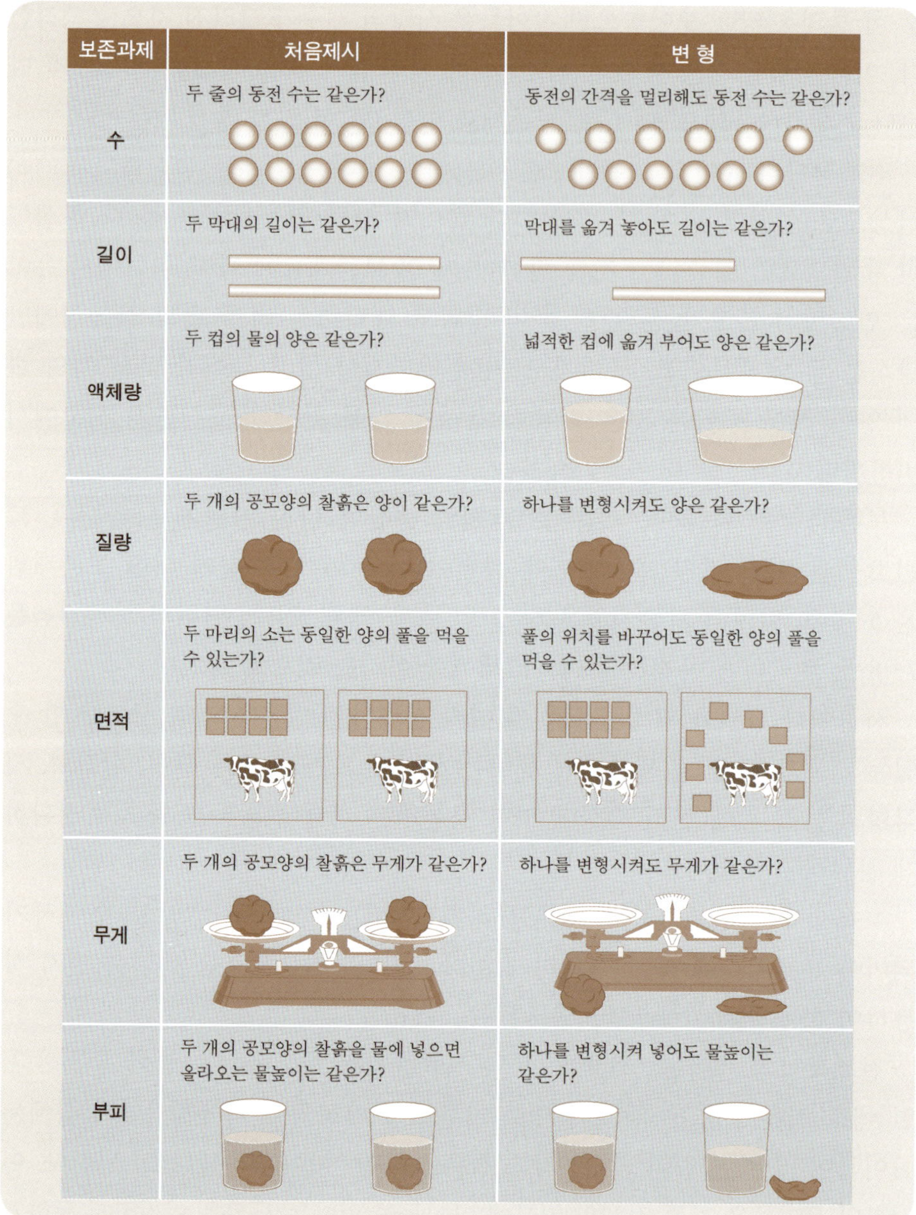

▶ 그림 8-1
보존개념

다. 유아들의 유목포함 수행능력은 연령이 증가함에 따라 잘 수행하는 것으로 나타났다.

유아들에게 길이가 다른 여러 개의 막대기를 주고 제일 긴 것 혹은 제일 짧은 것을 골라내게 하는 작업은 할 수 있으나, 길이에 따라 순서대로 나열하라고 하면 하지 못한다. 이 시기의 유아들은 한 막대기가 다른 막대기보다는 길지만, 동시에 그 막대기가 또 다른 막대기보다 짧다는 것을 사고하기 어렵다. 5~6세에는 여러 막대기를 일부분만 순서대로 배열하다가 구체적 조작기에 이르면 서열화의 개념을 완전하게 획득한다.

3 언어발달

유아기에는 어휘 수가 급격히 증가하고, 문법에 대한 규칙을 이해하여 정확한 문장을 사용하면서 다른 사람과 원활하게 의사소통할 수 있다. 유아기의 특성은 상상을 할 수 있는 사고의 발달이며 상징적 표현을 할 수 있는 언어발달이 급속하게 일어나고, 언어를 통해 타인과의 사회적 상호작용도 활발히 진행된다. 유아기의 시작인 2세에는 200단어 정도에 이르고, 이후 1년에 약 500~600개씩 어휘를 습득하여 6세경에는 2,000~2,500개의 단어를 알고 사용한다. 이는 유아의 인지적 성숙으로 인하여 사물을 범주화하는 능력이 발달하면서 어휘 수가 증가하는 것으로 알려져 있다(Goldfield & Reznick, 1990).

1) 유아어의 변화

유아의 연령이 증가함에 따라 어휘 수도 증가하지만 언어의 유형도 자기중심적 언어에서 사회화된 언어를 사용하기 시작한다. 영아기에는 “마마”, “빵빵”과 같이 의미 없는 낱말을 반복해서 말한다. 이후에는 남이 알아듣지 못하는 말로 독백 형태의 말을 하다가 둘 이상 있을 때 서로 대화하듯 얘기하지만, 의사소통의 형태라고 볼 수 없는 집단적 독백 등 자기중심적 언어는 4~5세 아동에게 나타나는 보편적 언어 형태이다.

언어가 가지는 사회적 의미를 이해함에 따라 유아들이 사용하는 자기중심적 언어는 줄어들고 다른 사람과 소통하면서 점차 사회화된 언어를 사용하기 시작한다. 언어의 사회적 기능이란 말하는 사람은 자기의 의사를 표현하고, 듣는 사람은 상대방이 말하는 것을 수용하는 것이다. 유아들은 언어를 통해 타인과 상호작용하고, 새로운 정보를 교환하고, 자신의 감정과 태도를 표현한다.

2) 유아어의 특징

유아기 초기에는 한 단어의 문장을 거쳐 명사와 동사를 나열하는 전문식 형태를 보이다가 2~3세경에는 세 단어 이상을 조합하여 문장을 말한다. 세 단어 문장을 사용하면서 문법적 형태소를 사용하기 시작하고, 이에 따라 전문식 표현은 감소하고 말의 길이가 길어진다.

유아는 언어의 문법적 규칙을 찾아내면 예외 없이 일괄적으로 적용하는 과잉일반화 현상을 보인다. 가장 빈번한 현상으로는 주격조사를 주격의 명사 형태와 상관없이 모든 경우에 일반화하여 사용하는 것이다. 예를 들어, '아빠가' '엄마가'에 붙이는 주격조사 '~가'를 모든 주격조사에 붙여 '신발이가 없어' '삼촌이가 줬어'라는 식으로 말을 한다. 영어에서도 유아들이 과거를 나타내는 「ed」를 모든 동사에 붙이는 과잉일반화 현상을 볼 수 있는데 "I goed to the school"이라고 말하는 예이다. 유아들이 언어의 세부 규칙을 완전히 파악하지 못해 과잉일반화가 일어나지만 유아가 성장하면 점차 올바른 표현을 사용하게 된다.

유아기에는 부정적인 개념을 표현할 때 단어나 구절 앞에 「안」을 첨가하기도 하고, '싫어' '아니'와 같은 부정적 의미의 문장을 많이 사용한다. 예를 들어, "난 안 과자 먹었어"(난 과자 안 먹었어), "이건 안 기차야"(기차를 달라고 하여 자동차를 주었을 때 '이것은 기차가 아니야'라고 해야 함)라는 표현을 한다. 이러한 형태는 오래 지속되다가 연령이 증가하면 "못 하겠다"와 같이 「못」을 동사와 형용사 앞에 사용한다.

또한 유아기에는 자신이 한 말을 확인하려고 물어보는 부가의문문의 사용이 빈번하다. "이 인형 이뻐, 그렇지?", "이거 재밌어, 그렇지?" 등의 예에서 볼 수 있듯이 부가의문문에 "그렇지?", "안돼?" 등을 많이 사용한다.

3) 의사소통능력

영아기는 다른 사람이 말하는 것과 관련하여 자신의 의사를 표현하지만 상대방에게 잘 전달되지 않는다. 유아기는 어휘와 문법이 발달하고 말이 많아지면서 상대방이 알아듣는가에 대해 관심을 가지게 되어 상대방도 유아의 말을 이해하기 쉬워진다. 유아들은 자신이 전달하려고 하는 메시지를 듣는 사람의 수준에 따라 달리 말하는 의사소통능력이 발달한다. 자신보다 어린 아기에게 말을 할 때는 짧은 문장을 쓰고, 성인에게는 복문과 예의바른 표현을 쓰는 등 연령에 따라 대화 방식을 조절한다. 또한 유아는 자신이 알고 있는 메시지를 정확하게 전달할 뿐 아니라 관심 있는 내용에 대해 상대방과 대화를 주고받는다.

의사소통을 하는 상황에는 말을 하는 사람과 듣는 사람이 있다. 유아가 언어로 상호작용하기 위해서는 문법 지식과 그 사회의 언어 사용에 대한 규칙을 이해해야 한다. 바람직한 화자와 청자의 역할을 위해 언어능력과 사회적 규칙을 반영해야 하는데, 이러한 언어능력은 의사소통능력의 일부분이다. 유아들은 언어를 사용하고 사회의 언어 규칙에 맞추어 문장을 구성하여 상대방과 소통하면서 언어능력과 동시에 의사소통능력을 습득해 나간다.

4 사회정서발달

유아들은 성장하면서 사회에서 요구하는 가치관이나 행동 방식을 습득해 나가는 과정을 밟아 나가는데 이를 사회화(socialization) 과정이라 한다. 이 과정을 통해 사회적 구성원으로서의 역할을 담당해 나가고 있다.

사회화 과정에는 개인적 요소와 개인을 둘러싼 환경 그리고 거시환경 등이 작용하는 것으로 알려져 있다(Zimmermann & Witnov, 1990). 개인적 요소로는 연령, 성, 출생순위, 지능, 인성 등이 사회화 과정에 영향을 미치고, 유아를 둘러싼 환경은 가족, 친구, 대중매체 등을 꼽을 수 있다. 거시환경으로는 문화, 국가 등이 개인의 사회화에 크게 영향을 미치는 부분으로 간주된다.

1) 사회심리발달

유아기를 통해 길러져야 할 사회성 발달, 즉 주요한 세 가지 발달과업으로는 주도성, 독립심, 자아통제로 다음과 같다.

유아기에 들어서면 부모로부터 심리적인 독립을 하여 주변 환경을 탐색하면서 유아 스스로 주도적으로 무엇인가를 시도하려고 애쓴다. 혼자 숟가락으로 밥을 떠먹으려 하고 옷을 혼자 입어 보려고 하는데, 힘들어하면서도 스스로 원하는 것을 해냈을 때 큰 기쁨을 느끼게 된다.

이 시기에는 유아들이 자율적으로 해보고 싶어 하고, 새로운 일을 시도하려 하고, 주도적으로 일을 해냈다는 성취감을 느껴 보고 싶어 한다. 부모나 주변 사람들이 이러한 욕구를 충족시킬 수 있도록 충분한 기회를 주어야 유아들이 무슨 일에나 자신감을 가지게 된다. 또한 유아기에는 자신의 가치에 대해 전반적으로 판단하는 자아존중감이 나타나는데, 유아의 높은 자아존중감은 유아의 주도성 발달에 기여하므로 유아 자신을 소중하고 가치있는 존재로 받아들이도록 부모들이 관심과 격려를 해주는 일이 필요하다.

영아기에 형성된 애착은 3~4세에 강도가 약해지고 유아 스스로 주변을 탐색하는 시도가 많아지면서 독립적으로 행동하려고 하는데, 성인들이 칭찬으로 격려해주어 유아의 독립적인 요구가 자발적으로 생겨나도록 해야 한다. 주 양육자인 어머니 이외의 다수, 즉 아버지, 할아버지와 할머니, 이웃들과 자주 접촉하는 방법도 독립심을 키워줄 수 있고, 집 이외의 여러 기관을 방문하게 하는 일도 도움이 된다.

자아통제와 관련한 연구는 만족지연 상황에서 수행된 연구결과를 많이 인용하고 있는데, 유아들이 만족을 지연해야 하는 경우가 많이 발생하기 때문에 이를 사회화 과정의 중요한 측면으로 간주하였다. 만족지연 연구에서 유아 자신에게 만족하는 것 이외에 친밀한 타인을 위해서도 만족지연을 할 수 있다는 연구결과는 취학 전 아동이라도 자아통제가 가능하다는 것을 의미한다(정영숙 · 김은경, 1996). 자아통제는 3세경에 출현하여 유아기를 거치면서 발달해 나간다.

2) 성역할발달

인간의 성별은 출생 직후부터 생물학적 성에 의해 남성과 여성으로 구분하여 일생동안 지속적으로 영향을 미친다. 이러한 성별에 따라 남성과 여성에 적합한 역할을 수행하도록 규정하고 있어 유아들은 어려서부터 사회화 과정을 통해 성역할을 습득한다.

성유형화란 사회가 남성과 여성에게 적합한 것으로 규정한 행동이나 태도를 자신의 것으로 내면화시키는 일이다. 유아들은 자라나면서 그가 속한 사회의 압력으로 태도, 가치관, 행동 특성을 통제하여 성유형화하도록 요구받고 있고, 문화권마다 남성과 여성으로 특징지을 수 있는 특성이 다르다. 남성에세는 대제로 독립성, 공격성과 활동성을 기대하고, 여성에게는 의존성, 수동성과 감정적임을 기대한다. 성유형화는 동성의 부모를 통해 동일시 과정을 거치거나 동성모델을 관찰하면서 각 성에 맞는 가치를 습득하고 행동을 배우게 된다.

성역할은 성동일화, 성안정성, 성항상성의 단계를 밟아 발달해 나간다. 영아들은 자신이 남아인지 여아인지 인식을 하고 있더라도 “너 남자니, 여자니?”라고 물으면 정확하게 답을 하지 못한다. 3~5세경에는 자신의 성을 인지하고 인형을 보더라도 여자인형과 남자인형을 구별한다. 남아는 커서 남자가 되고 여아는 커서 여자가 되는 것을 알게 되고, 6~7세경에는 성기에 의해 남녀 구분이 됨을 이해하게 된다. 따라서 여아가 군복을 입는다고 남자가 되지 않음도 알게 된다.

성역할고정관념이란 사회에서 남성과 여성의 역할을 하도록 엄격하게 요구받고 있어 일찍부터 그 성에 맞는 행동을 하는 것을 말한다. 이는 성에 따라 용인된 행동양식, 감정의 표현방식과 말투 등을 사용하는데 2~7세 사이에 나타난다. 유아의 성역할고정관념은 성격특성, 행동특성과 놀이를 통해 형성되고 초등학교에 들어가면 다소 감소하는 것으로 나타났다(정옥분, 1995).

최근에는 전통적인 성역할 구분에 대해 현대사회에는 더 이상 적합하지 않고, 인간의 잠재력을 개발하는 데 장애요인으로 간주하여 이에 대한 대안으로 벰(Bem, 1975)은 양성성으로서의 사회화가 더 기능적이라 주장하고 있다. 양성성은 하나의 유기체 내에 남성적 특성과 여성적 특성이 공존하는 것으로 상황에 따라서는 효율적인 성역할 개념이 될 수 있음을 의미한다.

성역할발달에 영향을 미치는 요인으로는 먼저 생물학적 영향을 들 수 있다. 성호르몬은 성역할발달에 영향을 미치는데, 남성호르몬인 안드로겐(androgen)의 분비는 여아에게 적고, 여성호르몬인 에스트로겐(estrogen)은 남아에게 적게 나타나 남녀 성별에 따라 성호르몬의 분비를 조절하는 것으로 알려졌다. 남성호르몬은 남성의 생식기와 이차 성징의 발달에 작용하고, 여성호르몬은 여성의 신체적 특징에 영향을 미친다(Hines, 2013). 생물학적인 차이, 즉 신체적 특성이나 근육의 발달 등이 사회문화적 기대를 다르게 하여 성역할 또한 다르게 나타나는 것이다.

유아가 출생한 후 성별에 따라 대하는 태도를 달리 하여 각각의 성역할을 습득하도록 하고 있는데 여기에는 부모, 친구, 대중매체의 영향이 작용한다.

부모는 문화적 기대에 따라 자녀의 성별에 맞는 성역할을 학습하도록 키운다. 대개는 자녀가 성에 적합한 행동을 하면 부모들은 보상을 주어 빈도가 증가하도록 하지만, 적합하지 않은 행동일 경우에는 처벌이나 훈육으로 빈도를 줄여 나간다. 한 예로 남아에게는 공격적 놀이를 허용하는 반면, 여아들은 인형놀이를 하거나 우는 것과 같은 정서적 표현에 긍정적 태도를 보인다. 성역할발달에 부모가 지대한 영향을 미치기는 하나 유아들이 더 자라게 되면 또래집단도 개인의 남성성과 여성성 발달에 영향을 미친다. 이 시기에는 같은 성을 가진 친구와 놀면서 관찰과 모방을 통해 성역할을 학습한다. 유아들 간에도 성에 적합한 놀이는 서로 보상하고, 성에 부적합한 놀이는 비판을 하는 것으로 나타났다(Leaper, 2013).

대중매체는 유아의 성역할발달에 매우 중요한 영향을 끼치는데, 그중에서 텔레비전이 차지하는 비율이 가장 높다. 텔레비전에 묘사되는 성별에 대한 이미지를 통해 유아는 성에 대한 가치관이나 태도를 형성하게 되어 성역할발달에 지대한 영향을 준다. 유아기는 텔레비전에서 제시하는 성에 대한 정보에 많이 의존하고, 관찰하여 모방하는 시기이다. 대부분의 프로그램에서는 전통적인 성역할을 자주 묘사하는데 남자는 주로 적극적이고 공격적인 인물로, 여성은 소극적이고 수동적이며 의존적인 인물로 묘사하여 유아들로 하여금 전통적인 성역할고정관념을 지니도록 하는 데 일조하고 있다. 텔레비전을 통해 방영되는 광고와 인쇄매체 등에서도 전통적인 성역할의 특성을 명확히 보여주고 있다. 최근 들어서는 텔레비전이나 광고에 등장하는 인물에 대한 묘사가 성역할고정관념에서 벗어나는 추세이고, 중립적이거나 비전통적인 성역할 모델을 제시하여 유아들의 성역할고정관념을 극복하는 매체가 될 수 있음을 제시하고 있다.

3) 도덕성발달

도덕성이란 개인이 살아나가는 사회 속에서 옳고 그른 것을 구별하고 사회집단의 규칙을 인식하는 능력이다. 유아들이 자라온 문화권에서 기대하는 바대로 행동하는 사회화 과정의 일면이 도덕성발달이다. 이는 자신이 속한 사회의 도덕적 가치에 따라 행동하도록 배우고, 이를 자신의 가치로 받아들이는 과정을 통해 이루어진다.

2세 이전의 영아들은 외부의 규칙을 전혀 인식하지 못하므로 자기중심적으로 생각하고 행동한다. 가게에서 물건을 집어오는 행동은 이러한 예에 해당하는데, 양심의 가책을 받지 않는다. 이러한 자아중심적인 생각은 취학 전까지 계속되고 또래와의 관계에서 타인의 감정을 인지하게 되면서 양심과 도덕성이 발달하기 시작한다.

3세에서 6세까지는 사회규칙을 내면화하는 시기로 본 학자들도 있다(Hughes & Noppe, 1985). 이 시기의 유아들은 호기심이 많아 양심 있는 행동을 하기 어려운 나이이다. 유아의 호기심을 충족시키면서도 비양심적 행동은 잘 억제되어야 도덕성발달이 정상적으로 이루어질 수 있다. 7세경에 규칙은 정해진 것으로 인식하고, 권위자가 만들어 마음대로 변경할 수 없다고 이해한다.

부모의 양육태도 또한 자녀의 도덕성발달에 영향을 끼치는 것으로 나타났다(Janssens & Gerris, 1992; Eisenberg & Murphy, 1995). 부모의 양육태도는 애정과 통제, 자애로움과 엄격함 등과 같이 여러 영역으로 기술될 수 있고, 어떠한 양육태도가 효과적인가에 대해서는 문화와 시대에 따라 그리고 가족의 특성에 따라 상이하다. 따뜻하고 애정적인 부모를 가진 자녀의 경우 잘못했을 때 죄책감을 느끼게 되는데, 이는 부모의 사랑을 잃지 않으려는 양심의 발달에 기초한 것으로 볼 수 있고, 신체적인 체벌은 양심의 발달에 가장 비효과적으로 나타났다.

4) 정서발달

유아기는 언어로 자신을 표현할 수 있는 능력이 부족한 시기이므로 정서를 표현하기에도 미숙하지만, 성인의 정서 기능과는 다르다는 것을 인식해야 한다. 유아들이 보여주는 정서표현과 행동은 유아의 심리적 상태와 발달 수준을 그대로 보여 주고 있으므로 유아의 발달 수준을 가늠해 볼 수 있고, 정서를 표현하는 방법에 따라 발달 이상도 진단할 수 있다.

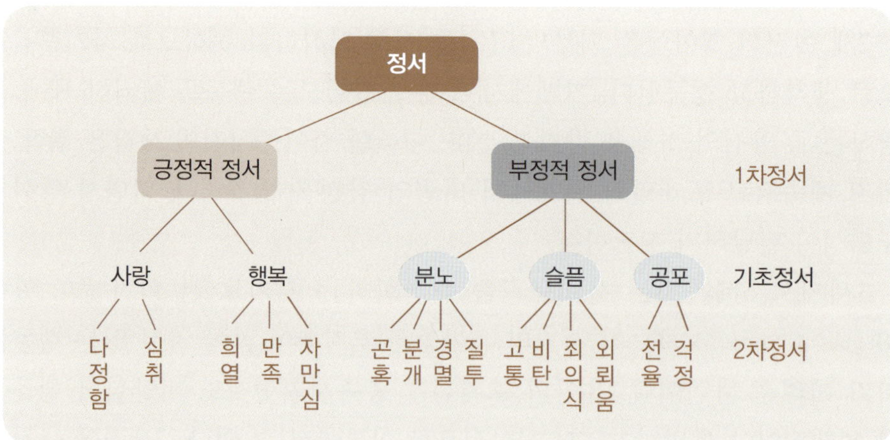

▶ 그림 8–2
정서의 체계

출처: Cole & Cole(1993), p.388.

2세아의 경우 성인과 같이 기쁨, 즐거움과 같은 긍정적 정서와 분노, 공포, 질투와 같은 부정적 정서를 가지고 있다. 3세경에는 "내가 물을 쏟아서 엄마가 화냈어"라는 말에서 볼 수 있듯이 다른 사람의 감정을 이해하고 명명하는 정서적 언어표현도 가능하다.

정서는 위계적이어서 1차적인 긍정적 정서와 부정적 정서에서 2차 정서로 발달해 나가고, 부정적 정서부터 분화하기 시작한다. 유쾌하지 않은 정서들은 유아들이 해소해 나가는 방법을 터득하게 하여 사회적으로 인정받을 수 있도록 해야 한다.

정서반응에 대한 성차는 유아가 속한 사회의 문화적 기대, 부모의 사회화 과정 등을 통하여 남아보다 여아에게 감정표현을 하도록 기대하고, 여아가 감정표현을 빠르게 이해하는 것으로 나타났다(Brody & Hall, 1993).

유아가 느끼는 공포는 과거의 경험과 연관되는 경우가 많은데 주사를 맞았던 병원이나 동물원에서 보았던 사자나 호랑이 등이 공포의 대상이다. 3~4세 유아의 경우 어둠에 대해 별로 두려움을 보이지 않다가 5~6세에는 상상력이 발달하고 어둠, 혼자 있는 것, 죽음 등 공포의 대상이 생겨나면서 어둠에 공포를 느낀다(Charlesworth, 1992). 공포는 공포를 야기하는 대상이 있는 반면에, 불안은 유발하는 대상이 불명확한 경우가 많다. 부모와 격리되면서 떨어지는 것, 낯선 곳에 혼자 있거나 부모의 꾸지람을 들어도 유아는 불안해한다.

분노는 유아가 하고 싶은 것을 못하게 막거나 어떤 일을 강요하면 표출되는 감정이다. 유아가 놀고 싶어 하는데 못 놀게 하거나 먹기 싫은 음식을 강제로 먹일 때에도 분노가 유발된다. 보통 유아들이 분노를 표출할 때에는 떼를 쓰거나 우는 경우가 많고, 심한 경우에는 바닥에 누워 소리를 지르며 신경질적인 반응을 나타내기도 한다. 부모가 화를 잘 내면 자녀도 역시 분노 표현을 쉽게 하고, 떼를 써서 욕구를 충족시킨 유아들은 빈번하게 분노를 표출한다. 질투는 사랑하는 사람과의 관계가 변화될 때 생기는데, 동생이 태어나 부모의 사랑을 차지했다는 생각에 질투심이 유발되는 경우가 그 예이다. 유아는 자기에게 관심을 돌리기 위해 퇴행의 형태로 행동하기도 한다. 손가락을 빨기도 하고, 오줌을 싸는 등 어린아이와 같이 행동하여 주의를 집중시키려고 한다. 분노와 질투심과 같은 감정을 마음대로 표출하는 것은 바람직하지 않다는 것을 유아가 자라면서 배우도록 해야 한다.

공격성은 '다른 대상에 해를 끼치는 목적을 가진 행동'으로 정의하는데, 광의의 의미로는 공격적인 행동뿐만 아니라 행동을 야기시키는 사고와 정서까지도 포함하는 것으로 알려져 있다(곽금주, 1995). 공격행동에는 성차가 나타나는데 일반적으로 남성호르몬(androgen)의 영향으로 남아가 여아보다 더 공격적이라 보고 있다. 1세경에는 공격성이 거의 나타나지 않다가 2세를 기점으로 남아의 공격성이 증가하고 연령에 따라 지속되는 것으로, 어릴 때 공격적인 유아는 커서도 그러한 행동을 보이는 경향이 강한 것으로 나타났다(Bates, Pettit, & Dodge, 1995; Berk, 1996). 유아에게 영향을 미치는 주변 환경으로는 가족과의 관계가 불만스럽고 신뢰를 벗어날 때, 공격적인 또래들과 상호작용이 많으면 공격행위가 늘어나고, 폭력을 다루는 매체를 통해서도 유아들이 공격성을 학습하는 것으로 보고되고 있다(Kostelnik, Stein, Whiren, & Soderman, 1993).

유아기에는 분노, 질투, 공격성과 같은 불유쾌한 감정을 통제하는 방법을 배울 뿐 아니라 기쁨, 애정 등과 같은 유쾌한 감정도 상황에 맞게 표현하도록 학습해 나간다. 영아들은 유쾌하거나 불유쾌한 감정을 그대로 노출하여 표현하지만, 유아기에 들어서면 영아들보다 세련된 방법으로 감정을 표현하므로 방법에 차이가 나타난다. 또한 영아들은 신체적 안락함에서 기쁨을 표현하는 데 반해, 유아들은 인지발달이 가속화되면서 정신적 사고를 통해 기쁨을 표현한다. 애정의 대상도 영아기에는 엄마나 양육자로 한정되지만, 유아기에는 가족, 장난감, 동물, 또래까지 범위가 확대된다.

5) 놀이의 발달

유아는 놀이를 통해 대근육과 소근육운동능력을 발달시키고, 환경을 탐색하면서 인지능력도 발달시킨다. 또한 언어를 습득하고 의사소통능력을 기르며 또래와의 관계도 넓히는 데 놀이가 중요한 의미를 갖는다. 유아의 정서를 표현하는 욕구충족의 수단으로 정서적 긴장이나 갈등을 해소시키고 부정적인 정서 순화에도 도움을 준다.

유아의 놀이형태는 매우 다양하게 나타나고, 놀이의 종류는 사물을 간단히 조작하는 것부터 어떤 물건으로 다른 물건을 상징하는 상징놀이까지 나타난다.

피아제(1962)는 놀이를 학습의 기본으로 보았고, 인지적·사회적 발달과 병행하여 발달한다고 하였다. 놀이를 통한 과거의 경험에서 새로운 도식을 구성하는 상징능력이 출현하여 상징놀이가 나타나고, 소꿉놀이, 인형놀이 등으로 현실세계를 이해하고 실생활에서 살아갈 수 있는 능력을 연습하고 문제해결능력을 습득할 수 있다.

스밀란스키(Smilansky, 1968)는 유아의 놀이를 인지적 활동수준과 연령에 따라 네 가지 형태로 구분하였다. 영아기는 단순히 반복되는 근육운동이라 할 수 있는 기능놀이가 대부분이고, 유아기는 사물을 조작하여 새로운 것으로 창조하는 구성놀이와 어떤 물체 및 사람을 다른 물건이나 사람으로 상상하는 상징적 놀이가 나타난다. 학동기는 술래잡기, 카드놀이와 같은 규칙에 따른 게임을 즐겨한다.

파튼(Parten, 1932)은 유아가 성장하면서 여러 가지 사회적 경험으로 상호작용놀이가 변화되는 것을 확인하였다. 그는 유아의 놀이를 성숙해 감에 따라 네 가지 유형의 사회놀이로 제시하였다. 혼자서 장난감을 가지고 노는 단독놀이, 옆의 또래와 동일한 장난감을 가지고 독립적으로 노는 평행놀이, 장난감을 서로 나누고 대화하면서 노는 연합놀이, 단일 과제를 가지고 함께 노는 협동놀이 등으로 분류하였다.

5 유아기의 부모역할

유아기는 모든 발달 영역에 걸쳐 빠른 성장을 보이고 행동반경이 넓어지면서 주변에 대한 호기심으로 적극적인 탐색을 하는 시기이므로, 안전한 환경을 마련해 주어야 한다. 부모로부터 독립된 개인으로 인식하기 시작하면서 자아가 형성되고 기본적인 운동능력을 획득하여 자율적으로 행동하는 시기이다. 부모는 유아기 자녀의 욕구를 적절히 조절하면서 꾸준히 일관성 있게 지도해야 한다. 유아교육기관에 들어가 다양한 경험을 해 볼 수 있는 기회를 주어야 하고, 가정에서는 기본예절이나 습관 등을 익히는 기본생활 습관을 습득하도록 지도해야 한다. 또한 언어적 상호작용과 지적 발달을 위한 학습 경험의 기회를 제공해 주어야 한다.

1) 자녀의 건강과 안전을 위한 보호자 역할

유아기의 성장을 도모하기 위해서는 적절한 영양섭취가 필요하다. 유아가 먹기 쉽도록 조리하고, 새로운 음식과 맛을 볼 수 있도록 다양한 기회를 주며 식습관지도를 통해 영양소를 고루 섭취하도록 한다. 또한 수면습관은 유아기의 신체적 성장뿐만 아니라 정서적 행동에도 영향을 끼치므로 충분한 수면이 이루어질 수 있도록 지도한다.

유아기는 몸을 활발하게 움직여 새로운 운동기술이나 소근육발달, 협응력 등 신체발달이 일어나는 시기이다. 부모는 유아가 신체활동을 할 때 적절한 놀잇감, 기회와 공간을 제공해 주어야 한다. 여러 놀이를 통해 유아 자신의 능력을 발달시키고 새로운 놀이에 자신의 능력을 시험해보도록 한다.

유아가 환경을 탐색하도록 격려 받으면 탐색활동을 주도적으로 하고, 부모 또한 유아의 주도적인 활동을 지지하고 도움을 주면 주도성이 발달하게 된다. 반면에 부모가 유아에게 지나친 주의를 주거나 체벌을 가하게 되면 죄의식이 발달한다. 부모는 유아가 불안을 느끼지 않으면서 새로운 환경을 주도적으로 탐색할 수 있도록 안전하고 자유로운 환경을 제공하는 일이 필요하다. 최근 들어 스마트폰이나 태블릿 등 전자매체의 영향으로 유아의 신체활동과 건강, 자기조절 등 정서적 측면까지 악영향을 주는 부분은 경계해야 한다.

2) 기본생활습관지도

유아기에는 대근육과 소근육의 발달이 이루어지면서 무엇이든 유아 스스로 해 보려는 욕구를 표현한다. 배변훈련부터 시작하여 식습관지도, 신변처리 등과 같은 기본생활습관지도가 필요한 시기이다. 기본생활습관은 한 개인이 삶을 영위해 가는 데 바탕이 되는 기본적인 생활, 지식, 태도, 기술과 관련된 행동 유형으로 유아 자신의 건강을 유지할 뿐 아니라 기본생활습관을 통해 자립심과 독립심이 형성되고 성격형성과 인격형성의 기초를 다진다(조순옥 외, 2013).

유아기의 기본생활습관지도를 위해서는 자녀를 적절히 훈육해야 한다. 부모는 유아 자신보다 유아의 행동에 초점을 두어 벌하고, 할 수 있는 일과 할 수 없는 일에 대한 정보를 주어 유아가 사회적으로 유능한 행동을 학습할 수 있도록 한다. 부모가 기분이 나쁠 때 유아에게 화풀이 하는 감정으로 벌을 주기보다는 애정이 있고 일관성 있는 훈육으로 지도해야 한다. 유아기에 기본생활습관과 인성교육이 잘 이루어져야 성인이 되어 올바른 시민으로 성장할 수 있다.

3) 언어적 상호작용

영아기를 지나면서 어휘 수가 급격히 증가하고 문법이 발달하는 시기로 부모와 충분한 언어적 상호작용이 필요하다. 이 시기에는 부모의 말이 유아에게 모델링이 되므로 바른 말을 사용하도록 하고, 유아의 이야기를 경청하고 많은 언어적 자극을 제공한다. 유아가 말한 내용을 보다 완전한 문장으로 확장시켜 주는 노력이 필요하고, 언어로 표현할 수 있는 충분한 기회를 제공한다. 유아는 자신이 경험한 바를 언어로 표현하므로 경험할 수 있는 기회와 다양한 자료 등을 제공하도록 한다.

유아기의 언어발달은 듣기, 말하기, 읽기, 쓰기 등으로 구분되고, 이들은 서로 영향을 미치며 통합적으로 발달해 나간다. 유아의 듣기능력은 언어활동의 기초가 되므로 잘 듣고 변별할 수 있는 다양한 듣기 경험을 제공하고,

부모가 유아의 이야기를 들어주는 좋은 모델이 되어야 한다. 말하기는 유아가 일상생활에서 자신이 경험한 일을 말로 표현하도록 동기부여를 해 주는 일이 필요하다. 말하기지도는 유아의 개인적 발달 수준에 따라 자연스러운 상황에서 개방적인 분위기를 조성해 주고 언어적 상호작용을 통해 촉진시킨다. 읽기는 유아가 일상에서 흥미를 느낄 수 있는 다양한 문해 환경을 마련해주고 읽기를 경험할 수 있도록 한다. 유아의 쓰기는 끄적거리기로 시작하여 크레파스로 그리기, 가위로 오리기, 그림 맞추기 등 눈과 손의 협응으로 하는 과정들을 거친다. 다양한 자료를 제공해 자연스럽게 쓰기를 유도하도록 하고, 글자의 모양보다는 의미를 강조한다.

4) 놀이를 통한 지적 자극 제공

유아들은 초등학교에 입학하기 이전에 적절한 학습 기회를 가지는 것이 필요하다. 이에 좋은 유아교육기관을 선정하여 유아를 보내고 가정에서 할 수 없는 다양한 경험이나 여러 활동을 해 볼 수 있도록 하는 것이 중요하다.

유아기는 놀이를 통해 인지적 발달이 가속화되므로 또래들과 놀이집단에서 놀 수 있는 기회와 놀이자료를 제공해야 한다. 놀이는 여러 영역에 긍정적 영향을 미치는데, 유아가 습득한 지적, 사회적, 감성적 능력을 발달시킬 수 있는 토대를 마련하게 된다. 유아들이 장난감이나 놀이 기구를 공유하면서 양보 및 배려하고 또래 집단에 적응해 나가는 사회적 기술도 습득할 수 있다.

놀이는 유아의 흥미와 호기심을 자극하고, 적극적으로 유아 자신의 느낌이나 생각을 표현할 수 있도록 해야 한다. 놀이자료는 학습을 자극하는 장난감이나 실제 조작 가능한 것들로 다양한 경험을 직접적으로 체험하는 것이 중요하다. 놀잇감은 유아의 연령과 발달 특성에 적합한 것으로 안전성과 내구성, 용도의 다양성 등을 고려한다. 상품화된 놀잇감 외에 주변의 생활용품과 재활용품, 자연에서 얻을 수 있는 것들도 교육적인 효과를 거둘 수 있다.

연습문제

1. 유아기에 나타나는 대근육과 소근육발달의 특성을 설명하시오.

2. 유아기의 보존개념, 분류, 서열화에 대해 설명하시오.

3. 유아의 성역할발달에 영향을 미치는 요인들에 대해 설명하시오.

토의 〈생각해보기〉

1. 유아기에 길러주어야 하는 기본생활습관에는 어떤 것들이 있는지 토론해 보자.

2. 유아를 유아교육기관에 보내기 위해 무엇을 고려해야 하는지 의견을 나누어 보자.

3. 유아가 거짓말을 하거나, 울며 떼쓰는 상황이 지속되면 어떻게 지도해야 하는지 의견을 나누어 보자.

Chapter 09

아동발달과 부모역할

아동기는 6세부터 11세까지 초등학교에 다니는 시기를 말하고 학동기(school years)라고도 한다. 이 시기는 외적인 성장과 함께 학교생활을 시작하는 시기로 사회생활에 필요한 다양한 지식과 기술을 접하고 친구를 포함한 다양한 인간관계를 경험한다. 운동능력과 언어능력이 발달하면서 자신의 욕구를 쉽게 표출하고, 스스로 해결해 나가기도 한다. 또한 아동이 내부적으로 조작능력을 획득하여 급격한 인지발달이 이루어지고, 부모에게 크게 의존하던 유아기와는 달리 독립적으로 생활하려고 한다.

이 장에서는 아동기의 신체발달, 인지발달, 언어발달, 사회정서발달, 아동기의 부모역할에 대해 살펴보고자 한다.

1 신체발달

아동기의 신체적 성장은 영아기나 유아기에 비하여 비교적 완만한 성장률을 보이나 거의 성인의 모습과 유사하다. 성장이나 변화의 속도는 더디지만 신체적으로 보다 분화되고 표현 방식도 다양해지며 운동기술도 발달하는 시기이다.

1) 신체적 성장과 운동능력

아동기에는 신장과 체중이 크게 증가하는데, 신장에 비해 체중이 많이 증가한다. 신체기관의 골격과 각 부위의 성장도 적절히 발달하여 아동의 모습을 갖춘다. 아동기 동안의 평균 키와 몸무게는 남아가 여아보다 우월하지만 10~12세경에 여아에게 사춘기의 성숙이 시작되면서 남녀 간에 차이를 보인다.

아동기의 신체적 특징 및 운동발달은 이후의 성격 형성에 크게 작용을 한다. 키가 크고 체격이 좋은 아동은 친구나 주위의 어른들이 운동을 잘 할 것으로 기대하여 신체적으로 활동할 기회가 많아지는 반면, 작고 약한 아동에게는 조심하게 되는 경향이 있다. 몸이 약하면 타인에게 의존하기 쉽고, 우울하고 열등감 있는 어린이로 성장할 가능성이 있어 이러한 신체적 특성은 아동의 사회적 성격 발달에도 영향을 미친다(Owens, 1993).

초등학교에 들어가면 대근육과 소근육의 운동기능이 거의 발달하고 이전보다 운동능력이 정교하게 발달하는데, 달리고 던지는 등의 단순한 움직임에서 더 나아가 규칙을 정해 게임을 하는 방식으로 발전한다.

운동능력이 발달하는데 사춘기 이전까지는 성차가 나타나지 않다가 이후에는 개인차와 성차가 크게 나타난다. 남아는 근육이 발달하고 운동능력에 필요한 활동을 많이 하면서 계속적으로 발달하는데 비해 여아는 13세경에 최고점에 달한 이후 운동능력이 점차 쇠퇴해 간다. 여아들은 운동보다 다른 곳으로 관심을 돌리면서 남아와 운동능력의 차이가 크게 나타나고, 사회문화적 기대 차이에서도 비롯되는 것으로 설명하고 있다(Schaffer, 1993).

아동기에는 운동할 수 있는 기회를 제공하여 자신감을 갖게 하는 일이 중요하다. 아동 자신의 운동역량을 또래와 비교하여 자신을 평가하게 되므로 아동의 자아와 자신감 형성과 관련이 있다. 또한 아동의 정서적 발달에 영향을 미치고, 비만을 예방하므로 운동발달은 중요한 의미를 갖는다.

2) 건강관리

신체발달은 유전적 요인에 의해 결정되고 환경적 요인에 의해서도 영향을 받는 것으로 알려졌다. 아동기는 계속해서 성장하는 시기로 충분한 영양 섭취와 적절한 운동이 필요한 시기이다.

아동들이 좋아하는 인스턴트식품과 패스트푸드만으로 식사를 해결하면 필수 영양소가 결핍되어 건강을 해치게 된다. 건강을 유지하기 위해서는 여러 식품을 골고루 섭취하여 균형 잡힌 식사를 하도록 해야 한다.

경제적으로 풍요로워짐에 따라 고칼로리 음식 섭취에 운동량이 줄면서 우리나라 아동 중에 약 10%가 비만으로 보고되고 있다. 비만은 심장병, 당뇨, 고혈압과 같은 성인병을 유발하여 신체적, 의학적으로 심각한 문제를 초래한다. 아동기 비만은 유전적 요소, 호르몬 대사 이상과 과식에서 비롯되는 것으로 본다. 비만치료를 위해 기름진 음식과 당분이 많은 음식을 줄이는 식이요법과 운동으로 에너지 소비량을 늘리는 방법 등을 병행하는 일이 필요하다.

2 인지발달

아동기에 들어서면 심신이 발달하고 유아기에 비해 인지능력이 현저하게 발달한다. 아동은 한 가지 관점이 아닌 여러 관점을 동시에 고려하는 논리적 사고를 할 수 있고, 동시에 타인의 관점을 이해할 수 있게 된다. 피아제는 이러한 사고의 특성을 구체적 조작기로 설명하고 있다.

1) 구체적 조작의 사고

전조작기의 아동은 정신적 조작을 할 수 없다는 점이 특징이다. 유아들에게 크기가 가장 작은 막대부터 큰 순서대로 배열하라고 하면 유아는 많은 오류를 범한다. 이후 구체적 조작기의 아동은 몇 차례 시도해 본 후 과제를 성공적으로 해 낸다. 아동기에는 한 가지 속성에 따라 대상을 비교하여 순서대로 막대기를 나열할 뿐 아니라 두 가지 이상의 속성에 따라 대상을 비교하여 순서대로 배열하는 서열화도 가능해진다.

전조작기 아동은 문제해결 과정에서 직관을 사용하여 보존의 개념을 깨닫지 못하였다. 피아제의 보존과제 실험에서 높이가 높고 폭이 좁은 컵의 물을 높이가 낮고 폭이 넓은 컵으로 옮기면 물의 높이는 낮아지지만 물의 양은 변함이 없다. 유아기 아동은 컵의 높이 혹은 폭의 한 차원에만 집중하여 보았으나, 구체적 조작기 아동은 물을 담은 컵의 모양은 변했지만 물의 양은 같다는 두 가지 차원을 동시에 고려할 수 있게 되는데 이는 가역성의 개념이 획득되었기 때문이다. 가역성과 보존성의 개념은 한 상황에서 다른 상황으로 주의를 바꿀 수 있는 능력이 생겨야 가능하다.

구체적 조작기의 아동은 자라나면서 주의를 바꿀 수 있는 능력이 가능해지는데, 피아제는 이를 탈중심화(decentration)라고 하였다. 아동이 1번 막대가 2번보다 작고 2번 막대는 1번보다 크다고 말하거나, 양의 보존에서 높이만 보던 차원에서 높이와 넓이의 관계로 주의를 옮기면서 복잡한 문제에도 점차 적용하게 된다.

아동이 처음에 획득하는 것이 수에 대한 보존개념이다. 사탕 10개를 일직선으로 배열하거나, 원을 만들거나, 쌓아 올려도 사탕의 수가 동일함을 이해하는데, 이는 사탕을 배열하는 데서 탈중심화했기 때문에 가능한 일이다. 무게에 대한 보존성은 모양이나 양과 같은 외형적 변화가 일어나도 무게가 동일하다고 지각하는 데 더 복잡한 판단을 필요로 한다. 부피의 보존개념 또한 대상의 물리적 변형(물이 얼어 얼음이 되는 것과 같은 변형)을 포함하는 개념이어서 이 시기에 획득하기 어렵다. 피아제는 이를 수평적 위계라고 설명하는데, 수와 길이, 양에 대한 보존개념을 먼저 획득하고, 무게에 대한 보존개념, 부피에 대한 보존개념 순으로 획득한다고 하였다(Berk, 1996).

유아기에는 색깔과 크기가 다른 여러 개의 사물을 일정한 속성에 따라 정확하게 분류하지 못하고 전체와 부분에 대한 개념도 가지고 있지 않다가 아동기에 들어서면 탈중심화가 가능하여 전체와 부분의 관계를 생각할 수 있게 된다. 구체적 조작기의 아동은 파란 장미 10송이와 빨간 장미 5송이를 더하여 전체 15송이가 되고, 전체 장미는 파란 장미 또는 빨간 장미보다 많다고 하는데, 장미라는 유목(class)과 각각의 하위집단(파란 장미 송이와 빨간 장미 송이)을 동시에 이해할 수 있기 때문에 가능하다.

아동기는 한 개 혹은 두 개 이상의 속성에 따라 사물을 분류하여 한 대상이 하나의 유목에 속한다는 분류가 가능하고, 앞의 사례에서 '~보다 더 많다'는 개념을 파란 장미에 적용한 후 전체 장미에 적용할 수 있는 가역성의 개념도 획득하는 시기이다.

표 9-1 구체적 조작기의 특성

개념	주요 요점	실 례
보존개겸	구체적 조작기의 아동은 물체의 외형이 변했을 때에도 동일하다는 물리적 특성을 인식한다.	수정이는 방바닥에 쏟은 동전을 찾으면서 어제 책상 위에 둔 동전은 모두 10개였으므로 동전 10개를 모두 찾으려고 한다.
탈중심하	구체적 조작기의 아동은 시각적인 특징으로 판단하기보다는 여러 특징들을 통합하며 판단한다.	수정이는 주스 두 잔을 가져온 후 한 잔은 친구에게 건네주면서 "주스는 똑같은 양이야. 내 유리잔은 길고 좁지만, 네 잔은 납작하고 넓거든"이라고 한다.
가역성	구체적 조작기의 아동은 주어진 문제에 대해 단계적으로 사고할 수 있으며, 시작점으로 돌아갈 수 있다는 것을 안다.	가감이 전환될 수 있다는 것을 이해한다. 한 예로, 7에 8을 더하면 15가 되나, 15에서 8을 빼면 7이 된다는 것을 이해한다.
위계적 유목화	구체적 조작기의 아동은 물체를 나눌 때 여러 가지 특성에 따라 다양하게 나눌 수 있다.	수정이는 친구에게 자신이 수집한 조약돌을 보여주면서 "이것들은 크기에 따라 또는 색깔에 따라 분류할 수 있어! 또 형태와 색깔에 따라서도 분류할 수 있어"라고 제안하였다.
서열화	구체적 조작기의 아동은 물체를 배열할 때 전체적인 구도를 그리면서 배열한다.	수정이는 크기에 따라 조약돌을 배열하기로 하였다. 수정이는 제일 먼저 가장 작은 것을 놓고 그 다음에는 그 다음으로 작은 것을 놓아 배열이 끝날 때까지 계속하였다.
전이적인 추론	구체적 조작기의 아동은 머릿속에서 서열화할 수 있다. A와 B를, B와 C를 비교한 후에 그들은 A와 C의 관계를 추론할 수 있다.	"영미의 도시락은 내 것보다 큰 것 같아"라고 수정이가 말했더니 "그러면 그애 것은 내 도시락보다는 확실히 클거야. 왜냐하면 내 도시락은 네 것보다 작거든"이라고 희정이가 말하였다.
공간추론	구체적 조작기의 아동은 거리 보존 개념이 있으며, 거리와 시간 그리고 속도 사이의 관계를 이해한다. 그리고 한 장소에서 다른 장소까지 갈 수 있는 방법을 비교적 잘 이야기할 수 있다.	수정이는 같은 시간 동안 영미보다 빨리 달린다면 더 멀리 갈 수 있다는 것을 알고 있다. 그리고 그녀는 그녀의 집에서 영미의 집까지 어떻게 가는지를 확실하게 안내할 수 있다.
수평적 위계	논리적 개념들은 아동 중기 동안 점차 순서대로 획득된다.	수정이는 면적과 무게의 보존을 습득하기 전에 수와 액체의 보존을 이해한다.

출처: Berk(1996). p. 423.

2) 사회인지

아동기에는 자아중심적인 사고에서 벗어나 타인의 시각에서 사물과 상황을 파악할 수 있는 능력이 생긴다. 다른 사람의 관점을 이해한다는 것은 사회적 상호관계를 파악해야 가능한 일인데 사회적 관계에 대한 인식을 사회인지(social cognition)라 한다.

사회인지는 자기 자신, 타인, 공동체, 나아가 국가와 같이 인간이 모인 집단의 사회과정 혹은 심리과정에 대한 지적 사고라 정의하고 있다(Flavell, Miller & Miller, 1993). 여기에는 개인 간, 집단 간 또는 국가와 같은 사회의 상호관계를 포함하며, 관계를 이해하는데 개인의 상황과 인지능력이 영향을 미친다.

사회인지 연구의 시작은 자신에 대한 개념이 언제 생기는가에 대한 질문에서 출발하였다. 언어구사가 자유롭지 못한 영아기부터 아동의 발달 단계에 따라 자신에 대한 인식과정을 알아보는 실험이 시도되었다. 거울을 통해 비쳐진 상에 대한 반응을 보는 실험이 가장 많이 알려졌는데, 유아가 거울에 비친 자신의 모습에 특별히 반응을 보이면 자신에 대해 이해하고 있다고 추정하였다.

영아의 코에 빨간 립스틱을 칠한 후 거울을 통한 반응을 보는 실험에서 손가락으로 코를 비비면 거울 속에 비친 모습이 자신이라고 인지를 하게 되는데, 약 12개월 이후에 가능하다. 언어를 구사하기 시작하는 유아들에게 자신을 어떻게 생각하는가에 대한 질문을 던지면 대개 신체적 특징이나 자신이 할 수 있는 행위로 다른 사람과는 다르다고 표현한다. 취학아동은 신체적 특징 외에 심리적 특징까지 구사하고, 청년기에는 자신에 대해 추상적이며 복잡하게 표현하는 것을 볼 때 아동의 인지적 발달과 함께 자신에 대한 이해를 다르게 표현함을 알 수 있다.

타인에 대한 이해도 자신을 이해한 순서대로 인지해 나간다. 아동의 발달 단계에 따라 처음에는 신체적 외형과 같은 구체적 상황을 인지하고, 심리적 특성을 인식한 후 더 복잡하고 추상적인 상황을 인식한다.

아동기에는 자기중심적인 사고에서 벗어나 타인의 감정, 입장, 인지 등을 추론하고 이해하는 조망수용(perspective taking)능력을 습득한다. 타인에 대한 이해는 타인의 입장에서 생각하고 사회적 행위를 이해하는 것을 의미하므로 사회적 관계를 파악하는 능력이 있음을 뜻하는 조망수용능력은 사회인지 연구에서 중요한 개념이다.

피아제가 실험한 '세 산의 모형'은 대표적인 조망수용 연구의 예이다. **그림 9-1**과 같이 탁자 위에 크기가 다른 세 산의 모형을 놓고 한쪽 의자에는 인형을 앉히고, 다른 의자에 유아를 앉힌다. 산의 배치도를 그린 그림카드를 주고 인형이 본 것을 고르라고 했을 때 전조작기의 유아는 자신이 본 산의 배치도를 선택한다. 이는 자신의 입장에서만 상황을 파악하므로 타인의 위치를 이해하지 못하기 때문이다. 반면에 구체적 조작기의 아동은 인형이 보는 산의 모양, 즉 타인의 위치에서 보는 공간적 시각을 추론할 수 있다.

아동은 주변의 많은 사람들과 상호작용하면서 관계를 맺게 되고, 이를 통해 사회라는 개념을 이해하기 시작한다. 5세경에는 부모를 대하면서 힘이 있는 존재이고 아버지와 어머니는 성에 따라 역할이 다르다는 것을 인식한다. 7세경에는 부모로서의 역할뿐 아니라 다른 역할도 있다는 것을 인지한다. 친구에 대한 개념도 같이 놀이하는 대상이라는 단순한 인식에서부터 흥미와 취미, 심리적 특성까지 공유할 수 있는 개념으로 발전한다. 부모, 친구, 선생님과 같이 지위가 있는 사회적 역할의 의미를 이해할 뿐 아니라 사회적 기관에 대한 인식도 단순한 것에서 복잡한 것으로, 구체적 역할에서 추상적 역할로 연령에 따라 인식의 폭이 넓어진다(Smetana, 1993).

▲ 그림 9-1 세 산의 모형

3 언어발달

아동기에는 언어를 자신의 인지적인 의사소통의 도구로 인식할 뿐 아니라 학습의 도구로 사용할 수 있을 만큼 언어능력이 상당히 발전한다.

아동기 초기에는 수동형이나 조건문을 사용하지 못하다가 4세 이후에는 완전한 문장으로 이야기도 가능하고 정확하며 긴 문장을 사용한다. 아동기에는 많은 단어를 습득하는데, 초등학교 졸업까지 약 40,000단어를 익히는 것으로 알려졌고, 익숙하지 않은 단어의 구조를 분석하여 의미를 추론하는 형태학적 지식을 획득한다. 따라서 유아기 동안 획득한 언어를 토대로 언어적 유능성이 확보되는 시기이다(Shaffer, 1999).

아동기는 대부분의 시간을 학교에서 보내면서 많은 단어를 학습하고, 길이가 길고 문법적으로 복잡한 문장을 사용한다. 어휘도 비교적 정확하게 사용할 수 있을 뿐 아니라 자신이 표현한 문장의 오류도 찾아낸다. 또한 대상과 맥락에 따라 타인과의 의사소통 기술도 세분화된다.

아동기에는 언어적 메시지를 전달할 수 있는 능력인 참조적 의사소통기술(referential communication skills)이 발달한다. 이는 의사를 전달하고자 할 때 자신이 표현한 문장에서 나타나는 모호한 메시지를 인식하여 분명하게 만드는 기술로 유아기에는 구두 메시지에서 나타나는 모호한 부분을 잘 인식하지 못하지만 학동기 아동들은 가능하다. 언어적 성숙과 타인의 입장에서 고려해 보는 조망수용능력, 청자에 맞게 전달하는 내용을 조절하는 사회언어적 이해능력이 발달되었음을 뜻한다(Sonnenschein, 1988). 이러한 기술을 바탕으로 아동은 대상에 따라 다양한 의사소통기술을 사용하고 언어능력도 정교화된다.

학교에 들어가면 읽기와 쓰기에 의해 언어발달이 이루어진다. 글을 읽는 것에 익숙해지면 읽기를 통해 정보를 획득하게 되고, 이후에 글씨를 쓸 뿐 아니라 자신의 생각을 글로 표현하는 능력도 발달한다. 1, 2학년은 주로 문자능력, 3, 4학년은 발표력과 문법능력, 5, 6학년은 독해력이 발달한다.

아동기는 유아기의 자기중심적 언어에서 탈피하여 사회적인 언어로 변화하고, 대화형태의 언어생활로 어휘도 풍부해지고 학습을 위한 토론도 가능해지는 시기이다. 언어발달은 아동의 성별, 지능, 가정 수준에 따라 개인차가 나타나므로 다양한 언어적 경험을 제공하고, 올바른 언어습관이 형성되도록 도와주는 것이 필요하다.

4 사회정서발달

아동기는 확장된 사회관계 속에서 다양한 경험을 통해 사회성과 정서를 발달시킨다. 아동이 자신에 대한 개념을 형성하게 되는 시기이고, 학교가 활동의 중심이 되면서 친구를 통해 사회생활에 필요한 방법을 배우고 자신이 속한 문화의 가치관과 행동규범을 익히며 사회화 과정을 거친다.

1) 자아개념

아동기에 인식하는 자아개념(self-concept)은 자신이 남과 다르다는 것을 인지하면서 초기에는 간단하고 구체적으로 묘사하지만 점차 복잡한 개념으로 발달한다. 유아기에는 자신의 이름과 외모, 자신이 가지고 있는 물건 등을 구체적으로 표현한다. 초등학교에 들어가면 가치관이나 사고, 정서 등의 영향으로 자아에 대한 인식이 복잡해지고 추상적이며 주관적 견해도 기술한다. 연령이 들어감에 따라 자신과 주변의 친구를 비교하고 타인과의 관계 속에서 자아를 인식해 나가기 시작한다.

자아개념은 점차 분화되어 아동기에는 신체, 학업, 사회성의 세 가지 측면으로 세분화되어 형성된다(Hattie, 1992; Stein, 1996). 신체적 자아는 외모와 신체적 능력으로, 학업적 자아는 읽기, 셈하기, 기타 과목 등으로, 사회적 자아는 또래관계와 부모와의 관계 등으로 나누어진다.

아동의 자기인식은 다른 대상과 구분지어 독립된 실체로 자신을 인식하는 것에서 출발하여 이후에 자아개념과 자아존중감이 발달한다. 자아개념은

표 9-2 자아개념의 발달

수 준	신체적	행동적	사회적	심리적
1. 분류에 의한 지아 인식(4~7세)	내 나이는 5살이다. 난 여자야.	나는 TV를 많이 본다.	나는 교회에 간다. 나는 준호의 친구이다.	난 즐거워.
2. 비교로서 자아인식(8~11세)	난 친구보다 키가 작아.	난 수학을 잘하는데 음악은 못한다.	난 우리반 반장이야.	난 다른 애들보다 성적이 나빠 속상해.
3. 상호관계 속에서의 자아인식(12~15세)	내 피부는 까만 편인데, 친구들은 선탠한 줄 알아.	남자애들끼리 운동 잘하는 아이가 인기가 있으므로 나는 운동을 열심히 해.	난 부끄럼이 많아 친구를 잘 못 사귄다.	난 이해심이 있는 편이어서 친구들이 고민이 있으면 나한테 털어놓는다.

출처: Cole & Cole(1993). pp. 555.

자신을 단순하게 인식하는 데서 시작하고 점차 상황에 따른 자신의 능력을 인식해간다. 또한 자아개념은 타인이 자신을 어떻게 보느냐에 따라 자신을 평가하고, 타인과 구별하여 자신을 인식해 나가는 인지적 과정의 일부가 된다(March & Hattie, 1996). 긍정적 자아개념을 가진 사람은 모든 행동에 자신감을 표현하지만, 부정적 자아개념을 가진 사람은 열등감을 갖고 사회적 관계망을 두려워한다. 자아개념이 자아에 대한 인지적 측면을 이야기한다면 자아존중감은 평가적 측면이고 감정적 측면이 작용한다(Baumeister, 1997). 자아존중감(self-esteem)은 자아를 긍정적 가치로 인식하는 개념으로 타인과의 상호작용이 영향을 미쳐 다른 사람들의 수용과 인정으로 형성된다.

2) 도덕성발달

도덕성이란 개인이 다른 사람과의 관계에서 지켜야 하는 사회집단의 규칙이나 규약을 인지하는 능력으로, 아동이 자라온 문화가 기대하는 바대로 행동하는 사회화 과정을 거친다. 아동 자신이 속한 사회의 도덕적 가치에 따라 행동하도록 배우고 이를 자신의 것으로 받아들이는 과정을 통해 도덕성이 발달한다.

각 개인은 도덕성발달의 단계를 거치는데 인지발달과 환경적 요인으로 개인차가 나타나지만 누구나 동일한 단계를 밟는다. 도덕성발달에 대해 언급한 피아제(1932)는 4세부터 12세 아동의 구슬놀이를 관찰한 후 고의성에 대한 이해, 벌에 대한 태도, 규칙 등 질문에 대한 답을 근거로 아동의 도덕성발달 단계를 타율적 도덕성과 자율적 도덕성의 두 단계로 구분하였다.

타율적 도덕성 단계의 아동(4~7세)은 일상생활에서 지켜야 할 규칙이 있음을 깨닫고 이는 절대로 변경할 수 없는 것으로 위반하면 벌을 받는 것으로 생각한다. 절대적인 도덕적 사고를 지닌 아동은 행위의 옳고 그름을 결과에 의해서만 판단하고 행위의 의도와는 관련이 없는 것으로 생각한다. 예를 들어, 부엌에서 문을 열다가 우연히 옆에 있던 컵 10개를 깨뜨린 것이 과자를 몰래 꺼내 먹으려다 컵 한 개를 깨뜨린 것보다 더 나쁜 행동이라 여긴다. 7세에서 10세 정도는 일종의 과도기 단계로 타율적 도덕성과 자율적 도덕성이 함께 나타나는 시기이다. 10세경에는 대부분의 아동이 자율적 도덕성의 단계를 보이고, 앞의 컵의 실험에서 행위자의 의도를 도덕적 판단 기준으로 삼는다. 10세 아동은 놀이의 규칙을 여러 번 변경하고 놀이에 참여한 사람들에게 규칙이 변화하는 데 대한 동의를 구하는 것으로 보아 사회적 규칙은 바뀔 수 있고 구성원 간의 협약이라는 것을 인지하게 된다. 아동의 인지발달로 자아중심성은 감소되고 탈중심화가 이루어져 도덕적 자율성이 가능하게 되고, 타인의 관점을 이해하면서 도덕적으로 성숙하는 시기이다.

콜버그(Kohlberg, 1976)는 아동의 도덕적 판단이 일정한 단계를 거치면서 발달하는 데 동의하여, 자신의 독자적인 이론을 정립하였다. 그가 제시한 가상적 상황은 다음과 같다. 어느 마을에 한 부인이 암으로 병들어 가고 있었는데 죽음에 임박한 부인을 구할 약이 발명되어 그 약을 재료비의 10배로 팔겠다고 한다. 부인의 남편은 약값의 절반만 마련하게 되어 약을 싸게 팔거나 나중에 지불하겠다고 부탁을 했으나 거절당한다. 남편은 약국을 부수고 약을 훔친다. 이러한 상황을 들려준 후 남편의 행위가 옳은지, 그른지, 왜 그렇게 생각하는지, 남편은 좋은 사람인지 등의 질문을 통해 아동의 반응을 분석하여 **표 9-3**와 같이 6단계로 구분하였다.

표 9-3 콜버그의 도덕성발달 단계

제 1수준 : 전인습적 도덕성 수준

이 수준에서는 도덕적 판단이 자기중심적인 경향을 나타낸다. 권위에 대한 복종과 자신의 이기적 동기에 대한 기준을 판단한다.

1단계 : 복종과 처벌의 지향 단계
권위자가 만든 규칙을 지켜야 하며, 이를 어기면 벌이 따르는 것으로 생각한다.

2단계 : 도구적 상대주의 지향 단계
자신이나 타인의 욕구를 도구적으로 충족시키는 것이 옳은 것이라고 판단한다. 예를 들어, 자신이 원하고 필요한 것을 다른 사람이 해줄 때 그것은 옳은 것이며, 다른 사람 자신도 욕구에 만족하면 좋은 것이고, 옳은 것이라고 생각한다. 이 단계에서는 모든 것이 상대적이기 때문에 각자의 욕구와 쾌락에 따라 옳고 그름이 결정된다.

제 2수준 : 인습적 도덕성 수준

사회적 질서에 동조하고 질서 유지에 적극적이다. 그러므로 도덕적 판단은 사회적 기대와 질서에 부합하는 규칙과 인습에 의존하는 수준이다.

3단계 : 착한 소년, 소녀 지향 단계
이 단계에서는 다른 사람들과 좋은 관계를 유지하고, 다른 사람들이 자신을 좋은 사람으로 보아주기를 기대한다. 그러므로 착한 사람의 행위에 초점을 두고, 다른 사람이 착하다고 보는 기대에 맞추어 도덕적 판단을 한다. 이 단계에서는 행위자의 어떤 의도를 고려할 수 있게 된다.

4단계 : 법과 질서의 지향 단계
사회의 질서 유지에 가치를 두고 사회 규범이나 의무에 복종해야 한다고 생각하는 단계이다. 그러므로 도덕적 판단은 공동체의 규범과 인습에 기준한다. 사회가 만들어 놓은 법은 지켜져야 한다고 판단한다.

제 3수준 : 후인습적 도덕성 수준

이 수준에서는 사회 규범이나 인습에 의존하지 않고, 인류의 보편적 가치나 원리에 입각하여 자신 스스로의 생각으로 도덕적 판단을 한다.

5단계 : 사회적 계약과 합법 지향 단계
규범과 규칙은 사람들이 화목하기 위해 만들어 놓은 것임을 인식한다. 그러므로 사람들이 동의만 한다면 규범과 규칙은 변경될 수 있다고 본다. 즉, 법은 유동적인 것이며, 민주적 절차를 통한 상호 동의에 의해 바꿀 수 있는 것으로 판단한다.

6단계 : 보편적 원리 지향 단계
보편적 원리는 인간의 존엄성, 공정성, 평화와 같은 윤리에 가치를 둔다. 이에 부합하여 법을 초월한 보편적인 가치와 원리에 따라 양심에 의해 도덕 판단을 한다.

출처: 조순옥 외(2013). pp.117~118 재작성.

콜버그는 도덕적 갈등 상황에서 개인의 판단을 중심으로 연구하였고, 피아제와 마찬가지로 아동의 도덕성발달이 인지발달과 관련이 있다고 보았다. 아동의 연령이 많아질수록 높은 단계의 도덕적 사고를 하는데, 아동기는 3단계가 지배적이다. 도덕성 이론에 대한 한계점으로는 마지막 단계까지 도달하는 사람이 드물어 발달 양상을 진단할 수 없다는 점이며, 콜버그는 도덕적 사고에만 초점을 두고 있어서 도덕적으로 행동하는 것과는 별개의 문제라는 점이 지적되고 있다(Thomas, 1992).

3) 성역할

초등학교에 들어가면서 아동은 남녀 성별에 따라 사회문화가 요구하는 것이 다르다는 것을 인지한다. 남녀에 따라 놀이 유형이 다르고, 옷을 입는 모습도 다름을 인식할 뿐 아니라 성별이 구분되는 직업을 가지게 된다는 것도 파악하게 된다. 남아와 여아가 갖는 성역할고정관념은 학교에 들어가면서 뚜렷이 증가하여 6학년경에는 성인과 비슷한 고정관념을 갖는 반면, 성역할에 대한 유연성도 초등학교에서 증가하는 것으로 나타났다(Berk, 1996).

생물학적 요인에 의해 결정되는 성역할은 부모의 양육태도에 따라 성역할의 개념 형성에 지대한 영향을 미치고 대중매체, 특히 학교교육과 매스컴도 중요한 역할을 한다. 대부분의 매체에서 남성들은 밖에서 적극적으로 일하고 유능한 전문직에 종사하고, 여성들은 가정에서 소극적이고 감성적인 역할로 묘사되고 있어 아동들 또한 남녀 역할에 대한 고정관념이 강화되고 있다.

전통적 성역할 개념, 즉 남성성과 여성성의 개념에서 탈피하여 최근에는 양성성(androgyny)의 개념이 주목을 받고 있다. 전통적인 남성의 특성과 전통적인 여성의 특성을 모두 가진 양성적인 개인은 사회에서 자신감이 있고 자존감도 높으며 성취도가 높은 것으로 나타났다. 생물학적인 성과 관계없이 양성적인 사람은 창조적이고, 여러 상황에 자신감으로 잘 대처하는 것으로 보고되었다(Bem, 1974).

4) 학교생활

아동들이 초등학교에 입학하게 되면서 가정과 더불어 가장 중요한 사회화 기관으로 학교를 꼽는다. 학교에서는 지식을 습득할 뿐 아니라 사회인으로서 기초를 닦는 곳으로 사회생활에 필요한 기술을 가르쳐주고 사회의 가치관을 전달해 주는 역할을 한다. 유아기까지는 가정에서 부모와 많은 시간을 보내지만 학교에 입학하면서 가정의 기능은 약화되고 학교가 사회화의 기능을 전달한다. 아동은 가정을 벗어나 더 큰 사회의 규범과 행동을 배우게 되는데, 이 시기에 학교는 사회화의 대행자로서의 기능을 담당하게 된다.

학교는 아동들의 사회화 기능을 담당할 뿐 아니라 지식 습득을 위한 곳이기도 하다. 아동이 초등학교에 들어가면 많은 교과를 통해 지식을 습득하고 인지적 사고과정의 발달도 가속화된다. 또한 학교에서 만나는 교사는 아동에게 일생동안 가장 많은 영향력을 미치는 성인모델이 되고, 또래와는 경쟁자로서의 모델이 된다.

아동기를 거치면서 부모를 모방하듯 학교에서는 선생님이 모방의 대상이 되고, 선생님으로부터 강화받은 행동들을 모방한다. 친구들과 상호작용하거나 친구를 관찰하는 경험 등도 아동의 발달에 영향을 미친다. 아동기는 또래집단의 영향을 많이 받는 시기로 그 집단에서 추구하는 가치와 행동을 습득하고 성별에 따른 태도와 성역할 행동도 익히는 시기이다.

학교는 아동에게 단체생활의 규약을 익히게 하고, 훌륭한 교사는 아동의 근면성이 길러지도록 하여 성취의 기쁨을 느낄 수 있게 해야 한다(Erikson, 1968). 반면에 경쟁이 지나치면 열등감과 실패감, 소외감 등으로 인해 학동기 아동에게 공격적인 성격이 형성될 수도 있다.

5 아동기의 부모역할

아동은 초등학교에 들어가면서 자신의 역량과 독립심이 발달하고 또래와의 관계가 친밀해진다. 이 시기에 부모는 자녀의 사회화와 교육에 관심을 가져야 하고, 영유아기에 행해진 신체적 돌봄보다는 심리적인 면에 도움을 주는 것으로 바뀐다. 아동기는 많은 사회적 변화가 일어나는 시기인 만큼 자녀의 근면성이 발달하도록 돕고, 부모들이 학습 경험을 제공하고, 문제행동을 지도하는 역할을 담당해야 한다.

1) 근면성의 발달

학동기 아동은 사회적 기술을 습득하고 개인적 역량을 발휘하여 과제를 성공적으로 수행하게 되면 부모나 또래, 교사로부터 인정을 받아 근면성이 발달하게 된다. 아동은 성공의 경험을 통해서 근면성을 발달시켜 나가고 외부 세계에 대한 자신감도 갖게 된다. 반면에 실패와 불안정이 반복되면 열등감이 우세하게 되어 스스로 위축되면서 부정적인 자아개념을 형성한다.

학동기는 또래를 중요하게 인식하기 시작하여 또래와 관계를 맺고 또래에 의해 수용되는 것은 아동의 자아발달에 중요하다. 또래집단과의 관계 속에서 자신의 능력을 다양하게 비교하여 자신의 수준과 같거나 자기보다 낮은 수준의 집단에 있으면 근면성을 형성해 나간다. 그러나 자신보다 높은 수준의 집단에 들어가 있으면 자신의 능력을 의심하고 열등감을 갖게 되어 이후의 학습 상황에서 낮은 성취도를 보이게 된다. 다른 아동과 비교를 하여 열등감을 키워주기보다는 아동만이 갖는 장점과 재능을 개발해 나갈 수 있도록 북돋아주고, 부모와 교사는 아동이 성취감을 느낄 수 있는 적절한 수준의 과제를 제공한다.

2) 학습 경험 제공자의 역할

학동기는 영유아기를 통한 상상의 세계에서 점차 현실 세계로 나올 수 있도록 부모들이 모든 일을 잘 설명해 주는 것이 필요하다. 자녀들이 세상에 대한 관심과 질문을 제기하면 올바른 답을 주어 자녀들이 바른 세계관을 형성할 수 있도록 하고, 부모들의 칭찬과 격려를 통해 근면성과 성취감, 긍정적인 자아개념을 길러주는 것이 중요하다(Galinsky, 1987).

특히 초등학교에 들어가면 학습의 기초를 다지는 시기이므로 공부하는 습관을 길러주는 것이 가장 중요하다. 부모의 강요와 억압에 의한 공부보다는 아동 자신이 자발적으로 학습에 임하도록 동기를 유발하고 건전한 학습환경을 제공해야 한다.

학동기의 주된 적응은 학교와 관련된 것으로 학교생활을 즐기고, 교사와 또래집단에 적응하는 문제 등에 대해 부모의 관심과 지도가 필요하다. 아동이 자신의 관심과 능력을 개발할 수 있도록 다양한 기회를 제공하고, 학교와 가정 간의 교육내용이 연계성을 가질 수 있는 학습경험을 제공한다.

아동은 가정 밖의 활동에 참여하여 학습할 기회를 넓히고 집단에서의 지위를 획득하는 기회도 얻게 되는데, 여기에는 음악, 스포츠, 캠프, 종교 활동 등이 속한다. 가정 내의 활동은 가족들이 공동의 관심사를 통해 새로운 경험을 나누게 하는 것으로, 휴가, 캠핑, 외식, 영화, 경기관람 등을 포함한다.

3) 문제행동지도

초등학교 시기는 많은 행동이 형성되고 가정에서 학교로 생활의 장이 바뀌면서 사회적인 변화가 일어나는 중요한 시기이다. 어려서부터 부모와 영아 간의 관계가 안정적으로 진행되면 학교라는 새로운 환경에 쉽게 적응을 하는 반면, 그렇지 못한 경우에는 여러 문제행동들을 보인다.

문제행동이 오래 지속되면 부모들은 그 원인이 무엇이고 어떻게 대처를 해야 하는지 난감한 경우가 많은데, 이 시기의 대표적인 문제행동으로는 공격성, 거짓말, 주의집중 결핍 등이 있다.

공격성은 아동 자신이 원하는 물건이나 목표를 달성하기 위해 소리 지르거나 타인을 밀치는 경우가 있는데, 의사소통을 시작하면서 유아기에 이러한 공격성은 줄어든다. 그러나 다른 사람을 다치게 하는 의도적인 구타나 소리치는 행위는 연령에 따라 증가하는 현상을 보이고, 호르몬의 영향과 문화적 기대로 인해 남아의 공격성이 여아보다 높은 것으로 나타났다(Coie & Dodge, 1998).

아동의 거짓말은 상상과 현실을 완전히 구분할 수 없는 유아기의 특성에서 비롯된다. 학동기 초기까지 옛날이야기와 그림책을 사실로 받아들이고 자신도 그 일부로 생각하는 물활론적 사고가 지속되어 실제 현실과 상상을 구별하기 어려운 상황에서 자신의 감정까지 반영하여 거짓말을 한다.

아동기에 나타나는 문제행동의 하나로 주의집중이 결핍되고 과잉행동을 하는 경우가 있다. 초등학생 남아가 여아보다 더 징애가 많은 것으로 나타났고(Berger & Thompson, 1994), 아동기에 끝나는 것이 아니라 청소년기, 성인기로 계속 진행된다(Berk, 1996).

부모가 아동의 바람직하지 않은 행동을 제지하기 위해서는 아동의 자아존중감을 무시하는 언행은 삼가고 아동의 감정과 행동을 다루어 주면서 아직 배우지 못한 바람직한 행동을 가르쳐 주는 긍정적인 훈육을 해야 한다.

연습문제

1. 아동기 신체발달의 특징을 설명하시오.

2. 아동기의 인지양식은 유아기와 어떻게 다른지 비교하시오.

3. 아동기 사회인지의 특징과 이의 발달을 촉진시킬 수 있는 방안을 제시하시오.

토의 〈생각해보기〉

1. 아동의 건강한 자아개념을 발달시키기 위해 부모가 어떤 것을 준비해야 하는지 의견을 나누어 보자.

2. 아동기의 친구관계에 대한 부모의 역할에 무엇이 있을지 의견을 나누어 보자.

3. 아동이 학교생활에 잘 적응하도록 도와주는 부모의 역할에 대해 구체적으로 생각해 보자.

Part 04

-실제편-

예비부모 경험하기:
부모역할 배우고 싶어요!

Chapter 10

자녀마음 이해하고 부모마음 표현하세요!

4부에서는 예비부모로서 실제 부모역할을 배우고자 하며, 교육내용과 활동으로 나누어져 있다.

교육내용은 감정이해 및 감정표현, 칭찬·격려 및 자율성, 행동수정 프로그램을 중심으로 진행한다. 먼저 교육내용을 이해한 후 이야기나누기, 역할놀이, 토론, 과제 등의 활동을 통해 실제 부모역할을 경험한다. 즉, 예비부모로서 부모역할을 경험할 수 있는 기회를 가짐으로써 행복한 부모가 될 수 있는 힘과 자신감을 갖도록 한다. 또한 자녀양육에서 일어날 수 있는 여러 가지 문제를 사전에 예방할 수 있도록 돕는다.

이 장에서는 자녀의 마음을 이해하고, 부모의 마음을 표현하는 의사소통 기술에 관해 살펴보고 경험하고자 한다.

1 자녀의 감정을 이해하자

1) 교육내용

우리 아이들은 매일 행복할까? 부모들처럼 아이들도 매일 다양한 감정을 느끼게 된다. 기쁘고, 행복한 감정을 느낄 때도 있고, 화나고, 슬프고, 속상한 감정을 느낄 때도 있다. 이때 부모는 자녀에게 어떻게 반응하는가? 특히 자녀가 화가 나거나 속상한 감정을 표현할 때 부모는 그 화난 감정을 축소시키거나 부정하려고 애쓴다. 그러나 그것은 오히려 나쁜 결과를 초래하게 된다. 왜냐하면, 아이들은 부모가 자신을 이해하지 못한다고 느끼기 때문이다.

그러므로 자녀가 기분이 좋지 않거나 속상해할 때 부모는 아이의 감정을 인정하고 이해해 주는 것이 필요하다. 그러나 자녀의 감정을 인정하는 것은 시간과 연습이 필요한 기술이며, 저절로 얻어지는 것은 아니다.

다음의 사례에서 진이와 어머니의 대화를 보자.

진이: 엄마! 난 진우가 미워!
엄마: 진우를 미워하면 안돼. 네 동생이잖아.
진이: 그래도 미워!
엄마: 얘가! 너 좀 맞을래?
진이: 싫어! 엄마도 미워!!

결국 부모와 자녀 간의 대화가 다툼으로 끝나게 된다. 이는 자기가 믿었던 엄마가 자신을 이해해주지 못하기 때문이다.

자녀가 화가 났을 때의 대화를 보자.

영준이는 초등학교 2학년이다. 지난밤 월드컵 축구 대회 결승전이 있었다. 축구 경기를 보고 싶었던 영준이는 엄마에게 중계 방송 시간에 맞춰 깨워 달라고 부탁하고 잤다.

다음 날 아침

영 준 : (볼멘소리로) 엄마! 어젯밤에 깨워 달랬는데 왜 안 깨웠어?
엄 마 : (어이없어 하며) 깨워도 네가 안 일어났잖아!
영 준 : 여러 번 흔들어 깨웠으면 되잖아! (심통스럽게) 어떻게 됐어? 우리나라가 이겼어? 졌어?
아 빠 : 몰라! 엄마도 그냥 잤는데 어떻게 알아. 사내 녀석이 아침부터 신경질 부리지 말고 빨리 학교 갈 준비나 해!
영 준 : 알았어(퉁퉁거리며 방으로 들어간다).
아 빠 : 아니! 저 녀석이!

자녀가 기분이 좋지 않거나 불평을 할 때 부모는 아이의 감정을 이해해 주고 수용해 주는 것이 필요하다. 왜냐하면 아이는 기분이 좋지 않을 때 되도록이면 그러한 감정에서 빨리 벗어나고 싶어 하기 때문에 부모에게 자신의 감정을 표현하고 부모가 자신의 이야기를 진심으로 들어 주기를 원한다. 즉, 사랑하는 부모로부터 관심과 인정을 받으며 도움을 받고 싶어 한다.

부모가 자녀의 이야기를 잘 들어 주고 감정을 이해하는 반응을 해 주면 아이들 스스로 문제를 해결해 나갈 수 있다. 그러나 감정을 이해해 주는 공감적인 말은 자연스럽게 우러나오는 것이 아니다.

공감적인 언어에 익숙해지기 위해서 부모는 감정을 이해하는 방법을 배우고 연습해야만 한다(김진숙 · 김지은, 1997).

특히 자녀가 화가 나거나 속상해할 때 부모가 자녀의 감정을 이해하는 기술은 놀라운 효과를 가져온다.

(1) 관심을 갖고 조용히 아이들의 이야기를 들어 준다.

부모가 자녀의 이야기를 들을 때 부모가 침묵을 지키는 것은 매우 중요한 일이다. 부모가 아무 말도 하지 않고 아이의 이야기를 들어 주는 것은 비언어적인 수용 태도이며 이때 자녀는 진심으로 수용되었다고 느낀다. 자녀의 이야기를 들을 때 부모가 말을 많이 하면 아이는 자기의 어려움에 대해 더 이상 부모에게 이야기할 수 없게 되기 때문이다.

부모가 자녀의 활동에 간섭하지 않음으로써 자녀를 수용하고 있는 예를 보기로 하자. 해변에서 모래성을 쌓고 있는 아이를 멀리 떨어져 조용히 바라보고 있는 어머니는 아무 말도 하지 않고 수용의 메시지를 보내고 있는 것이다.

그러나 수동적 경청만이 효과적인 방법이라고는 할 수 없다. 자녀가 어려움을 호소할 때는 수동적 경청보다 좀 더 적극적인 방법이 필요하다.

(2) 한 마디로 아이들의 말을 인정해 준다.

조용히 아이들의 이야기를 들어 주는 것은 아이들과의 대화를 방해하지는 않는다. 하지만 부모가 진정으로 아이의 말에 주목하고 있다는 것을 알려 주기에는 부족하다. 그러므로 부모가 아이의 이야기를 실제로 잘 듣고 있다는 것을 나타내기 위해 자녀의 이야기 중간중간에 언어적·비언어적 신호를 보내는 것이 필요하다. 이러한 신호를 '인정하는 반응'이라고 부른다.

고개를 끄덕인다든지, 앞으로 몸을 기울인다든지, 미소를 짓는다든지, 눈살을 찌푸린다든지, 그 밖의 다른 신체 동작 등으로 비언어적 신호를 적절히 사용함으로써 부모가 정말로 아이의 말을 듣고 있다는 사실을 알려 주어야 한다.

언어적 신호로는 '아하'나 '아아', '오오', '음', '그래', '저런', '정말' 등과 같이 부모의 이해, 수용, 공감을 나타내는 말이 있다. 이것은 부모가 아직도 주의를 기울이고 있으며, 관심을 가지고 있고, 아이가 계속 말하는 것을 허용한다는 것을 아이에게 알려 주는 것이다.

다음은 부모가 한 마디로 인정해줌으로써 자녀 스스로 문제를 해결하도록 도와준 예이다.

아이: 엄마! 학교에서 내 빨간색 연필이 없어졌어요.
엄마: 그래?
아이: 내가 화장실에 갈 때 책상 위에 놓아두었는데…
엄마: 저런...
아이: 연필을 잃어버린 게 이번이 세 번째예요.
엄마: 음...
아이: 이제 교실을 나갈 때는 항상 필통에 넣어 두어야겠어요.
엄마: 그래...

(3) 마음의 문을 열도록 격려한다.

부모는 때때로 아이가 더 이야기를 하도록 하기 위해서 또는 대화의 시작 단계에서 말을 꺼내기 위해 특별한 격려를 해 줄 필요가 있다. 이렇게 상대방의 생각이나 판단 혹은 감정을 표현하도록 촉진하는 메시지를 '마음의 문을 여는 대화'라고 부른다. 즉, 아이가 자연스럽게 자신의 감정이나 생각, 문제를 말하게 하는 것이다.

예를 들면 다음과 같다.

"저런, 그랬구나."
"그것에 대해 좀 더 말해 주겠니?"
"그것 참 흥미 있는데, 계속해 봐."
"네 생각을 더 듣고 싶어."
"그 다음이 궁금한데…."
"좀 더 자세히 이야기하겠니?"
"이건 너한테 아주 중요한 것 같구나."

이러한 표현은 아이에게 마음을 열고 계속 이야기하도록 하여 자녀와의 대화를 촉진시킬 수 있다. 아이가 속마음을 털어놓고 마음의 문을 활짝 열도록 격려하면 아이는 자신의 생각과 감정을 쏟아낼 것이다.

(4) 아이들이 원하는 것을 상상으로 표현해 준다.

아이가 원하는 것을 해줄 수 없을 때 부모는 논리적으로 설명하는 것보다는 상상으로 표현해 주는 방법이 더욱 효과적일 수 있다. 아이가 원하는 것을 부모가 정말로 이해해 주는 편이 아이들로 하여금 원하는 것을 참을 수 있도록 도와준다.

다음은 편의점에서 5살 된 딸의 강한 요구에 부모가 상상으로 표현해 준 예이다.

아버지: 아이스크림 1개면 되지?
아 이: 아뇨, 더 많이 사줘요.
아버지: 몇 개나 사줄까?
아 이: 많이요.
아버지: 많이 먹고 싶은 모양이구나. 10개 어때?
아 이: (웃으면서) 아뇨, 100개요.
아버지: 1,000개!
아 이: 이 세상 있는 것 모두 다!
아버지: "짜잔! 이 세상 모든 아이스크림 나와라."

두 사람은 크게 웃었고 잠시 후 아버지는 아이스크림을 두 개만 샀다. 아버지는 아이가 원하는 것을 상상으로 표현함으로써 아이와의 싸움을 피할 수 있었다.

(5) 아이들이 느끼는 감정을 말해 준다.

아이의 감정을 이해하기 위한 기술로 침묵, 인정하는 반응, 마음의 문을 여는 대화 등은 비교적 수동적인 반응이다. 이러한 방법들은 단지 부모가 듣고 있다는 사실만을 알릴 뿐 충분한 상호작용이 일어나게 하지는 못한다. 그뿐 아니라 근본적인 문제의 원인과 감정, 즉 마음속 깊은 곳의 이야기를 끌어내는 데는 한계가 있다.

이에 반해 아이가 느끼는 감정을 말하는 것은 아이의 이야기를 비판하거나 판단하지 않고 그대로 수용하고 그 아이의 감정을 진심으로 이해하려는 태도로 적극적으로 대화에 참여하는 것을 말한다. 즉, 이야기를 듣는 부모가 아이의 입장이 되어 아이의 생각과 감정을 바꾸어 말해 주는 것이다. 다시 말하면 부모 자신이 '제3의 귀', 곧 '마음의 귀'를 가지고 아이의 가슴에 있는 '마음의 소리'를 듣는 것을 말한다.

이때 부모는 아이의 감정을 비춰 주는 거울 역할을 해야 한다. 감정을 비춰 주는 거울 역할이란 더하거나 덜하지 않고 자녀가 느끼는 감정을 있는 그대로 확인시켜 주는 것이다.

자녀가 화가 나거나 마음이 상했다면 부모는 단지 자녀가 느낄 수 있는 감정만을 말해 주는 것이다.

이것은 아이가 부모에게 전달하려는 메시지, 즉 아이의 과거와 현재의 감정을 이야기해 주는 기술이다. 부모가 아이의 감정에 공감하고 있음을 나타낸다면 아이는 그 자신이 이해받고 있다고 느낌으로써 부모를 보다 신뢰하게 되어 자신을 드러내 보일 것이다. 이러한 과정이 진행됨에 따라 더욱 더 활발한 대화가 이루어진다.

예를 들면, 다음과 같다.

"형이 네 장난감을 빼앗아서 화가 났구나."
"엄마가 놀아 주지 않아 속상했니?"
"무척 힘든 것 같구나."
"매우 당황해서 무엇을 해야 할지 모르는 것 같구나."
"지금 무섭니?"
"넘어져서 몹시 창피했구나."
"친구들 앞에서 꾸중을 들었으니 얼마나 자존심 상했니."

아이들이 다음과 같이 이야기할 때 부모로서 자녀가 느끼는 감정에 대해 생각해 보자.

"선생님이 나한테 고함을 쳐서 친구들이 모두 웃었어요."
"진희가 이사를 갔어요. 나하고 가장 친한 친구였는데…."

"동생이 미워요. 엄마는 동생만 보잖아요."

이제 부모는 아이가 느끼는 감정을 알아내기 위해서 많은 생각과 노력이 필요하다는 것을 인식했을 것이다. 또한 부모는 자녀의 감정을 말하는 것이 자연스럽게 되지 않는다는 것도 알고 있다.

"창피했겠구나."
"친한 친구가 이사를 가서 무척 슬프지."
"엄마가 동생만 보니까 속상했니?"

다음은 감정을 이해하려고 노력한 어머니와 아들의 대화이다.

어머니: 오늘 소풍 못가서 무척 실망했겠구나.
진수: 네. 너무 실망했어요.
어머니: 넌 소풍갈 날을 그렇게도 기다렸었는데….
진수: 정말 그랬어요.
어머니: 네가 소풍갈 준비를 다 해놓으니까 그만 비가 와 버렸구나.
진수: 맞아요. 정말 그래요.

잠깐 침묵이 흐른 뒤, "선생님이 다음 주에 소풍간다고 하셨어요"라고 말했다.

그 날은 비교적 평화롭게 보낼 수 있었다.

지금까지 살펴본 다섯 가지 기술 중에서 가장 힘든 부분은 아이의 감정표현을 주의 깊게 들어 주는 것과 아이가 느끼는 감정을 이야기해 주는 것이다. 일단 아이들의 이야기를 잘 듣고 그들이 느끼는 감정을 부모가 다시 말해 주면 아이들은 자신의 문제를 스스로 해결할 수 있게 된다.

그러나 부모들이 하는 어떠한 말보다도 더 중요한 것은 자녀를 대하는 부모의 태도이다. 부모가 하는 말과 태도에 진정한 공감이 느껴질 때 아이들은 자기들의 속마음을 부모에게 진실하게 털어놓는다.

2) 활동

Tip 아이들의 감정을 이해하려면!!

① 조용히 아이들의 이야기를 들어준다. ➡ 일을 멈추고 이야기를 듣는다.
② 아이들의 말을 인정해준다. ➡ '오, 음, 그래...'
③ 마음의 문을 열도록 격려한다. ➡ '그 다음이 궁금한데.'
④ 원하는 것을 상상으로 표현한다. ➡ '짜잔, 이 세상 모든 아이스크림 나와라.'
⑤ 아이들이 원하는 감정을 말해준다. ➡ '매우 실망이 컸겠구나.'

(1) 예비부모로서 자녀의 감정을 인식해보는 연습을 하자.

No	감정을 유발한 상황	자녀의 감정
①	자녀가 엄마는 동생만 안아 준다고 말한다.	속상하고 화가 난다.
②		
③		
④		

(2) 자녀가 화를 내거나 속상해 할 때 예비부모로서 어떻게 반응할지 적어보고 두 사람씩 짝이 되어 역할놀이를 한다.

① 친구들이 안 놀아준다며 어깨를 축 늘어뜨리고 들어온다.

- 나의 반응

___

- 감정을 이해해 주는 반응

___

② 힘들여 그린 그림을 동생이 찢었다며 운다.

- 나의 반응

___

- 감정을 이해해 주는 반응

___

(3) 4~5명이 한 조가 되어 마음속의 감정을 나타내는 단어를 생각해 보자. 기쁨이나 즐거움 등의 긍정적인 감정과 분노나 슬픔 등을 나타내는 부정적인 감정을 나타내는 단어를 적어보고 발표한다.

▶긍정적인 감정

기쁘다. 즐겁다. 신난다. 통쾌하다.

▶부정적인 감정

화가 난다. 속상하다. 창피하다. 불안하다.

(4) 두 사람씩 짝이 되어 아래의 상황에서 자녀의 감정을 이해해주는 말을 적어보고 역할놀이를 해보자.

아이들의 이야기	느낄 수 있는 감정	감정을 이해해 주는 말
예 "선생님이 내게 고함을 쳐서 모두들 웃었어요."	당황. 창피	"당황했겠구나." "저런, 창피했겠네."
① "나는 아기가 미워."		
② "비가 와서 내일 소풍 못 갈 것 같아요."		
③ "선생님은 주말에 과제를 너무 많이 내주셔."		
④ "친구가 내가 만든 블록을 망가뜨렸어요."		
⑤ "진희가 이사를 갔어. 나랑 제일 친했는데…."		

(5) 두 사람씩 짝을 지어 한 사람은 부모, 다른 한 사람은 자녀가 되어서 역할놀이를 한다.

① 자녀가 친구들이 놀아주지 않는다면서 속상해 한다.
② 유치원에 가기 싫다고 떼를 쓴다.
③ 콩을 안 먹겠다고 말한다.

(6) 조별로 자녀의 감정을 이해해주는 말의 장단점에 대해 토의한 후 발표한다.

(7) 오늘 배운 감정이해 프로그램에 대해 예비부모로서 느낀 점과 각자의 생각을 이야기한다.

(8) 과제: 상대방의 감정을 이해하는 기술을 실생활에서 적용한 후 하나의 사례를 적어온다.

2 부모의 감정을 표현하자

1) 교육내용

"우리 어머니는 고함치며 때리는 사람이었어요. 그래서 난 내 아이에게는 절대 고함치며 때리지 않겠다고 결심했지요. 그러나 아이가 반항할 때 제일 먼저 하게 되는 일이 바로 고함치며 때리는 일이었지요."

"아이가 칭얼댈 때, 저는 그칠 때까지 막 흔들어 주고 싶어요."

"저는 아이를 가진 후에야 비로소 내가 성미가 급하다는 것을 알게 되었어요. 제가 사랑하는 아이에게 그렇게 화를 낼 수 있다는 사실을 아무도 말해주지 않았어요."

"아이가 동생을 때릴 때, 저는 바로 그 아이를 때려서 동생이 아픈 것을 알게 해 주고 싶었어요."

"아이가 제시간에 옷을 입지 않고 꾸물대며 시간은 계속 흘러갈 때, 저는 미칠 지경이에요."

자녀가 없는 사람들이 위와 같은 말을 들으면 장차 아동학대자가 될 소지가 있는 부모들이라고 생각할지도 모른다. 그러나 위의 말들은 자녀를 사랑하며 책임감있게 행동하는 부모들의 이야기이다. 자녀를 갖기 전까지 대부분의 부모들은 자녀들로 인해 생기는 노여움에 대해 전혀 상상조차 하지 못한다. 그러나 이와 같이 보통의 부모들은 아이들로 인해 화가 나게 된다. 아이를 향한 격렬한 노여움은 부모가 아무리 아이들을 사랑한다 하더라도 불가피한 일이다.

부모는 자녀들에게 화내는 것을 애써 참으려고 하지만, 언젠가는 마침내 터지고 만다. 그리고 참는 데도 한계가 있다. 화를 내지 않으려고 애쓰는 것은 나쁜 말을 하는 것보다 더욱 나쁘다. 그것은 불에다 기름을 붓는 것과 같다. 분노는 마치 태풍과 같고, 우리의 삶에 있어서 어쩔 수 없는 사실이기 때문에 그것을 알고 대비하는 수밖에 없다.

자녀를 교육하면서 부모가 화를 내야 할 때가 있다. 실제로 부모가 화를 내야할 때 묵과해 버리면 아이는 그것을 선의로 받아들이기보다는 오히려 부모가 관심이 없는 것으로 받아들인다. 그렇다고 하여 부모의 격분한 말이나 채찍을 아이들이 감수한다는 뜻은 아니다.

부모들의 분노는 감정이다. 이것을 쓸데없는 일에 쓰는 것은 아무 값어치가 없다. 분노는 부모 자신에게 고통을 덜어 주고, 아이에게는 반성의 기회를 줄 수 있다. 따라서 부모들은 긴장을 해소하고 평화로운 마음을 갖기 위해서 다음과 같은 사실들을 인정해야만 한다.

첫째, 자녀는 부모를 화나게 할 수 있다.

둘째, 죄의식이나 부끄럼없이 분노의 감정을 표현한다.

셋째, 느끼는 대로 감정을 표현한다.

구체적으로 부모를 화나게 하거나 속상하게 하는 자녀의 행동을 예로 들어보자.

- 부모가 전화 통화를 하는데 옆에서 큰 소리로 떠든다.
- 동생하고 놀다가 때려서 울린다.
- 화장실을 사용하고 난 후 불을 끄지 않는다.
- 게임하느라 늦게까지 잠을 자지 않는다.
- 벽이나 방바닥에 낙서를 한다.
- 장난감을 가지고 놀고 난 후 어지럽게 늘어 놓는다.
- 아침에 여러 번 깨워도 일어나지 않는다.
- 마켓에서 계속 뛰어다닌다.

어떤 대안이 있을까? 아이들의 자존심을 상하게 하지 않고 부정적인 감정의 응어리를 남기지 않으면서 부모의 감정을 표현할 수 있는 방법은 없을까? 또 아이들에게 상처를 주지 않으면서 부모들이 감정을 쉽게 표현할 수 있는 방법은 없을까?

이제 아이들의 행동 때문에 부모들이 화가 날 때 도움이 되는 감정 표현의 다섯 가지 방법을 소개하고자 한다. 그러나 이 방법이 모든 아이들에게 똑같이 적용되지는 않을 것이다. 또 어떤 부모는 이 방법이 성격과 맞지 않을 수도 있다. 항상 효과적인 방법은 없는 것이다. 그렇지만 이 다섯 가지 방법은 아이로 하여금 부모에게 협력하고 싶은 마음이 생기도록 분위기를 만들어 줄 것이다(김진숙 · 김지은, 1997).

(1) 본 대로 이야기해 주자.

부모가 본 대로 혹은 문제점에 대해 자녀에게 이야기해 주자. 이야기를 해 주게 되면 가장 좋은 점은 수치심과 비난을 피하고 모든 사람이 어떤 일을 해야 할지 알 수 있다는 것이다.

"우유가 쏟아졌구나. 행주가 필요해."
"화장실에 불이 켜져 있구나."
"잠옷이 찢어졌네. 바늘과 실이 필요해."

부모는 앞과 같은 말을 사용해 보고 싶을 것이다. 그러면 이번에는 먼저 '너'라는 말과 함께 문장을 시작해 보자. 예를 들어, "네가 우유를 쏟았구나.", "불을 안껐구나 네가.", "네가 잠옷을 찢었구나." 앞의 말과의 차이를 알 수 있는가? '너'라는 말은 아이에게 비난당하는 것처럼 느끼게 해서 방어적으로 만든다. 그 사건을 이야기할 때 '네가 했구나'라고 말하는 대신 문제점이 무엇이고 어떻게 처리해야 하는가에 대해 말해 주는 것이 자녀들을 더 편안하게 해 준다.

본 대로 이야기해 주는 이 기술은 부모가 조금 화가 났을 때 사용하는 것이 좋다. 또 아이에게도 이 기술이 진실로 필요하다고 느낄 때 가장 효과적이다.

(2) 정보를 제공해 주자.

부모가 자녀에게 정보를 주기 좋아한다면 이것은 아이에게 평생 사용할 수 있는 멋진 선물을 제공해 주는 셈이 된다. 결국 자녀가 앞으로 생활해 나가는 데 "우유를 냉장고에 넣지 않으면 상하겠구나", "과자 봉지를 묶지 않고 계속 열어 두면 과자가 맛이 없어지는구나" "식탁에 숟가락을 놓아주면 좋겠다. 그럼 일이 훨씬 쉬워 진단다" 등과 같은 사실을 알 필요가 있는 것이다.

정보를 제공해 주는 기술은 그리 어렵지 않다고 부모들은 생각한다. 그러나 문제가 되는 것은 "더러운 옷은 세탁기 옆에 있는 바구니에 넣어야 해. 넌 결코 그렇게 할 수 없겠지"와 같이 말한다는 점이다. 첫 말은 정보 제공이었지만 끝에 가서 모욕을 주게 됨으로써 본래 의도를 벗어난 효과를 불러올 수 있다. 또한 부모는 정보를 제공함으로써 아이에게 신뢰한다는 마음을 전할 수 있다. 정보를 제공해 주면 아이들은 '어른들은 우리가 정보를 알기만 하면 책임감 있게 행동한다고 믿고 있어'라고 생각한다.

(3) 한 마디로 말하자.

아이들은 부모가 장황하게 이야기하면 잔소리로 생각하고 부모의 말에 무감각해지며, 앞서 이야기한 것은 잊어버리는 경향이 있다. 그러므로 가능한 짧게 말하는 것이 바람직하다.

많은 부모들은 이 '한 마디로 말하기' 방법이 아주 효과적이라고 말한다. 부모들은 이 방법이 시간을 절약해 주고 지루한 설명을 하지 않도록 해 준다고 말한다. 십대 아이들도 "문", "개" 또는 "준비물"이라고 한 마디로 말하는 것을 역시 좋아한다. 즉, 한 마디로 말하는 것이 매일 듣는 부모의 지루한 설교에서 고맙게도 자신들을 해방시켜 준다고 생각한다.

'한 마디로 말하기' 기술의 장점은 부모가 강압적인 명령을 하지 않고 자녀가 자신의 뜻대로 솔선해서 해 볼 수 있는 기회를 제공해 준다는 데 있다. 부모가 자녀에게 "준비물"이라고 말하면 아이는 '준비물? 아, 깜빡했네. 준비물 가져가야지'라고 생각하게 된다.

'한 마디로 말하기' 방법을 사용할 때 주의할 점은 아이의 이름을 부르지 말아야 한다는 것이다. 말할 때마다 "주희야" 하고 이름을 부르게 되면 아이는 잘못한 것과 자기 이름을 연관지어 함께 떠올린다.

유치원 가려는 아이에게 "또 준비물 놓고 가네. 어떻게 된 애가 말을 안하면 챙겨 갈 생각을 안하는지 몰라"라고 말하기보다 "연지야! 준비물" 하고 한 마디로 말하는 것이 좋다.

(4) 메모를 남기자.

많은 아이들은 글을 읽을 수 있는지의 여부와 관계없이 편지 받는 것을 좋아한다. 어린 아이들은 대개 부모로부터 편지를 받으면 감동한다. 그것이 비록 짤막한 편지나 메모일지라도 말이다. 그래서 편지를 받은 자녀들은 부모들에게 글씨나 그림을 그려서 답장을 보내기도 한다. 십대아이들도 부모에게 편지를 받으면 마치 친구로부터 편지를 받은 것처럼 좋아한다. 자녀들은 부모가 시간을 내서 자신들에게 편지를 써 주었다는 것에 대해 고마워하며 감동을 받는다.

부모들 역시 자녀에게 짧게 편지 쓰는 것을 좋아한다. 편지는 부모들이 아이에게 자신의 뜻을 전할 수 있는 쉽고 빠른 방법이며, 일반적으로 즐거운 여운을 남기기 때문이다. 실제로 한 청년은 부모에게 편지를 받으면서 가장 고마웠던 점에 대해 "부모님의 큰 소리를 듣지 않아서 좋았어요"라고 회상했다. 이처럼 짤막한 편지나 메모는 부모와 자녀관계에서 얼굴을 붉히거나 큰 소리를 내야 할 상황에서 활용하기 좋은 방법이다.

다음 몇 가지 메모의 사례를 보자.

▶ 저녁식사 후 양치질을 안 하는 경우

〈알림〉

오늘 저녁 축구 관람시간은 오후 8시예요.
잠옷을 입고 이를 닦은 아이들은 모두 초대합니다.
사랑해요.

– 엄마와 아빠가 –

▶ **쓰레기통이 자주 넘치는 경우**

사랑하는 주인님!
살려주세요!!!
넘치기 전에 제발 나를 버려주세요.

– 쓰레기 올림 –

(5) 부모의 감정을 이야기하자.

대부분의 부모들은 자신의 진실한 감정을 자녀들과 함께 나누는 것이 매우 유익하다는 사실을 알고 편안해한다. 부모라고 해서 자신의 감정을 참을 필요는 없다. 부모가 생각하는 만큼 아이들은 약하지 않으며, 부모의 말을 충분히 이해할 수 있다. 그러므로 아이에게 부모의 감정을 알려 주는 것이 좋다.

밖에서 지쳐 집에 돌아온 강민이 엄마는 아이들에게 스파게티를 만들어 주었다. 그때 아들이 의자에서 뛰어내리다가 식탁에 있는 접시를 떨어뜨렸다. 스파게티와 소스가 바닥에 온통 튀었다.

엄 마 : 어휴!
강 민 : 엄마, 누구든 실수는 해요. 엄마도 예전에 오렌지 주스 병을 떨어뜨렸잖아요.
엄 마 : (깨진 접시 조각을 주워 쓰레기통에 넣으면서) 그래, 좀 편안히 음식 좀 먹을 수 없겠니? 식사 중 네가 뛰어다니는 통에 골치가 아파 죽겠다. 엄마가 용서할 때까지 식탁에서 먹지 마. 알았지?

강민이는 조용히 앉아 기다렸다. 저녁 식사는 엉망진창이 되어 버렸다. 한 시간 후 엄마는 강민이에게 다가갔다.

엄 마 : 네가 접시를 깼을 때 엄만 화가 났단다. 하지만 네가 일부러 그런 것이 아니라는 것을 알고 너를 야단친 내가 정말 싫었단다.
강 민 : 그런데 엄만 제게 왜 소리쳤어요?
엄 마 : 네가 나와 가장 가까이 있었기 때문이야. 너 아니면 누구한테 소리칠 수 있겠니.

강민이는 웃었다.

아이가 실수로 음식을 엎지른 것은 바깥일에 지쳐 피곤한 어머니의 신경을 자극하기에 충분했다. 그러나 그 후 어머니가 화가 났다는 말을 함으로써 좋은 감정을 되찾을 수 있었고, 강민이도 어머니의 감정을 쉽게 이해하게 되었다. 어머니는 솔직하게 그 상황을 설명함으로써 화나거나 죄책감에 빠지지 않고 좋은 감정을 회복할 수 있었다.

때로는 짧은 말로 부모의 감정을 이야기함으로써 자녀의 잘못된 행동을 고칠 수 있다.

부모들이 화가 난 이유와 그것으로 말미암은 마음상태와 자녀들이 행동해 주기를 바라는 말을 넌지시 던지는 일이다.

"엄마는 옷, 가방 등이 방바닥에 온통 널려있는 것을 보면 화가 나서 전부 쓰레기통에 던져 버리고 싶단다."
"엄마는 네가 동생을 때리는 것을 보면 몹시 속상해. 너무 속상해서 얼굴이 불덩이처럼 달아오른단다."
"밥을 먹자고 불러도 네가 빨리 오지 않으면 엄만 화가 치밀어 오른다."

이와 같이 감정을 이야기하는 방법은 아무런 피해없이 부모의 분노를 해소시킬 수 있는 방법이다. 또한 아이도 다른 사람을 해치지 않고 자신의 분노를 해소할 수 있다는 사실을 배우게 될 것이다.

때로는 부모가 화가 났을 때 화난 상황을 잠시 떠나 있음으로써 부모와 자녀 모두에게 해를 입히는 감정의 폭발을 막을 수도 있다.

가끔 일부 아이들은 부모들의 감정표현에 매우 민감하게 반응한다. 그런 아이들에게 "엄마 화났어" 또는 "그것 때문에 무척 화가 나"와 같은 강한 이야기를 하면 참지 못하고 보복하는 마음으로 "나도 엄마 때문에 화가 나요!"라고 도전적으로 대답하는 경우가 있다. 그런 아이들에게는 부모의 기대를 이야기하는 것이 좋다.

예를 들어, "네가 고양이 꼬리를 잡아당겨서 엄마가 화났어"라고 말하는 대신 "난 네가 고양이에게 친절히 대해 주었으면 좋겠어"라고 말하는 것이 좀 더 유익하다.

2) 활동

Tip 부모의 감정을 표현하려면!!

① 본 대로 이야기해 준다.
"침대 위에 젖은 수건이 있구나."
② 정보를 제공해 준다.
"남에게 욕하고 놀리는 것은 마음을 아프게 한단다"
③ 한 마디로 말한다.
"잠옷.", "강아지."
④ 메모를 남긴다.
"화장실 불은 껐나요?"
⑤ 부모의 감정을 이야기한다.
"네가 접시를 깼을 때 엄만 화가 났단다."

(1) 자녀의 행동으로 인해 부모가 기분이 좋지 않았던 경험을 생각해 보고 발표한다.

예 아이가 늦었다며 아침을 먹지 않고 등원한다.
동생하고 놀다가 싸운다.

① 자녀가 위와 같은 행동을 했을 때 예비부모로서 어떻게 반응할까요?

____

____

② 사용한 방법이 효과적이었나요?

____

____

③ 그때 어떤 감정을 느낄까요?

____

____

(2) 부모의 감정표현을 연습한다.

예 "저녁뉴스를 보고 있는데, 네가 큰소리로 말하면(행동) 아빠는 화가 난다(감정). 왜냐하면 뉴스에서 무슨 소리를 하는지 들을 수가 없거든(영향)."

- 네가 일요일날 일찍 TV를 크게 틀면 (　　) 화가 나. (　　) 왜냐면 엄마가 잠을 잘 수가 없기 때문이야. (　　)
- 네가 침대에서 뛰면 (　　) 침대가 망가져 못쓰게 될까 봐 (　　) 걱정이 돼. (　　)
- 장난감을 가지고 놀고 난후 정리하지 않으면 (　　) 짜증이 난다. (　) 방이 지저분해서 엄마가 치워야 하거든. (　　)

(3) 다음의 사례에서 예비부모로서 다섯 가지 감정표현 기술 중 하나를 적용해 보자.

① 잠옷을 입는다고 하고서 계속 동생과 장난한다.

- 나의 반응

____

- 감정표현 기술

____

② 장난감을 가지고 논 후 제자리에 두지 않는다.

- 나의 반응

____

- 감정표현 기술

____

③ 손을 씻고 난 후 물을 잠그지 않는다.

- 나의 반응

____

- 감정표현 기술

____

④ 장난감을 사달라고 조른다.

- 나의 반응

____

- 감정표현 기술

____

⑤ 아침에 여러 번 깨워도 일어나지 않는다.

- 나의 반응

____

감정표현 기술

(4) 위의 다섯 가지 사례중 1~2가지를 택하여 두 사람이 짝을 지어 한 사람은 부모역할, 다른 한 사람은 자녀역할을 한다. 그리고 역할놀이 후에 서로의 감정을 이야기해 보자.

(5) 가족 및 친구의 행동으로 기쁘고 행복했던 경험을 회상해보고 그때 느꼈던 감정을 말해 보자.

(6) 조별로 효과적인 부모의 감정표현기술의 장단점에 대해 토의한 후에 발표한다.

(7) 오늘 배운 감정표현 프로그램에 대해 예비부모로서 느낀 점과 각자의 생각을 발표한다.

(8) 과제: 자신의 감정을 표현하는 기술을 다른 사람에게 적용한 후 하나의 사례를 적어온다.

Chapter 11

칭찬 · 격려하고 자율성을 키워주세요!

이 장에서는 부모가 자녀를 칭찬하고 격려하는 방법과 자율성을 증진시키는 방법에 대하여 살펴보고 경험하고자 한다.

1 자녀에게 칭찬과 격려를 하자

1) 교육내용

(1) 아이를 어떻게 칭찬할까?

인간의 일생에 중요한 영향을 미치는 자아존중감(self-esteem)은 영유아기에 형성되기 시작하여 환경과 상호작용하면서 다양한 경험과 부모의 양육방식에 의해 변화되고 다시 형성되어 간다. 그러므로 부모는 영유아들이 자아 개념을 긍정적인 방향으로 형성해 나갈 수 있도록 최선의 도움을 주어야 한다.

자아존중감이란 스스로를 존중하는 마음으로 자신의 가치에 대한 한 개인의 판단을 의미한다. 유아기는 특히 자신의 특성이나 능력에 대한 판단 및 평가로부터 나오는 감정인 자아존중감의 토대가 형성되는 중요한 시기이다.

만일 아이들의 자아존중감이 인생에서 매우 중요하다면, 부모들은 그것을 높이기 위해 무엇을 할 수 있을까?

부모로서 아이들이 긍정적이고 현실적인 자아상(self-image)을 가질 수 있도록 어떻게 도와줄 수 있을까? 아이들을 칭찬하는 일이 도움이 되리라 확신한다. 아이들에게 평가를 하는 칭찬보다는 구체적으로 표현해주는 칭찬이 도움이 된다. 즉, 부모가 본대로 표현한다. 그리고 부모가 느끼는 대로 표현한다. 그 결과 부모의 칭찬을 듣고 난 후에 아이는 자신을 자랑스럽게 생각할 수 있게 된다.

실생활에서 어떻게 적용되는지 사례를 통해 보도록 하자.

‘방을 치웠구나, 정말 착하네’라고 하기보다는 ‘일을 많이 했구나. 블록을 바구니에 정리하고, 책도 제자리에 꽂아두고, 구슬도 다 집어 넣었네’라고 하는 것이 도움이 된다.

준영이에게 긍정적인 느낌을 표현해 준 사례를 보자.

준 영 : (막 외출하려는 엄마에게) 엄마, 책 읽어 주세요.
엄 마 : 지금 나가야 해서 읽어 줄 시간이 없는데….
준 영 : 나가기 전에 읽어 달라는 뜻이 아니라 집에 온 후에 해 달라는 뜻이었어요.
엄 마 : 너 이제 정말로 ~하기 전과 ~한 후의 차이점을 아는구나! 엄마는 우리 준영이가 자랑스럽다.
준 영 : (자랑스러운 표정으로) 예. (잠시 생각하고는) 언제 과자를 먹어야 하는지도 알아요. 식사 후예요.

아이들에게 단지 ‘훌륭해, 좋았어’라고 말하는 것은 어렵지 않다. 그러나 실제로 보고, 경험한 후 구체적인 표현으로 칭찬하는 것은 훨씬 어렵고 귀찮은 일이다. 그럼에도 불구하고 이러한 과정을 거치면서 아이들은 자신의 장점을 더 잘 인식해나간다는 데 대해 의심할 바가 없고, 부모로서 더욱 노력하게끔 하는 촉진제가 된다.

7살 난 딸의 장점을 표현해 준 아버지의 사례를 보자.

우리 아이는 혼자 아침에 일어나 세수하고, 아침을 먹고 옷을 입은 후 유치원에 갈 준비를 합니다. 자율성이 있다고 할 수 있지요! 며칠 뒤 딸아이가 이를 닦으면서 저를 계속 부르더니 입을 가리키며 '아빠! 이 깨끗하죠!'라고 말했어요.

다음 상황을 보자.

어린 딸이 처음으로 혼자서 옷을 입었다. 아이는 당신이 봐주기를 바라면서 당신 앞에 서 있었다.

"넌 착한 아이야"라고 하기보다는

"셔츠 위에 이름표를 붙였구나. 바지 지퍼도 올렸고, 양말도 색깔을 맞춰 신었고 신발끈도 묶었네. 여러 가지 일을 잘 해냈구나!"라고 말한다.

"엄마는 공부 잘하는 딸 때문에 살맛난다"라고 하기보다는 "열심히 공부하더니 성적이 올라서 기분 좋겠네"라고 결과보다는 과정을 칭찬해 주는 것이다.

즉, 아이가 노력한 과정을 당신이 본 대로 구체적으로 표현해 주는 칭찬이 도움이 된다.

감기로 몸이 아파 누워있는 엄마를 위해 죽을 끓여온 딸에게

"고맙다"라고 하기보다는

"엄마가 아프다고 죽을 끓였네. 이 죽 먹고 나면 금방 나을 것 같구나. 우리 딸의 사랑이 느껴지네, 고마워"라고 부모가 느끼는 대로 표현해 주는 구체적인 칭찬이 더 효과적이다.

구체적으로 표현하는 칭찬에 또 다른 방법이 있다. 아이의 칭찬받을 만한 행동을 한두 마디로 요약해 주는 것이다.

예를 들면, "한 시간째 단어장을 보며 외우고 있구나. 그런 걸 보고 참을성이 있다고 하는 거야"라고 요약해주는 것이다.

이처럼 구체적인 칭찬은 아이에게 자신감과 자율성을 길러주고 앞으로 더 잘 하고자 하는 동기를 부여하므로 더욱 중요하다. 아울러 구체적인 칭찬은 아이가 행동을 한 후에 즉각적으로 하는 것이 가장 효과적이다.

마지막으로 가끔은 자기 칭찬도 필요하다. 예를 들면, 자녀가 혼자 옷을 입고 난 후에 또는 이름을 다 쓰고 난 후 "이제 나도 언니다. 혼자 옷을 입었으니까..." 또는 "나도 내 이름 다 쓸 수 있다"며 자기 자신을 자랑스러워하고 자기 칭찬을 할 수 있다. 또는 스스로를 꼭 껴안아주거나 오른손 주먹을 불끈 쥐어 볼 수도 있다. 이와 같이 아이에게 자기 칭찬은 중요하다.

(2) 아이를 어떻게 격려할까?

칭찬과 더불어 격려도 아이가 자아존중감을 갖고 성장할 수 있도록 돕는 기술이다. 또한 격려는 자녀에게 소속감과 더불어 다음의 감정을 느끼게 해주는 방법이다.

"나는 다른 사람에게 받아들여지고 있다."
"나는 강하고 유능하다."

"나는 사랑받고 있다."

격려받은 아이는 성장·발전하고 새로운 것을 배우며 시도할 용기를 갖게 된다. 또한 스스로에 대한 신뢰를 배우며 스스로 자신의 장점과 특별한 점을 발견하게 된다.

자녀에게 다음과 같은 태도를 보여주는 기술을 배우고 연습하면 도움이 될 것이다(연미희 · 김진숙, 2015).

① 자녀를 있는 그대로 사랑하고 받아들인다.

자녀는 서로 다른 속도로 성장한다. 성장발달, 성격, 관심사 그리고 장점과 약점이 제각각이다.

모든 아이들이 저마다 독특한 존재이듯이 자녀를 있는 그대로 감사하고 받아들이는 것이 중요하다.

② 자녀를 신뢰한다.

자녀에게 말과 행동으로 신뢰를 보여준다.

"어서 해보렴. 너는 네 스스로 공을 잡을 수 있어."

"너는 네 신발 끈을 매는 법을 배우고 있구나."

③ 자녀의 노력과 개선된 점을 인정해준다.

"이것 좀 봐! 네가 숟가락을 입까지 가져갔구나."

"네가 저녁 식사하기 전에 잊지 않고 손을 씻었구나."

④ 자녀에게 감사의 표현을 한다.

"사촌과 사이좋게 장난감을 갖고 놀아서 고맙구나."

"식탁에 수저와 젓가락을 놓아줘서 내게 많은 도움이 되었단다."

(3) 칭찬과 격려는 무엇이 다른가?

칭찬은 주로 자녀가 어떤 일을 성공적으로 성취하거나 긍정적일 때 하는 것이다.

반면 격려란 용기와 의욕을 북돋아준다는 의미로 높은 성취나 긍정적인 상황이 아니어도 노력한 점을 높이 사거나 앞으로의 발전을 위해 해주는 말이다. 즉, 우리는 자녀의 잘한 일이나 좋은 일에는 칭찬을 하지만, 자녀가 노력한 점이 부족하거나 실패했을 때에는 격려하는 것이다. 자녀를 격려하는 부모는 자녀의 실수를 인정하고 그것으로부터 스스로 배우도록 도와주는 것이다.

칭 찬	격 려
– 칭찬은 보상이다. 외적인 보상으로 자녀를 동기화시킨다. – 어떤 일을 끝낸 후에 한다. – 잘 한 일이나 좋은 일에 한다. – 타인과의 비교로 경쟁심이 유발되기도 한다.	– 격려는 선물이다. 아무런 조건없이 주어지는 선물이다. – 어떤 일을 하기 전과 후에 모두 할 수 있다. – 노력이 부족하거나 실패했을 때도 한다. – 자신의 노력과 향상을 기준으로 하기 때문에 경쟁할 필요가 없다.

(4) 격려를 나타내는 표현들

자녀에게 사용할 수 있는 격려표현의 예를 들면 다음과 같다.

"넌 그것을 좋아하는 것 같구나."
"넌 그걸 어떻게 생각하니?"
"넌 할 수 있어."
"고맙다. 내게 많은 도움이 되었다."
"이 일 하는 데 네 도움이 필요하구나."
"넌 정말 그 일을 열심히 했구나."
"점점 더 노래를 잘 하는구나."
"네가 도와줘서 정말 고맙다."

2) 활동

Tip 칭찬과 자아존중감을 높여 주려면!!

① 당신이 본 대로 표현한다.
"마루도 깨끗하고, 침대도 정리했고, 책도 책장에 가지런히 꽂혀 있구나."

② 당신이 느끼는 대로 표현한다.
"이 방에 들어오면 기분 좋구나!"

③ 아이들의 칭찬받을 만한 행동을 한 마디로 요약한다.
"연필과 크레용, 펜을 각각 상자에 잘 넣었구나. 이런 걸 보고 정리 정돈을 잘 했다고 한단다!"

④ 자기 칭찬도 필요하다.
"나도 이제 잘 할 수 있어."

Tip 격려하려면!!

① 아이를 신뢰한다.
"너는 단추 채우는 법을 배우고 있구나."

② 아이의 노력과 개선된 점을 인정해준다.
"집에 오자마자 손을 씻는구나."

③ 아이에게 감사의 표현을 한다.
"동생과 사이좋게 그림책을 보고 있구나. 고마워!"

(1) 과거 부모로부터 칭찬받았던 경험을 회상해본다. 그때 어떤 감정을 느꼈는지? 각자 발표한다.

(2) 다음의 상황에서 예비부모로서 구체적으로 칭찬하는 연습을 하자. 보고 느낀 것을 자세히 표현해 보도록 한다.

▶상황 ①

당신은 아이의 연극을 보기 위해 유치원에 갔다. 아이는 왕의 역할을 해낸 후 당신에게 달려와 "잘 했어요?"라고 묻는다.

▶상황 ②

당신의 아이가 100점 맞았다고 큰 소리로 말하며 행복해한다.

▶상황 ③

당신이 여러 날 아팠다. 아이가 병이 빨리 낫기를 바라는 마음으로 풍선과 하트모양으로 장식한 카드를 당신에게 건네고 반응을 기다리고 있다.

(3) 구체적으로 칭찬할 때 아이들의 반응은 어떨까? 두 사람씩 의견을 나눠보자.

(4) 다음 아이들의 칭찬받을 만한 행동을 빈칸에 한 마디로 요약해보자.

① 네가 케이크를 좋아하는데도 한 조각만 먹었네.
네가 (　　)이 있다고 할 수 있겠구나.

② 음악회 갈 준비를 다 했구나.
그리고 취소되더라도 다른 계획을 미리 세워 놓았네.
(　　)이 있다고 할 수 있지.

③ 다른 애들이 준영이를 놀리는데도 너는 준영이 편을 들어 주었구나.
(　　) 있는 행동을 했구나.

(5) 과거에 다른 사람에게서 격려 받았던 경험을 회상해보고 그때의 말, 행동 그리고 감정에 대해 발표한다.

(6) 많은 부모들이 자녀에게 용기를 북돋아주는 대신에 용기를 꺾는 행동을 한다. 다음의 예를 참고로 하여 예비부모로서 각각의 상황에 맞게 기꺾기 행동과 격려하기를 연습해본다. 그리고 두 사람씩 짝이 되어 부모와 자녀의 역할놀이를 해 본다.

▶ 예: 딸이 열심히 공부했는데 성적이 떨어졌다고 한숨을 쉰다.
– 기꺾기: 그럴 줄 알았다. 그러기에 벼락공부만 하지 말고 평상시에 공부 좀 해!
– 격려하기: 이번에는 정말 열심히 했는데 성적이 떨어져서 속상하지? 넌 끈기가 있으니까 다음 번에는 잘 할 수 있을 거야.

▶ 상황 ①: 블록을 열심히 쌓고 있다.
- 기꺾기: ______________________
- 격려하기: ______________________
____

▶ 상황 ②: 아침에 스스로 일어나지 못한다.
- 기꺾기: ______________________
- 격려하기: ______________________
____

▶ 상황 ③: 아들이 발표회에서 잘 하지 못할까봐 걱정을 한다.
- 기꺾기: ______________________
- 격려하기: ______________________
____

▶상황 ④: 딸이 오늘 반장선거에서 떨어져서 매우 실망하고 왔다.
- 기꺾기: ______________________
- 격려하기: ______________________
____

(7) 오늘 배운 칭찬과 격려 프로그램에 대해 예비부모로서 자신의 느낌이나 생각을 발표한다.

(8) 과제: 칭찬과 격려를 다른 사람에게 적용한 후 실제 사례를 적어온다.

2 자녀의 자율성을 길러주자

1) 교육내용

"저는 아들의 생활 전부가 제 책임이라고 느껴 왔어요. 그러나 지금은 아이를 위해서 결정을 내리고 보호해 주는 것이 제가 할 일이 아니라는 것을 알게 되었어요.
제 책임은 아이 스스로 자신을 개발함으로써 행복하고 보다 나은 생활을 할 수 있도록 도와주는 것이에요. 제가 아이의 실수나 감정에 책임을 져야 한다고 생각지 않아요. 제가 할 일은 아이가 저에게 의존하지 않고 혼자 할 수 있도록 도와주는 것이에요."

영철이 어머니도 아들이 하나의 독립된 인간이라는 것을 깨닫기 전까지는 보통 부모와 마찬가지로 아이 스스로 할 수 있는 모든 것을 대신 해 주었다. 탯줄이 잘리는 순간부터 아이는 독립된 별개의 인간이다. 그럼에도 불구하고 부모가 통제를 계속한다면 아이 스스로 결정할 수 있는, 즉 자율적인 사람이 될 수 없다는 것이 큰 문제이다. 옷을 입고, 밥 먹고, 숙제하고, 노는 등의 평범한 관심사에서 부모는 고삐를 늦추고 한걸음 물러설 필요가 있다. 무엇을 먹고, 무엇을 입을 것이며, 무엇을 하고 놀 것인지, 누구와 놀 것인지를 결정할 권리는 아이에게 있다는 점을 기억해야 한다.

대부분의 부모들은 자녀를 통제하길 원한다. 통제력을 행사하는 방법 중의 하나는 가능한 한 많은 것을 아이를 위해서 부모가 대신 해 주는 것으로 생각하고 있다. 부모가 아이들을 위해서 많은 것을 해 주면 해 줄수록 아이들 스스로 하는 일이 적어지고, 자신이 결정할 일에 대해서 부모에게 더욱 의존하게 된다.

많은 부모들은 아이들에게 가장 좋은 것이 무엇인지를 알고 있다고 생각한다. 그러나 부모들이 아이를 위해 영원히 결정을 내려 줄 수 없으므로, 아이들 스스로 선택을 잘 하도록 어떻게 격려해 주는지가 매우 중요하다. 즉, 아이들 스스로 결정을 내리게 하는 자율성을 길러 주는 것이 필수적이다.

일찍부터 부모들은 사소하지만 의미있는 방법으로 아이들 스스로 행동하게끔 도와주어야 한다. 즉, 유아기에 아이가 어떤 옷을 입을 것인가부터 스스로 선택하도록 하는 것이 자율성을 길러 주는 가장 효과적인 시작이 될 수 있다.

'좋은 엄마'가 되어 가는 과정을 다음과 같이 설명한 한 어머니의 사례를 보자.

> "최근에 저는 아이의 문제를 일일이 조사해서 해결해 주는 대신, 아이의 말에 귀를 기울였어요. 결국에는 아이 스스로 해결책을 찾아야 한다는 것을 아이가 알도록 했어요. '좋은 부모'란 아이 스스로 하도록 내버려 두어서 실수도 하고, 안 좋은 결과도 겪어 보고, 잘못을 고치기 위해 어떻게 해야 한다는 것을 깨닫도록 해 주는 것임을 알게 되었어요. '좋은 엄마'란 아이가 실수할 때 모르는 척 해 주는 거예요. 그것은 마치 요술쟁이가 되어야 하는 것과 같지요. 노력할 만한 가치는 있지만 실천하기는 매우 힘들어요."

사람이 의존적인 상태에 있을 때 고마운 마음도 있지만 보통 무력감이나 불만, 좌절 또는 분노를 경험하기도 한다. 이러한 사실은 부모로 하여금 진퇴양난에 빠지게 만든다. 왜냐하면 아이들은 부모에게 전적으로 의존하고 있기 때문이다. 그들이 아직 어리고 경험이 없기 때문에 부모는 아이들을 위해서 많은 것을 대신해 주고, 말해 주고, 보여 주어야 한다고 믿고 있다. 그러나 다른 측면에서 본다면 아이들의 의존이 적대감으로 이어질 수 있다는 것이다. 그렇다면 아이들의 의존적인 감정을 최소화하는 방법은 없을까?

다음은 아이들의 자율성을 길러 주는 데 도움이 되는 몇 가지 기술이다 (김진숙 외, 2017).

(1) 아이들에게 선택의 기회를 제공해 준다.

아이들에게 우유 반 컵 혹은 한 컵을 마시겠느냐, 빵을 조금 구울까 혹은 바싹 구울까 등을 물어보는 일이 대수롭지 않게 여겨질지 모른다. 작은 일이지만 아이들에게 선택을 하게 한다는 것은 자신의 생활을 스스로 조절하는 기회를 갖게 되는 것이다. 아이들이 화내는 것은 그 앞에 놓인 일이 너무 많기 때문이다.

"약 먹어라."
"탁자 좀 그만 치워라."
"이제 잠잘 시간이다."

만일 부모가 아이에게 어떻게 해야 할지 선택권을 준다면 그 선택권은 아이의 분노를 줄일 수 있을 것이다.

"난 네가 얼마나 이 약을 싫어하는지 알아. 사과 주스와 같이 마시는 편이 낫겠니? 아니면 물이랑 같이 마시겠니? 네가 결정하렴."
"이제 엄마가 아빠와 이야기할 시간인데 너는 잠자리에 들어야 할 시간이구나. 지금 자겠니? 아니면 침대에서 좀 놀다가 자고 싶을 때 우리를 부르겠니?"

어떤 부모들은 이러한 지도 방법을 좋아하지 않는다. 강요된 선택은 진정

한 선택이라 할 수 없고 아이들을 또 다른 방법으로 상자 안에 가두는 것이라고 반박하기도 한다. 전혀 틀린 말은 아니다. 하지만 여기서 제안하는 대안은 모두 동의할 수 있도록 아이들 자신이 스스로 선택하게 하는 것이다.

여기에 아이 스스로 선택하게 한 어머니의 이야기를 보도록 하자.

호준이(3살)와 엄마가 길을 건너고 있었다.

호 준: (손잡는 것이 싫어서 길 한복판에서 손을 빼려고 한다.)
엄 마: (길을 건너기 전) 호준아, 네가 선택하렴. 엄마 손을 잡든지 아니면 네가 안전하다고 생각되는 것을 잡으렴.
호 준: (잠시 생각하더니) 엄마 가방을 붙잡을게요.

위험한 상황에서 아이가 안전한 것을 스스로 선택하도록 하였고, 이러한 선택에 엄마는 만족했다.

(2) 아이들의 노력을 존중하며 지켜본다.

부모들은 아이에게 어떤 일이든 "쉬운 일이야"라고 말하는 것이 격려해 주는 것이라고 생각해 왔다. 그러나 "해 보렴, 쉬운 일이야"라고 말하는 것은 결코 도움을 주는 일은 아니다. 만일 아이가 '쉬운' 일을 성공적으로 해낸다면 성취감을 맛보지 못할 것이고, 실패한다면 쉬운 일도 못하는 셈이 되기 때문이다.

그와는 반대로 부모가 "쉬운 일이 아니야" 또는 "어려울 수 있어"라고 말한다면 아이는 자신에게 다른 메시지를 준다. 만일 아이가 성공하면 어려운 일을 해낸데 대한 자부심을 경험할 것이고, 실패하면 그 일이 어려웠다는 것을 아는 것만으로도 최소한의 만족을 하게 될 것이다.

부모가 아이들을 위해 모든 일을 해 주기보다는 문제해결의 실마리를 제시해 줌으로써 도와줄 수 있다. 몇 가지 유용한 문장을 예로 들어 보면 다음과 같다.

"지퍼를 채우기 전에 때로는 지퍼를 밑으로 끝까지 내려 보는 게 도움이 된단다."
"문을 열기 전에 숫자를 맞추기보다는 때로는 문의 손잡이를 몇 번 돌려 보는 게 도움이 된단다."
"때로는 도움이 된단다"라는 말을 즐겨 쓰는 것은 도움이 안 될 경우 아이들은 부적합하다는 느낌을 받을 수도 있기 때문이다.

(3) 아이에게 너무 많은 질문을 하지 않는다.

엄 마 : 어디에 갔다 왔니?
아 이 : 나갔었어요.
엄 마 : 무엇을 했니?
아 이 : 아무것도 안 했어요.

위와 같은 대화를 흔히 들을 수 있다. 아이들은 대답하기 싫을 때 "몰라요" 또는 "나 혼자 내버려 두세요"라는 말을 종종 쓴다.

아이에게 질문을 안 한다면 좋은 부모가 되지 못할 거라고 생각하는 한 어머니가 있었다. 그러나 그 어머니는 아이에게 질문을 퍼붓던 것을 멈추고 아이가 이야기할 때 흥미있게 들어 주었더니 마음을 여는 것을 보고 놀라웠

다고 했다.

이 말은 아이에게 전혀 질문을 하지 말라는 뜻인가? 아니다. 핵심은 질문에 대한 결과를 짐작해 보는 것이다.

(4) 질문에 빨리 답하려고 서두르지 않는다.

아이들은 자라면서 호기심을 가지고 여러 가지 질문을 하게 된다.

"무지개가 뭐예요?"
"아기는 왜 나온 곳으로 다시 돌아갈 수 없어요?"
"사람들은 왜 자기가 원하는 것을 무엇이든 할 수 없어요?"

부모들은 이러한 질문에 대해 즉각적이고 적절한 대답을 찾으려 한다. 그러나 질문에 꼭 대답해야 한다는 생각은 불필요한 일이다. 보통 아이들이 질문을 할 때는 이미 대답에 대해 생각을 해 보는 경우가 많기 때문이다. 아이가 질문을 하는 것은 어른들로 하여금 자기의 생각을 더 탐색하도록 도와주기를 바라는 마음에서이다. 부모는 아이들에게 즉각적인 대답을 해 줄 때 아무런 도움도 주지 못한다. 그것은 마치 아이들의 정신 작용을 부모가 대신해 주는 것과 같기 때문이다. 아이들이 자신의 질문에 대해 탐색하도록 해 주는 게 훨씬 더 도움이 되는 일이다.

"그게 이상한 모양이구나."
"어떻게 생각하니?"
"사람들은 왜 원하는 것을 다 할 수 없는 것일까?"

아이가 질문한 내용을 되물어보는 것도 효과적인 방법이다. 결코 질문에 답을 서두를 필요는 없다. 답을 찾으려는 과정이 대답만큼 가치있는 일이라는 점을 기억하자.

(5) 아이들이 집 밖의 자원을 이용할 수 있도록 격려한다.

아이들이 가족에게 의존하는 감성을 줄이기 위한 한 가지 방법은 가치있는 자원을 가진 더 큰 사회가 있다는 것을 아이들에게 보여 주는 것이다. 집 밖의 세계는 이상한 곳이 아니고 필요할 때 도움을 받을 수 있는 곳이라고 말해 준다. 아이들에게 주는 직접적인 이익은 제외하더라도, 선생님은 항상 무거운 책임을 지고 있는 부모들을 안심시키는 대화를 하고, 보건교사는 비만아를 위해 적절한 식습관 조절을 이야기할 수 있을 뿐만 아니라 집에서 할 수 있는 간단한 운동을 소개할 수 있다. 도서관 직원은 어려운 숙제를 하는 아이들에게 도움을 주고, 치과선생님은 양치질을 안 한 경우 이가 어떻게 되는지 이야기해 줄 수 있다.

이러한 집 밖의 자원들이 때로는 어머니, 아버지가 얘기한 것보다 더 중요하고 도움이 될 때가 많다.

(6) 아이들의 희망을 빼앗지 않는다.

삶은 많은 기쁨을 꿈꾸고, 공상하고, 기대하고, 계획하는 데 있다. 아이들에게 희망이 아닌 실망의 가능성을 경험하도록 한다면 부모는 아이들로부터 일생의 중요한 경험을 박탈하는 것과 같다.

어느 날 아홉 살 난 딸아이가 엄마에게 강아지를 한 마리 사달라고 부탁했다. 어머니는 경제적 이유, 장소, 아파트의 규칙 때문에 안 된다고 말하는 대신에 "너는 강아지를 가지고 싶구나. 더 자세히 얘기해 보렴" 하고 말을 이어갔다. 그리고는 딸이 어떻게 강아지를 먹이고, 단장시키고, 매일 산책시킬 것인지 자세하게 얘기하는 것을 들어 주었다. 딸은 강아지에 대한 자기의 꿈을 아빠에게 이야기한 것만으로도 충분했는지 더 이상 강아지를 사겠다고 조르지 않았다. 엄마와 대화를 한 이후에 딸은 도서관에서 강아지에 대한 책을 빌려와 강아지 그림을 그렸고, 강아지를 사기 위해 용돈의 일부를 저축하기 시작했다.

몇 년 후 그 아이는 유기견 보호센터에 자원봉사를 신청했고, 가끔씩 강

아지들 산책을 도왔다. 열네 살이 되자 강아지에 대한 관심은 줄어들었고, 어느 날 그 아이는 강아지를 사려고 모았던 돈으로 자전거를 샀다고 했다.

앞에서 제안한 여섯 가지 기술들은 얼핏 들으면 상식처럼 생각되지만, 그 어느 것도 평범한 것들이 아니다. 부모는 자녀들의 자율성과 독립심을 길러 주기 위해 이야기를 나누는 훈련과 결단력이 필요하다.

여기에서 살펴본 여섯 가지 기술이 아이들의 자율성을 길러 주는 유일한 방법이라고는 할 수 없다. 실제로 지금까지 언급한 모든 기술들은 아이들로 하여금 자신을 독특하고, 책임감 있고, 유능한 사람으로 여기도록 도와주려는 방법들이다.

부모가 아이들과 감정을 공유하고, 같이 느낌을 이야기하거나 문제 해결을 하면서 아이들의 자신감을 키워 주고자 한 것이다.

2) 활동

Tip 자율성을 길러 주려면!!

① 아이들에게 선택의 기회를 제공해 준다.
"너 오늘 검정 바지를 입겠니? 아니면 회색 바지를 입겠니?"

② 아이들의 노력을 존중하며 지켜본다.
"병뚜껑은 열기 힘들어. 네가 숟가락으로 뚜껑의 가장자리를 두드리면 열리는 수가 있지."

③ 아이에게 너무 많은 질문을 하지 않는다.
"잘 다녀왔구나."

④ 질문에 빨리 답하려고 서두르지 않는다.
"그것 참 재미있는 질문이구나. 너는 어떻게 생각하니?"

⑤ 아이들이 집 밖의 자원을 이용할 수 있도록 격려한다.
"애완동물 가게 아저씨에게 물어보는 게 어떨까?"

⑥ 아이들의 희망을 빼앗지 않는다.
"네가 그 연극을 해 보려고 하는구나. 좋은 경험이 될 거야."

(1) 예비부모인 당신이 아이라면 다음과 같은 상황에서 어떤 느낌이 들지, 어떤 반응을 할지 생각해 보자.

▶ 상황 ①: 당신은 다섯 살입니다.
부모님이 당신에게 다음과 같이 말을 한다면 당신은 어떤 반응을 할까요? 그리고 어떤 감정일까요?

① "당근도 먹어봐라. 채소는 몸에 좋단다."
② "엄마가 지퍼를 채워줄게."
③ "나는 네가 그 아이와 안 놀았으면 좋겠구나. 그 애는 욕만 하더라…."

④ "너 정말 화장실에 안가도 되겠니?"

반응	감정
①	
②	
③	
④	

▶ 상황 ②: 당신은 아홉 살입니다.
부모님이 당신에게 다음과 같이 말을 한다면 당신은 어떤 반응을 할까요?
그리고 어떤 감정일까요?

① "그 옷을 입지 마라. 파란색은 네가 좋아하는 색이 아니잖아..."
② "그 병을 가져오렴. 내가 뚜껑을 열어주마."
③ "네가 입을 수 있도록 엄마가 옷을 펼쳐 놓았다."
④ "엄마가 숙제 좀 도와줄까?"

반응	감정
①	
②	
③	
④	

(2) 나는 어렸을 때 부모의 간섭을 많이 받았는가? 혹은 내가 할 일을 자율적으로 했는가? 잠시 회상해보고 두 사람씩 이야기 나눠보자.

(3) 다음의 상황에서 자율성을 길러주는 기술을 적용해 보자.

① 아이가 놀이터에서 미끄럼을 더 타겠다고 한다: 선택의 기회를 제공한다.

② 신발을 신는 데 오래 걸린다: 아이의 노력을 존중한다.

③ 아이가 친구 생일파티에서 돌아왔다: 많은 질문을 하지 않는다.

④ "아빠, 비는 어디에서 와요?"라고 질문한다: 즉각적인 대답을 하지 않는다.

⑤ "엄마, 강아지가 아픈 것 같아요. 어떡하죠?": 집 밖의 자원을 이용한다.

⑥ "난 커서 가수가 될거야!": 희망을 뺏지 말자.

(4) 다음 사례에서 자율성을 길러주기 위한 문장을 생각해 보자

아이: "지금 영수 집에 가서 놀아도 돼요?"
부모: "안 돼, 가지마"라고 하기보다는 있는 그대로 말해준다.
예: "5분만 있으면 저녁 먹을 텐데....."

아이: "엄마, 지금 도서관까지 태워다 주실 수 있어요?"
부모: "안 돼, 좀 기다려"라고 하기보다는 상황을 설명한다.

아이: (놀이터에서) "집에 안 갈래요. 좀 더 놀래요."
부모: "안 돼, 지금 가야 해!"라고 하기보다는 아이의 감정을 그대로 받아들인다.

아이: "희영이 집에서 자도 돼요?"
부모: "안 돼, 지난주에도 잠을 잤는데…."라고 하기보다는 부모 자신이 생각할 기회를 갖는다.

아이: "밖에 나가 놀아도 돼요?"
부모: "안 돼, 점심도 아직 안 먹었잖니"라고 하기보다는 "그래"라는 말로 바꾸어 본다.

(5) 오늘 배운 자율성 증진 프로그램에 대해 예비부모로서 느낀 점이나 생각을 발표한다.

(6) 과제: 다른 사람에게 자율성을 길러주는 기술을 적용한 후 실제 사례를 적어온다.

Chapter 12

자녀의 행동을 이렇게 바꿔주세요!

이 장에서는 부모가 자녀의 행동을 변화시키는 행동수정의 개념, 행동수정의 원리와 방법 등을 살펴보고자 한다.

1 행동수정의 개념 및 가정

1) 교육내용

(1) 행동수정의 개념

자녀가 바람직하지 못한 행동을 할 때, 그 행동을 수정하기 원하는가?

행동수정(behavior modification)은 인간행동을 분석하고 수정하는 심리학 분야로써 수정한다는 것은 행동을 변화시키도록 돕기 위해 절차를 개발하고 이행하는 것을 말한다. 따라서 행동수정을 위한 부모역할이란 좋은 모델을 자녀에게 보여주며, 바람직한 행동을 잘 할 수 있도록 강화해주고, 바람직하지 못한 행동은 계획적으로 수정하도록 교육하는 것이다.

행동이란 아동이 행하고 말하는 것으로, 아동의 모든 활동을 말한다. 즉, 관찰과 측정이 가능한 구체적인 활동을 말한다. 행동은 아동이 자기 의사에 따라 스스로 하는 자발적 행동과 어떤 자극이 주어지면 자동적으로 유발되는 수동행동으로 구분할 수 있다.

자발적 행동의 예로는 인사를 하거나 그림을 그리는 등의 행동을 들 수 있다. 수동행동으로는 갑자기 큰 소리가 나면 놀라거나 주사를 맞은 경험이 있는 아이가 주사 바늘만 보고서도 우는 등의 행동을 들 수 있다.

행동이란

- 아동이 하는 모든 활동이다.
- 관찰과 측정 및 기록이 가능하다.
- 환경에 영향을 미친다.
- 행동에는 자발적 행동과 수동행동이 있다.

(2) 행동수정의 이론적 가정

① 아동의 행동이 핵심적 관심사다.
즉, 구체적인 아동의 행동을 중요시한다.

② 대부분의 아동의 행동은 학습된 것이다.
그러므로 대부분 아동의 행동은 생활환경 속에서 학습된 것으로 본다.

③ 아동의 바람직하지 않은 행동은 행동수정 절차를 사용해서 수정될 수 있다.
아동의 여러 가지 부적응행동을 치료하는 데 있어서 행동수정 절차가 효과적으로 사용될 수 있다.

④ 현재의 행동을 중요시한다.
행동문제의 치료에 있어서 과거보다는 현재를 중요시한다.

(3) 행동분석 및 후속자극

자녀의 행동을 분석하는 것으로서 행동을 유발시키는 선행자극, 행동, 행동 뒤에 오는 후속자극을 찾아내는 과정이다.

선행자극 (Antecedent) 행동단서	행동 (Behavior) 목표행동	후속자극 (Consequence) 강화와 벌
엄마가 동생만 안아준다. 엄마가 출근하려고 한다.	동생을 때리거나 발로 찬다. 아이가 엄마를 잡고 떼를 쓴다.	엄마가 야단을 치거나 달랜다. 장난감을 사주겠다고 약속한다.

▶ 그림 12-1
행동분석의 ABC

그러므로 부모는 행동을 유발시키는 선행자극과 행동을 증감시키는 강화와 벌 등의 후속자극이 무엇인지 알게 되면 행동을 변화시킬 수 있는 행동수정 계획을 세울 수 있게 된다.

후속자극인 강화자극에는 음식물, 장난감, 용돈, 토큰 등의 물질적 강화자극과 칭찬, 미소, 안아주기, 쓰다듬기 등의 사회적 강화자극 그리고 자유시간, 책 읽어주기, TV시청 등의 활동 강화자극이 있다.

2 행동수정의 원리 및 방법

1) 교육내용

행동수정의 원리는 다음과 같다(안병환 외, 2017).

(1) 행동수정의 원리

① 바람직한 행동의 증가 원리

㉠ 정적 강화(positive reinforcement)

바람직한 행동을 한 후에 아동이 좋아하는 강화자극을 제공하여 바람직한 행동의 발생률을 향상시키는 과정을 말한다.

예를 들어, 아이가 선생님에게 "안녕하세요"하고 인사를 했더니 선생님이 "참 인사를 잘 하는구나" 하면서 머리를 쓰다듬어 주었다. 그 뒤부터 이 아이의 인사하는 행동이

더 빈번히 일어났다. 이때 선생님의 칭찬과 머리 쓰다듬어 주는 것이 정적 강화자극이 된다. 또한 아이가 연습문제를 다 풀면 좋아하는 만화를 보여주겠다고 할 때 만화 보는 것이 정적 강화자극이 된다.

정적 강화의 효과를 높이려면 바람직한 행동을 한 즉시 강화자극을 주어야 한다. 또한 강화자극의 양은 행동변화를 위해 충분하고 일관성 있게 주어져야 한다.

정적 강화란

- 행동 발생 뒤에
- 정적 강화자극이 뒤따르며
- 결과적으로 행동이 증가한다.

㉡ 부적 강화(negative reinforcement)

바람직한 행동을 한 후에 후속자극, 즉 아동이 싫어하는 처벌이나 불쾌한 반응을 제거함으로써 바람직한 행동의 발생률을 높이는 방법이다.

한여름에 상의를 벗음으로써 더위를 피하는 경험을 했다면 이 아이는 더울 때마다 상의를 벗는 행동이 증가하게 될 것이다. 이때 더위가 부적 강화자극이 된다. 또한 아이들이 부모의 꾸중과 벌을 피하기 위해 부모의 요구를 잘 따라 하게 되는 것도 바로 부적 강화의 결과이다.

부적 강화란

- 행동 발생 뒤에
- 혐오 자극, 즉 부적 강화자극이 제거되며
- 결과적으로 행동이 증가한다.

그러므로 정적 강화와 부적 강화 모두 아이의 행동을 증가시키는 과정임에 주목해야 한다.

② 바람직하지 못한 행동의 감소원리

㉠ 소거(extinction)

바람직하지 않은 행동을 중단 또는 감소시키려면 그 행동을 한 후에 어떤 강화도 받지 못하도록 완전히 무시하는 상황을 조정한다. 그러면 그 행동의 발생률이 낮아지다가 결국 없어지게 된다.

예를 들어, 자기가 하고 싶은 대로 못할 때마다 큰 소리를 지르는 아동에게 조그마한 관심도 보이지 않으면 처음에는 더욱 큰소리를 지르지만 나중에는 그 행동이 중단된다.

또한 아이가 징징거릴 때마다 과자를 주지 않고 무관심하게 대하고, 웃으며 잘 놀 때에만 과자를 주면 징징거리는 행동은 무관심으로 없어지게 된다.

소거란
- 이미 강화되어 온 행동이
- 더 이상 강화되는 결과를 얻지 못하여
- 이후 그 행동이 더 이상 발생하지 않는다.

㉡ 포화(satiation)

아동의 바람직하지 않은 행동을 그만두게 하려면, 그 행동에 싫증이 날 때까지 계속하도록 허용하거나 강요하는 방법이다.

예를 들어, 으깬 감자 외에는 아무 것도 먹지 않는 아동에게 3일 동안 매 식사 때마다 으깬 감자만을 주었다. 3일 후에 아동은 다른 음식을 먹겠다고 했다.

다른 예로, 책 찢는 습관이 있는 아동에게 상자에 종이를 가득 채워서 주고 싫증이 날 때까지 찢게 함으로써 책 찢는 행동이 감소되도록 한다.

포화란
- 행동 발생 뒤에
- 싫증이 날 때까지 허용하여
- 결과적으로 행동이 감소하거나 발생하지 않는다.

㉢ 벌(punishment)

아동에게 혐오스럽거나 고통스러운 자극을 줌으로써 바람직하지 않은 행동을 중단시키는 방법이다. 육체적, 심리적 고통을 줌으로써 이런 고통을 피하기 위해 문제행동을 하지 않도록 유도하는 방법이다. 즉, 아이의 행동지도 시 사용한 벌이 바람직하지 못한 행동을 감소시켰을 때에만 벌이라고 할 수 있다.

예를 들어, 아동이 뜨거운 냄비를 잡으면 즉각적으로 손에 고통스러운 자극을 느끼게 된다. 그 결과 이후에는 아동은 뜨거운 냄비를 잘 만지지 않을 것이다.

다른 예로, 아이가 개를 쓰다듬기 위해 다가가자 개가 즉시 아이를 물었다. 이후로 이 아동은 그 개나 그와 유사한 개를 쓰다듬기 위해 다가갈 가능성은 더 적을 것이다.

또 형제끼리 서로 장난감을 차지하려고 자주 싸운다. 아빠는 장난감을 한 시간 동안 빼앗아 두었다. 이후 형제끼리 싸움이 줄어들었다.

그러나 벌의 문제점은 아이에게 두려움과 불안, 반항 등의 좋지 못한 정서적 문제를 일으킬 수 있다. 또한 벌의 효과는 일시적이며, 반대로 아이가 부모로부터 벌주는 것을 배우게 되기도 한다. 그러므로 신체적 체벌은 가능한 사용하지 말고, 사용할 때는 아주 조심스럽게 해야 한다. 감정적인 벌 역시 주어서는 안 되고 벌을 줄 때는 침착해야 한다. 또 일관성있게 사용해야 하며, 벌을 주고 난 후 마음을 풀어주는 시간도 필요하다.

벌이란

- 행동이 일어난 후
- 혐오자극이 뒤따르게 되면
- 그 행동이 더 이상 발생하지 않는다.

㉣ 타임아웃(time out)

아동의 바람직하지 못한 행동을 감소시키기 위해 긍정적 보상을 박탈하는 방법으로, 아동이 현재 즐기고 있는 상황으로부터 다른 장소로 격리시키는 것이다. 즉, 타임아웃은 아이 스스로 감정을 조절하여 행동을 변화시키도록 아이에게 기회를 주는 것이다.

그 예로 수업시간에 교실 뒤에 서 있게 하거나 다른 방으로 내보내는 것 등이 있다. 이때 격리된 동안 아동은 다른 행동을 못하도록 통제해야 한다. 다른 예로 놀이 시간에 아이가 다른 친구를 때릴 때마다 노는 것을 중지시키고 2분 동안 다른 방에 있게 하였다. 그 결과 아동이 다른 아이를 때리지 않았다.

타임아웃이란

- 행동이 일어난 후
- 다른 장소로 격리시키면
- 그 행동이 더 이상 발생하지 않는다.

ⓜ 논리적 결과(logical consequence)

아동이 가정의 규칙이나 부모의 지시를 따르지 않을 때 아이를 가르치기 위해 그 대가로써 따르는 결과, 즉 손해를 논리적으로 경험하게 하는 것이다.

예를 들어, 벽에 낙서를 하게 되면 그 대가로 낙서를 지우는 데 시간과 노력을 기울여야 한다. 또한 간식을 먹은 후 빈 접시를 부엌에 갖다 놓지 않았을 때 다음부터는 자기 방에서 간식을 먹지 못한다. 즉, 자기의 잘못된 행동에 대해 논리적으로 따라오는 결과가 있다는 것을 알게 된다.

논리적 결과의 사용은 아이에게 선택권을 주는 데 양자택일하게 하거나 조건부로 하게 할 수 있다. 양자택일의 예로는 "점심을 12시에 먹을 수 있다. 그렇지 않으면 네가 점심을 차려 먹어야 한단다"이다. 조건부 예로는 "장난감 정리를 끝내면 지금 바깥놀이를 나갈 수 있단다"이다.

논리적 결과란

- 행동 발생 뒤에
- 따라오는 논리적 결과를 경험하면
- 이후 그 행동이 더 이상 발생하지 않는다.

(2) 행동수정의 방법

행동수정의 방법은 다음과 같다(연미희 외, 2015).

① 목표행동의 정의

부모가 자녀의 행동을 변화시키려고 계획할 때 우선해야 할 일은 목표행동을 좀 더 구체적이고 관찰할 수 있는 행동으로 정의해야 한다. 즉, 언제, 어디서, 무엇을, 어떻게 등에 관한 관찰을 통해 행동을 정의해야 한다.

예를 들면, "우리 아이는 식사시간에 반찬은 먹지 않고 밥만 먹어요"라든가 "형이 공부할 때 연필을 빼앗아요" 등의 구체적인 행동으로 표현해야 한다.

② 행동의 기록

목표행동 선정 후 일정 기간 동안 그 행동의 빈도 및 지속시간, 강도를 기록한다. 이는 행동수정 실시 후 자녀의 행동변화 평가와 환경적 요인과의 관련성을 파악하는 데 도움이 된다.

③ 행동분석

관찰된 자녀의 행동을 분석하는 것으로 행동을 유발시키는 선행자극과 행동, 행동 뒤에 오는 후속자극을 찾아내는 과정이다.

행동을 유발시키는 선행자극과 행동을 증감시키는 후속자극, 즉 강화가 무엇인지 알게 되면 행동을 변화시킬 수 있는 행동수정 계획이 원활하게 진행된다.

④ 강화와 벌

강화와 벌은 행동을 증감시키는 후속자극이다.

정적 강화와 부적 강화를 사용해 자녀의 바람직한 행동을 더욱 증가시킬 수 있으며, 벌과 타임아웃, 논리적 결과의 경험이나 소거, 포화 등의 방법을 이용해 바람직하지 않은 행동을 감소시킬 수 있다.

2) 활동

Tip 행동을 수정하려면!!

① 행동이란 아동이 하는 모든 활동으로 자발적 행동과 수동행동이 있다.
② 행동분석은 행동을 유발하는 선행자극, 행동, 행동 뒤에 오는 후속자극을 찾아내는 과정이다.
③ 후속자극인 강화자극에는 물질적 강화자극과 사회적 강화자극, 활동 강화자극이 있다.
④ 바람직한 행동을 증가시키는 원리에는 정적 강화와 부적 강화가 있다.
⑤ 바람직하지 못한 행동을 감소시키는 원리에는 소거, 포화, 벌, 타임아웃, 논리적 결과 등이 있다.
⑥ 행동수정의 방법에는 먼저 목표행동을 정의하고 일정 기간 행동을 관찰하여 기록한다. 그리고 행동분석을 통해 선행자극과 후속자극을 찾아내야 한다. 마지막으로 자녀의 행동을 증감시키는 효과적인 강화와 벌을 선정하여 사용한다.

(1) 요즘 자녀가 하는 행동을 적어보자.

① 언제 :
② 어디서 :
③ 자녀의 행동 :

(2) 두 사람씩 짝이 되어 아래의 행동 중에서 자발적 행동과 수동행동을 분류해보자.

예 동생을 때린다. (　　) 양말을 신는다. (　　) 무서운 장면을 보고 소리를 지른다. (　　)
마트에서 뛰어다닌다. (　　) 아침을 먹지 않아 배고프다고 칭얼댄다.(　　)
친구하고 장난감을 가지고 논다. (　　) 병원에 가자고 하면 운다. (　　)
코트를 입는다. (　　) 낮잠을 자려고 하지 않는다. (　　)

(3) 그룹별로 3~4개씩 행동을 선택하고 ABC 행동분석을 실습한다.

예 자녀가 큰 소리로 운다. 이때 선행자극과 후속자극을 생각해 보자.

	A	B	C
①		큰소리로 운다	
②			
③			
④			

(4) 위 행동에 대한 후속자극이 효과적이었나는가? 아니라면 다른 후속자극을 생각해 보자.

(5) 다음은 아이에게 줄 수 있는 강화자극의 예이다.

물질적 강화자극에는 (물), 사회적 강화자극에는 (사), 활동 강화자극에는

(활)로 표시하자.

① 아이와 자전거를 타러 나가서 아이스크림을 함께 먹는다. (　　) (　　)
② 보드 게임을 아이와 함께 한다. (　　)
③ 아이와 함께 케이크를 만든다. (　　)
④ 장난감을 사 준다. (　　)
⑤ 가족이 함께 영화를 보러 간다. (　　)
⑥ 동생과 사이좋게 놀고 있어 안아주며 칭찬한다. (　　)
⑦ 집 한구석에 작은 텐트를 치고 그 안에 들어가 간식을 먹는다.
(　　) (　　)

(6) 어린 시절 부모나 선생님으로부터 받은 잊지 못할 강화와 벌을 회상하고 이야기하자.

① 강화

____

② 벌

____

(7) 그룹별로 벌의 문제점을 토의하고 발표한다.

(8) 다음의 사례를 읽고 각 사례에 맞는 행동수정의 원리를 찾아 줄로 연결하시오.

① 엄마는 연지가 야채를 먹을 때마다 구슬을 하나씩 주어 유리병에 담을 수 있도록 한다. 그리고 유리병이 구슬로 가득 차면 상으로 영화를 볼 수 있다.

② 아이가 제 뜻대로 안되면 징징거리며 떼를 쓴다. 이때 엄마는 등을 돌리며 아이의 행동을 무시한다. 처음에는 더욱 큰소리로 울지만 나중에는 그 행동이 중단된다.

③ 아인이는 항상 안아달라고 떼를 쓴다. 아인이가 걷지 않고 안아달라고 하면 엄마는 "유모차를 탈래, 아니면 걸어갈래? 네가 선택하렴"이라고 말한다.

④ 준영이는 친구랑 함께 놀다가 친구를 때려 울린다. 엄마는 이때 아이를 소리지르기 구석으로 격리시켜 혼자 있게 한다.

㉠ 타임아웃

㉡ 논리적 결과 경험

㉢ 소거

㉣ 벌

㉤ 정적 강화

㉥ 부적 강화

(9) 예비부모로서 우리 자녀에게 해줄 수 있는 정적 강화와 부적 강화에 대해 토의한다.

(10) 예비부모로서 바람직하지 못한 행동을 감소시키기 위한 방법에 대해 토의한다.

(11) 두 사람씩 짝이 되어 다음의 사례에서 부모가 자녀에게 사용한 행동 수정의 원리를 찾아보세요.

① 아래 사례에서 사용한 정적 강화자극:

② 아래 사례에서 사용한 바람직하지 못한 행동의 감소원리:

(아이의 행동)

3살인 지아는 유치원에서는 숟가락을 사용해요. 그런데 집에 오면 스파게티와 소스마저도 손으로 먹으려고 해요. 아주 엉망이 되지요.

(이렇게 준비하세요)

꽃종이 접시와 작고 노란 색깔의 숟가락과 포크 모형을 준비한다. 지아가 숟가락을 사용할 때마다 식사 후 종이 접시에 숟가락과 포크 모형을 붙일 수 있게 한다. 저녁 시간 10분 전에 아이와 함께 식탁에 앉는다. 눈을 마주치고 지아에게 말한다. "지아가 숟가락과 포크로 밥을 잘 먹으면 식사 후에 노란 숟가락과 포크를 이 종이 접시에 붙이는 거야. 그리고 다 붙이면 네가 좋아하는 간식을 상으로 받는 거지!"

(실천해 보세요)
지아와 함께 우리도 밥을 먹는다. 만약 지아가 수저 사용을 거부한다면 다음과 같이 둘 중에 하나를 선택하도록 한다.
"수저로 밥을 먹은 후에 이 숟가락과 포크를 접시에 붙이는 거야. 아니면 소리 지르기 구석에 가서 수저 사용할 준비가 될 때까지 혼자 앉아있는 거야."
지아가 수저를 사용하면 칭찬해주고, 손을 사용하면 차분하게 "네가 선택한 거야. 같이 가자" 하고 소리 지르기 구석으로 데리고 간다.
"네가 숟가락으로 밥 먹을 준비가 되면 나오렴" 일관성을 유지해야 한다.

(12) 아이가 다음과 같은 바람직하지 못한 행동을 할 때 예비부모로서 행동수정 방법에 대한 계획을 세워 보세요. 즉, 그룹별로 목표행동을 정의하고 행동을 감소시키는 원리를 사용하세요.

예
- 아이가 실수로 쉬를 해요.
- 아이가 이 닦아주는 걸 싫어해요.
- 아이가 내 휴대폰을 항상 달라고 해요.
- 쇼핑할 때 장난감을 사달라고 떼를 써요.

(13) 예비부모로서 행동수정 프로그램에 대한 느낌이나 생각을 발표한다.

참고문헌

강경미(2005). 아동행동수정. 서울: 학지사.

강문희(1997). 아동문제 및 행동수정. 경기: 양서원.

강문희·이연섭(2000). 부모교육. 경기: 정민사.

곽금주(1995). 아동의 공격성. 조복희(편). 아동발달의 이해(pp. 206-223). 서울: 교육과학사.

권석만(1997). 인간관계 심리학. 서울: 학지사.

김명희(1998). 현대사회와 부모교육. 서울: 학문사.

김은설·최윤경·조혜주·김선화(2010). 예비부모교육 실태와 내실화 방안 연구. 육아정책연구소 연구보고 2010-5. 서울: 육아정책연구소.

김재은(1993). 태아도 뭔가를 배운다. 서울: 샘터사.

김정미(2004). 예비부모교육 프로그램의 구성과 적용효과. 중앙대학교 대학원 박사학위논문.

김정옥 외(2004). 새로 보는 결혼과 가족. 서울: 신정.

김진숙·김지은(1997). 자녀와의 사랑만들기. 서울: 서원.

김진숙·김지은·연미희·이인수(2017). 나도 부모가 처음이야. 서울 : 어가.

김진숙·연미희·이인수 역(1990). 바람직한 자녀와의 대화방법. 서울: 학문사.

김진숙·연미희·정승희 역(2018). 우리 아이 3일의 기적. 서울: 어가.

문미옥(2001). 예비부모교육. 경기: 양서원.

젊은가족학자10인(2001). 결혼할까 혼자살까. 서울: 김영사.

상진아(2008). 칭찬과 꾸중의 힘. 서울: 렌덤하우스.

송진숙·권희경·김순기(2006). 결혼과 가족 그리고 부모됨. 서울: 창지사.

신성철(2018). 부모교육. 경기: 정민사.

안병환·윤치연·이영순·이효신·천성문 역(2017). 최신 행동수정. 서울: 학지사.

여성가족부(2016a). 대학 부모교육 강의사례집.

여성가족부(2016b). 정책뉴스. 제1회 '부모교육 주간', 신설 '좋은 부모가 되는 길, 부모교육에서 시작.'

연미희·김진숙(2010). 부모교육 이론과 실제. 서울: 동문사.

연미희·김진숙(2015). 부모교육. 서울: 동문사.

연합뉴스(2019.2.6.). 2018년 결혼에 대한 미혼남성과 여성의 태도.

유영주(1979). 가족관계학. 경기: 교문사.

유영주·서동인·홍숙자·전영자·이정연·오윤자·이인수(2000). 현대 사회와 가족. 서울: 신광출판사.

유영주·이인수·김순기·홍성례·최희진(2009). 건강가족의 이해. 경기: 교문사.

유영주·이창숙(2001). 부부행복찾기 1. 서울: 신정.

이경화 외(2008). 아동발달과 교육. 서울: 학지사.

이성진(2001). 행동수정. 서울: 교육과학사.

이순형 외(2012). 인간발달. 서울: 한국방송통신대학출판부.

이원영·김정미(2017). 예비부모교육. 서울: 북카페.

이재연·김경희(1993). 부모교육. 경기: 양서원.

이희경·오유미·전종희(2018).예비부모교육. 서울: 신정.

전선옥(2017). 예비부모교육. 서울: 창지사.

정영숙·김은경(1996). 보상수혜자에 따른 취학전 아동의 자기통제 효과. 한국심리학회지: 발달, 9(2), 153-165.

정옥분(1995). 성차와 성역할의 발달. 한국인간발달학회(편), 유아의 심리(pp. 450~469). 서울: 중앙적성출판사.

정옥분·정순화(2009). 예비부모교육. 서울: 학지사.

정옥분·정순화(2016). 예비부모교육. 서울: 학지사.

조복희(2011). 아동발달. 경기: 교육과학사.

조복희(2014). 영아발달. 경기: 교육과학사.

조복희·곽혜경·김혜순·연미희·이영환·장혜자(2014). 유아발달. 경기: 교육과학사.

조선닷컴(2019.6.5.). 결혼않고도... 프랑스에선 다양한 '신개념 가족'이 태어납니다.

조순옥·이경화·배인자·이정숙·김정원·민혜영(2013). 유아사회교육. 서울: 창지사.

한경뉴스(2019.4.6.). 주례없애고 결혼식 건너뛰고 밀레니엄시대의 신결혼풍속도.

홍준표(2009). 응용행동분석. 서울: 학지사.

http://dl.nanet.go.kr. 국회전자도서관.

http://data.riss.kr. 한국교육학술정보원.

Ainsworth, M. D. S.(1983). Patterns of infant-mother attachment as related to maternal care: Their contribution to continuity. In D. Magnusson & V.L. Allen(eds.), *Human development*, New York: Academy Press.

Bates, J., Pettie, G., & Dodge, K.(1995). Family and child factors in stability and change in children's aggressiveness in elementary school. In J. McCord(ed.), *Coercion and punishment in long-time perspective*(pp. 124-138). Cambridge: Cambridge University Press.

Baumeister, R.(1997). Identity, self-concept, and self-esteem. In R. Hogan, & J. Johnson & S. Briggs(eds.), *Handbook of personalty psychology*(pp. 681-711). San Diego: Academic Press.

Bem, S. L.(1974). The measurement of psychological androgyny. *Journal of Consulting and Clinical Psychology*(pp. 44, 165-172).

Bem, S. L.(1975). Sex role adaptability: One consequence of psychological androgyny. *Journal of Personality and Social Psychology, 31*, 634-643.

Berger, K. S. & Thompson, R. A.(1994). *The developing person through the life span* (3rd ed.). New York: Worth Publishers.

Berk, L. E.(1996). *Child development*(3rd ed.). Boston, MA: Allyn & Bacon.

Berk, L. E.(1996). *Infants, children, and adolescents*(2nd ed.). Needham Heights, MA: Allyn & Bacon.

Berk, L. E.(1999). *Infants and children: Prenatal through middle childhood* (3rd ed.). Boston, MA: Allyn and Bacon.

Bigner, J. J.(1989). *Parent-child relation:An introduction to parenting*. N.Y.: Macmillan Publishing Co.

Bower, T. G. R.(1982). *Development in infancy*. New York: W. H. Freeman.

Bowlby, J.(1973). *Attachment and loss* (vol. 2), Separation, anxiety, and anger. New York: Basic Books.

Brazelton, T. B.(1973). *Neonatal Behavioral Assessment Scale*, Philadelphia: Lippin-cot.

Bridges, K. M. B.(1930). Genetic theory of emotions. *Journal of Genetic Psychology, 37*, 514-527.

Brody, L. & Hall, J.(1993). Gender and emotion. In M. Lewis, & J. M. Haviland(eds.). *Handbook of emotions*(pp. 447-460). New York: The Guilford Press.

Burr, W. et al.(1993). *Family Science*, Wadsworth, Inc.

Charlesworth, R.(1992). *Understanding child development*(3rd ed.). Albany, New York: Delman Publishing Inc.

Coie, J. D. & Dodge, K. A.(1998). Aggression and antisocial behavior. In W. Damon & N. Eisenberg(eds.), *Handbook of child psychology(*5th ed.*), Vol.3*(pp. 779-862). New York: John Wiley & Sons, Inc.

Cole & Cole.(1993). *The development of children* (2nd ed.). New York: Scientific American Books.

Duvall, E.M.(1977). *Marriage and family development*(5th ed.) Philadelphia: J.B. Lepincott.

Eisenberg, N. & Murphy, B.(1995). Parenting and children's moral development. In M. H. Bornstein(ed.), *Handbook of parenting, Vol.4*(pp. 227-258). Mahwah, N. J.: Lawrence Erlbaum Associates, Publishers.

Erikson, E. H.(1963). *Childhood and society*. New York: Norton.

Erikson, E. H.(1968). *Identity: Youth and crisis*. New York: Norton.

Flavell, J. H., Miller, P. H., & Miller, S. A.(1993). *Cognitive development*(3rd ed.). Englewood Cliffs, N. J.: Prentice Hall.

Furey, E. M.(1986). The effects of alcohol on the fetus. In H. E. Fitzgerald & M. G. Walraven(eds.), *Human Development* 86/87(pp. 48-52). Guilford, CT: The Dushkin Publishing Group, Inc.

Galinsky, E.(1987). *Six stages of parenthood. Redwood*: Addison Wesley.

Goldenberg & Goldenberg.(1983).

Goldfield, B. A., & Reznick, J. S.(1990). Early lexical acquisition: Rate, content, and vocabulary spurt. *Journal of Child Language*, *17*, 171-183.

Gordon, T.(1975). *Parent effectiveness training: The tested way to raise responsible children*(rev ed.). N.Y.: Peter Wyden.

Harlow, H. F., & Zimmerman, R. R.(1959). Affectional responses in the infant monkey. *Science*, 130, 421-432.

Hattie, J.(1992). *Self-concep*t. Hillside, N.J.: Lawrence Erlbaum Associates Publisher.

Hines, M.(2013). Sex and sex differences, In P. D. Zelazo(ed.), *Handbook of developmental psychology*. New York: Oxford University Press.

Hughes, F. P. & Noppe, L. D.(1985). *Human development across the life span.* New York: West Publishing Co.

Janssens, J. M. A. M. & Gerris, J. R. M.(1992). Child rearing empathy and prosocial development. In J. M. A. M. Janssens, & J. R. M. Gerris(eds.), *Child rearing: Influence of prosocial and moral development*(pp. 57~76). Amsterdam: Swets & Zeitlinger.

Kohlberg, L. A.(1976). Moral stages and moralization: The cognitive development approach. In T. Likona(ed.), *Moral development and behavior: Theory, research, and social issues*. New York: Holt, Rinehart, & Winston.

Kostelnik, M. J., Stein, L.C., Whiren, A. P., & Soderman, A. K.(1993). *Guiding children's social development(*2nd ed.*)*. Albany, New York: Delman Publishing Inc.

Le Master. E.E. & De Frain. J.(1983). *Parents in Contemporary America*(4th ed.). Homewood :The Dorsey Press.

Leaper, C.(2013). Gender development during childhood. In P. D. Zelazo(ed.), *Oxford handbook of developmental psychology*. New York: Oxford University Press.

Leboyer, F.(1975). *Birth without violence*. New York: Knopf.

Mace,D. & Mace, V.(1986). The history and present status of the marriage and family enrichment movement. In W.Denton(Eds.). *Marriage and Family Enrichment, 41(*1-2*)*, 101-117.

MacFarlane, A.(1975). Olfaction in the development of social preferences in the human neonate, In Parent-infant interaction (CIBA Foundation Symposium No. 33), Amsterdam: Elsever.

March, H. W. & Hattie, J.(1996). Theoretical perspectives on the structure of self-concept. In B. A. Bracker(ed.). *Handbook of self-concept*(pp. 38-90). New York: John Wiley & Sons, Inc.

Merewood, A.(1998). Sperm under siege: More than we ever guessed, having a healthy baby may depend on dad, In K. L. Freiberg (Ed.), Annual editions: Human development (26th ed., pp. 37-41). New York: McGraw-Hill.

Morgan, B. & Gibson, K. R.(1991). National and environment interactions in brain development. In K. R. Gibson & A. C. Peterson (Eds.), *Brain maturation and cognitive development*(pp. 91~106). New York: Aldine de Gruyter.

Newman, B. M. & Newman, P. R.(1995). *Development through life: A psychosocial approach* (6th ed.). Pacific Grove, C. A. :Brooks/Cole Publishing Co.

Owens, K.(1993). *Thr world of the child.* New York: MacMillan Publishing Co.

Parten, M.(1932). Social play among preschool children. *Journal of Abnormal and Social Psychology, 27*, 243-269.

Piaget, J.(1960). *Psychology of intelligence*, Paterson, NJ: Littlefield, Adams.

Piaget, J.(1962). *Play, dreams and imitation in childhood.* New York: Norton.

Piaget. J.(1932). *The moral judgment of the child.* New York: Harcourt Brace Jovanovich.

Rosenstein, D., Oster, H.(1988). Differential facial responses to four basic tastes in newborns, *Child Development, 59*, 1555-1568.

Rothbart, M. K. & Bates, J. E.(1998). Temperament. In W. Damon & N. Eisenberg(Eds.), *Handbook of child psychology(*5th ed.*), Vol.3(*pp.105-176). New York: John Wiley & Sons, Inc.

Santrock, J. W.(1992). *Life-span development* (4th ed.). Wm. C. Brown & Benchmark Publishers.

Santrock, J. W.(1995). *Life-span development* (5th ed.). Dubuque, Iowa: Brown & Benchmark Publishers.

Schaffer, H. R.(1990). *Making decisions about children; Psychological questions and answers*. Cambridge, Mass: Basil Blackwell, Inc.

Shaffer, D. R.(1993). *Developmental psychology, Childhood and adolescence*(3rd ed.). Pacific Grove, C. A.: Brooks/Cole Publishing Co.

Shaffer, D. R.(1999). *Developmental psychology: Childhood and adolescence*(5th ed.). Pacific Grove, C. A.: Brooks/Cole Publishing Co.

Sigelman, C. K. & Shaffer, D. R.(1995). *Life-span human development* (2nd ed.). Pacific Grove, C. A. : Brooks/Cole Publishing Co.

Smetana, F. G.(1993). Understanding of social rules. In M. Bennett(ed.), *The development of social cognition: the child as psychologist*(pp. 111-141). New York: The Guilford Press.

Smilansky, S.(1968). *The effects of sociodramatic play on disadvantaged preschool children*. New York: Wiley.

Smith, P. K. & Cowie, H.(1991). *Understanding children's development*. (2nd ed.). Cambridge: Blackwell Publishers.

Sonnenschein, S.(1988). The development of referential communication: Speaking to different listeners, *Child Developmen*t, 59, 694-702.

Stein, R. J.(1996). Physical self-concept. In B. A. Bracker(ed.), *Handbook of self-concept*(pp. 374-394). New York: John Wiley & Sons, Inc.

Sternberg, R. & Barnes, M.(1988). *The psychology of love*, CT: Yale University Press.

Sternberg, R.J.(1986). A triangular theory of love. *Psychological Review, 93*, 119-135.

Stinett, N. & DeFrain, J.(1989). The healthy family:Is it possible? In M.J. fine(Ed.), *The second handbook on parent education*. N.Y.:Academic Press.

Thomas, A., & Chess, S.(1977). *Temperament and development*. New York: Brunner/Mazel.

Thomas, R. M.(1992). *Comparing theories of child development*(3rd ed.), Balmont, C.A.: Wadsworth Publishing Co.

Thompson, R. A.(1998). Early sociopersonality development. In W. Damon & N. Eisenberg(eds.). *Handbook of child psychology*(5th ed., Vol.3, pp. 25-104). New York: John Wiley & Sons.

Veevers.J.(1973). Vountarily childless wives:An exploratory study. *Sociology and social Research*. 57, 356-366.

Zimmermann, J. M. & Witnov, S. J.(1990). Socialization. In R. M. Thomas(ed.), *The encyclopedia of human development and education: Theory, research, studies*(pp. 397~403). Oxford: Pergamon Press.

찾아보기

국문색인

ㄱ

ㄴ

ㄷ

ㄹ

ㅁ

ㅂ

영문색인

저자 소개

연미희

미국 Oregon State University 대학원(Ed. M., 유아교육전공)
경희대학교 대학원(가정학박사, 아동학전공)
현) 명지전문대학 유아교육과 교수

김지은

미국 Central Connecticut State University 대학원(M.S., 아동심리전공)
미국 Columbia University 교육대학원(Ed. M., 유아교육전공)
미국 New York University 대학원(Ed. D., 유아교육전공)
현) 건국대학교 유아교육과 교수

김진숙

경희대학교 대학원(이학석사, 아동학전공)
중앙대학교 대학원(이학박사, 아동학전공)
전) 경희대학교 교육대학원 전문교육자과정 주임교수
서원유치원 및 상도어린이집 원장

예비부모교육

초판 1쇄 인쇄 / 2020년 2월 25일
초판 1쇄 발행 / 2020년 3월 1일

●

공저자 / 연미희 · 김지은 · 김진숙
발행인 / 이 중 수
발행처 / 동 문 사

●

서울특별시 서대문구 홍제원 1길 12
(홍제동 137–8)
Tel : 02)736-3718(대), 736-3710, 3720
Fax : 02)736-3719
등록번호 : 1974.04.27 제9-17호
가격 : 19,000원

●

ISBN : 979-11-6328-098-9 (93370)
E-mail : dong736@naver.com
Homepage : www.dongmunsa.com